JN418430

FTA시대의

서비스 산업과 무역

여희정 저

도서출판 두남

이 연구는 2018년도 계명대학교 비사연구기금으로 이루어졌음.

머리말

서비스는 과거에 비교역재로 인식되었으나 서비스무역은 꾸준히 증가하고 있다. 서비스는 최종소비자에 의해 소비되기도 하지만, 금융, 운송 등의 서비스는 재화를 생산하는 제조기업과 농림수산업의 중간재로 활용되기 때문에 서비스 부문의 경쟁력은 서비스 산업 자체뿐만 아니라 국민 경제의 경쟁력과 밀접하게 관련되어 있다.

정보통신기술의 발달로 서비스무역량이 증가하고 있지만 서비스 산업과 서비스무역에 대한 인식이 부족하고 서비스 무역수지 적자가 지속되고 있다. 서비스무역이 발생하고 흑자로 전환하기 위해서는 서비스 산업이 국제화되어야 한다.

이 책의 내용은 다음과 같이 구성되어 있다. 1장과 2장에서는 서비스의 개념과 제조기업의 서비스 산업 진출 현상, 3장과 4장에서는 서비스무역과 서비스무역이론에 관해 다룬다. 5장에서 GATT의 서비스무역 협상, 6장 WTO의 서비스무역 협상, 7장 서비스무역에 관한 일반협정(GATS), 8장 FTA와 서비스무역 등 서비스에 관한 국제협정을 살펴본다. 9장과 10장에서 서비스 시장 개방과 서비스 산업정책을 다뤄 한국 서비스산업의 경쟁력 강화를 위한 정책을 고찰한다. 11장, 12장 그리고 13장에서는 사업지원서비스, 정보통신서비스, 물류서비스 산업 등 개별 서비스 산업에 관해 기술하였다. 이런 구성을 통해 서비스 산업, 서비스무역, 서비스 무역정책, 국제 서비스 협정 등을 체계적으로 정리하고자 노력하였다.

이 책을 통해 서비스 산업과 무역과의 관계를 종합적으로 이해할 수 있기를 바란다. 끝으로 이 책의 출판을 허락해 주신 도서출판 두남의 전두표 사장님, 이승구 상무님 그리고 이 책이 나오기까지 최선을 다해 주신 직원분들께 감사드린다.

2021. 1.

저자 씀

차 례

제 8 장 FTA와 서비스무역 143

제 9 장 서비스 시장개방과 무역장벽 175

제1장 서비스의 이해

제 1 절 서비스의 정의 및 종류

1. 서비스의 정의

일반적으로 서비스라고 하면 덤이나 공짜로 주는 것, 종업원이 고객을 대하는 자세나 태도, 상품을 구매할 때 제공하는 유지·수리를 보증하는 것, 또는 남을 위해 봉사하는 것으로 생각한다. 이는 일상생활에서 쓰이는 좁은 의미에서 서비스에 대한 개념이다.[1] 서비스 관련 용어에 대한 개념적 정립이 중요하지만 서비스의 개념을 정확히 정의하기란 쉬운 일이 아니다.

서비스는 무형의 가치로서 생산물을 통하여 직·간접적으로 인간의 욕망을 충족시켜 주는 것이라고 할 수 있다. 경제학에서는 서비스를 용역으로 간주하여 유형재인 제품과 구분한다. 서비스 자체의 성격과 관련해 그것을 창출하는 서비스 노동의 경제학적 성격을 둘러싸고 논쟁이 있어 왔다.

중상주의자들은 화폐만을 부(wealth)로 간주하고 화폐를 만들어 내는 노동을 생산 활동이라고 생각하였다. 하지만 18세기 후반에 등장한 중농주의 학파는 토

---

1) 성일석, 2011, 국제서비스통상론, 도서출판 두남.

지가 유일한 부의 실체로 농업이야말로 유일한 생산 활동이고 농업 이외의 모든 활동은 비생산 활동이라고 주장하였다.

서비스에 대한 생산, 비생산 논의는 애덤 스미스에 의해 최초로 전개되었다. 애덤 스미스(A. Smith)는 서비스 노동은 부를 창출할 수 없기 때문에 비생산적 노동으로 보았다. 즉 법관, 관리, 교사, 의사, 문인, 배우, 음악가, 오페라 가수 등의 서비스 노동은 비생산적 노동이라는 것이다. 그는 자본과 교환되는 노동이나 상품에 실현되는 노동이 생산적 노동이지 서비스는 여기 해당되지 않는다고 본 것이다.

한편 세이(J. B. Say)는 비물질적인 것은 보존이 용이하지 않으므로 부가 아니라고 주장하는 스미스의 견해를 부인한다. 부의 본질은 효용이며 생산이란 물질의 창조가 아니라 효용의 창조라는 주장을 편다. 환자를 치료하는 의사의 활동과 같이 소비자에게 효용을 주는 모든 활동은 생산적이며 따라서 농업뿐만 아니라 상공업도 생산적이라고 보아야 한다. 그는 물질적 부와 비물질적 부는 생산적이며 비물질적 부가 서비스라고 본다.

마샬(A. Marshall)은 인간은 물질적인 물체를 창조할 수 없고 물질적인 물체를 만들었다 해도 사실은 단지 효용을 만든 것에 불과하고 물질의 형태와 구조를 변화시켜 욕구 충족에 보다 적합하게 만든 것뿐이라고 주장한다. 모든 경제활동은 욕구를 만족시키기 위해 서비스를 생산하고 있는 것이다.

경제학에서는 서비스를 비생산적 노동이나 비물질적 재화로 보는 견해가 있다. 이런 견해는 재화나 상품이 소비에 비해 부족했다는 역사적 사실과 경제학 자체가 물질적 희소성의 원칙에 입각하고 있다는 사실에서 유래를 찾을 수 있을 것이다. 서비스를 생산하기 위해서는 많은 노동력이 필요하기 때문에 자본주의의 가치인 효율적 생산 메커니즘에 맞지 않는다는 이유도 있을 것이다.

현대의 풍요로운 사회에서는 공급과잉과 소비자의 생활양식 및 수요의 다양화 등으로 경제학에서 비생산적 또는 비물질적 재로 경시되어온 서비스가 필수불가결한 요소가 되었다. 인간 생활의 유지에서 서비스의 역할이 증대됨에 따라서 서비스에 대한 인식의 변화가 필요하게 되었다.

2. 서비스의 범위

서비스의 개념을 명확히 파악하기 위하여 재화와 서비스를 구분하여 서비스의 범위를 정하고 정의할 수 있다.

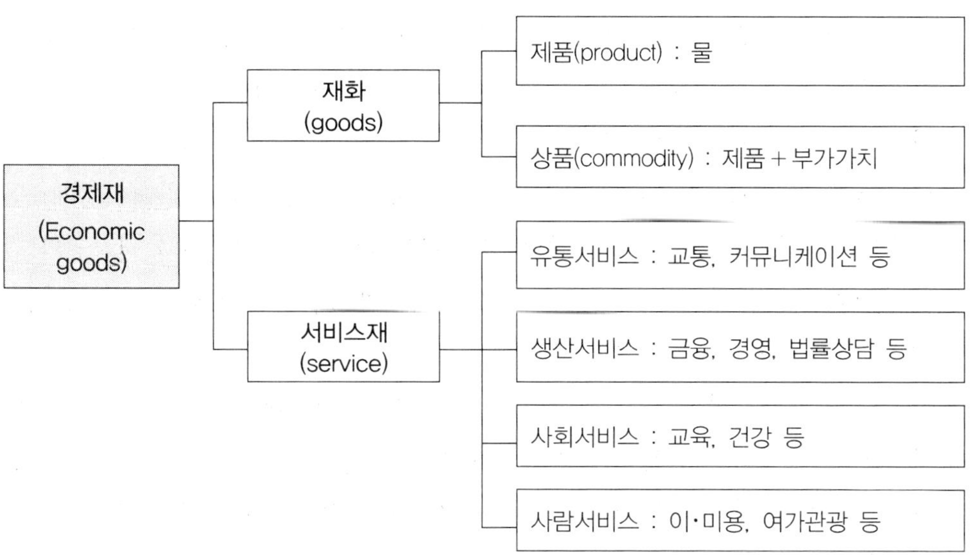

출처: Gershuny J. and Miles I., The New Service Economy: The Transformation of Employment in Industrial Societies(London), 1983. p.3.

〈그림 1-1〉 경제재의 대상

서비스는 시장에 제공되는 인적 서비스, 물적 서비스, 시스템적 서비스가 포함된다. 서비스는 유용한 기능을 다하는 노동으로 판매되는 재화이고, 소유권의 이전은 일어나지 않지만 소비자는 어떤 시점, 어떤 공간에서 서비스를 제공받게 된다.

이런 의미에서 재화는 경제 주체에 의해서 자산으로 소유되나 서비스는 소유되어지는 것이 아니며, 지출로서 소비된다. 재화는 시간과 공간을 초월하여 존재하고, 저상량으로서 파악되지만 서비스는 어떤 일정한 시간과 공간에 존재하는 흐름(flow)량으로 파악된다. 예를 들면, 자동차를 사면 재화를 구입하는 것이므로 자산으로 소유되지만 렌트카를 이용하면 서비스의 구입으로서 일시적으로 그 기능을 얻는 것이다.

또한 재화인지 서비스인지의 구별은 경제재로서의 거래형태의 차이에 의해서 결정되는 것이고 반드시 물질적 이전이 있었기 때문에 재화라고 하지는 않는다. 예를 들면 의사가 행하는 예방주사는 분명히 주사액이라고 하는 물질이 치료 받는 사람의 체내에 투입되지만 이것은 재화의 구입이 아니고 서비스를 구입하는 것이다. 왜냐하면 주사액 자체는 재화와 다르지 않으나 그 사용가치의 실현이 의사로부터 주사를 맞아 치료받음으로서 이루어지기 때문이다. 그러나 약국에서 주사액을 사서 자기 스스로 그것을 맞으면 재화의 구입이 된다.

재화 중에는 무형의 추상적인 것(시스템재)도 있다. 시스템재에는 누구나가 무료로 사용할 수 있는 재화(자유재)도 있고, 시장에서 거래되는 것도(시장재) 있다. 전자는 추상물인 공기, 물과 같은 것을 예로 후자는 특허권이나 저작권과 같은 것을 예로 들 수 있다. 시장재는 법률로 무형재산권을 부여하여 정보의 매매는 재화의 이동과 마찬가지로 취급된다.

정보에 대한 경제학적 접근은 그렇게 단순하지 않다. 왜냐하면 정보는 인간의 두뇌에 의해 파악되는 추상적 시스템이기 때문이다. 그래서 정보가 전달되기 위해서는 그것을 전달하는 매체(media)가 필요하다. 정보가 거래되는 경우 공급하는 자로부터 소비하는 자에게 이전하는 것이기 때문에 그 정보는 전달 가능한 형태가 되어야 한다. 그래서 물적 매체를 통해서 이전되는 정보의 다발(package)은 재화에 속하는 시스템 재에 속한다. 이것은 재화와 똑같이 자산으로서 소유되어 시간과 공간을 초월하여 존재한다.

강연, 영화, 교육, 종교, 방송 프로그램 등 인적 서비스나 물적 서비스를 매체로 하는 정보의 제공은 서비스이고, 시스템적 서비스의 범주에 속한다. 영화필름을 구입할 때는 시스템재의 구입이 되지만 영화관에서 상영되는 영화를 보면 (시스템적)서비스재의 구입이 된다. 책은 시스템재의 구입이고 도서관에서 책을 열람하면 서비스가 된다. 또한 비디오디스크는 시스템재이고 텔레비전이나 라디오의 방송 프로그램은 서비스이다.

앞에서 논의한 것을 종합해 보면 서비스는 물적 서비스, 인적 서비스, 시스템적 서비스로 나눌 수 있다. 물적 서비스는 기능만을 매매할 때가 이에 해당하며 물품의 랜탈(rental)이나 리스(lease), 유원지, 당구 등이 이에 해당한다. 인적 서비스는 인간이 행하는 노동서비스로서 가사서비스, 이용, 미용, 변호사, 회계사 등이 전문 서비스와 의료 서비스 등이 이에 포함된다. 시스템적 서비스는 시스템에 따른 유용한 기능의 매매이고, 서비스에 편승한 정보제공이 이에 속한다. 그 외에 보험이라고 하는 조직화된 시스템의 기능을 계약자에게 판매하는 생명보험이나 손해보험도 이에 포함된다.

서비스가 시장메커니즘(market mechanism)을 통해서 매매의 객체로 존재하게 되면 그것은 서비스재가 된다.[2] 반면 무형재로서 인식이 곤란한 서비스는 그 본질 면에 있어서 재화와 비교하여 다른 특징을 가지고 있다. 경제재로서의 서비스는 일반적으로 재화에 체화되어 있는 경우가 많다.

서비스재의 경제 순환과정(economic circular flow)에서의 특징을 보면 다음과 같다. 첫째, 교환과정(exchange process)상의 특징은 서비스재의 제공(공급)과 향유(소비)는 시·공간적으로 동시에 행하여진다는 점과 서비스 거래에서 소유권의 이전은 일어나지 않고 기능의 수행만이 이루어진다는 점을 들 수 있다. 즉 재화와 같이 소유권 이전의 과정을 밟지 않고 제공 → 사용 → 향유가 동시에 한번에 이루어진다.

둘째, 생산과정(production process)상의 특징으로 서비스는 기본적으로 저장할 수 없어서 재화와는 달리 상대적으로 표준화하기 어렵기 때문에 대량생산의 가능성이 비교적 적다는 점을 들 수 있다.

셋째, 소비과정(consumption process)상의 특징으로서는 서비스는 표준화하기 어렵고 저장할 수도 없기 때문에 소비의 다양화·개성화가 더욱 촉진되며, 소

---

2) 제품과 서비스의 특성 비교

제품	서비스
유형성	무형성(intangibility)
동질성	이질성(heterogeneity)
분리성	비분리성(inseparability)
재고, 보관 가능	소멸성(perishability)
물건	일련의 행위 또는 과정(process)
소유권의 이전 가능	소유권이 이전 불가능
주가치는 공장에서 생산	주가치는 구매자·판매자의 상호작용에서 생산

비자에 따라 가격이 다양화될 여지가 많다. 그렇기 때문에 서비스는 공급자와 수요자의 협력에 의해서 완성된다. 다시 말하면 수요자의 효용실현과정에서 공급자가 참여함으로써 가능하다는 것이다.

3. 서비스의 종류

크리스티안 그론루스(Christian Gronroos)는 서비스를 포괄적인 의미로서 다음과 같이 5가지 범주로 분류하고 있다.[3)]

1) 자급·자족 서비스

소비자가 자기 자신의 욕구충족을 위해 자기 스스로 생산과 소비를 담당하는 서비스를 자급·자족적 서비스라 하며, 예로 청소 등을 들 수 있다.

2) 공공 서비스[4)]

소비자가 그 서비스의 소비를 요청하지 않아도 제공되며, 교환의 단위나 가치 등의 확인이 불가능한 공공목적의 서비스를 말하며, 그 예로 치안, 안보 등이 이에 속한다.

3) 불법 서비스

소비자의 요청이나 교환의 가격·단위 등은 일반적으로 확인이 가능하지만 정상적인 시장 거래가 금지되고 있는 서비스를 말하며, 그 예로 범죄행위, 매춘 등이 있다.

---

3) Christian Gronroos, 1978, A Service-Oriented Approach to Marketing of Service, *European Journal of Marketing*, Vol.1, No.8, p.598.

4) 사회의 비영리조직(nonprofit organization), 즉 자선단체, 대학, 종교단체, 문화단체, 교향악단, 사회복지단체 등에 의해서 제공되는 서비스를 말한다.

4) 대고객 서비스

독립된 교환의 단위로 확인이 불가능하나 다른 제품과 서비스의 판매와 관련하여 경쟁의 수단으로 제공되는 서비스를 말하며, 그 예로 소비자 금융, 할인 판매 등이 이에 속한다.

5) 상업 서비스

소비자의 욕구충족을 위해 시장에서 교환되는 독립된 단위로 확인이 가능한 서비스를 말하며, 그 예로 일반적인 상거래가 여기에 속한다.

제 2 절 서비스의 특성

1. 경제재로서의 특성

경제재로서의 서비스재의 특성은 다음과 같다.

1.1 무형성(Intangibility)

재화는 손으로 다룰 수 있으며, 소유권이 이전되는 거래를 대상으로 하는 생산재를 말한다. 서비스는 재화의 형태에 물리적 변화(physical change)를 일으킴으로써 편안(benefit)과 만족(satisfaction)을 가져다 준다. 서비스는 행동, 운동 및 기능이기 때문에 고정적인 형태를 계속 유지하지 못한다.

린 쇼스택(Lynn Shostack)은 서비스를 '영향은 있으나 형태가 없는 비실체적(immaterial)인 특이한 것으로 물리적으로 저장도 소유도 할 수 없으며, 생산과 소비는 흔히 동시적 이라는 것'[5]이라고 하였다. 이러한 의미에서 서비스재의 근본

5) Karl Albrech & Ron Zemke, 1985, Service America: Doing Business in the New Economy, Homewood, III: Dow Jones, Irwin.

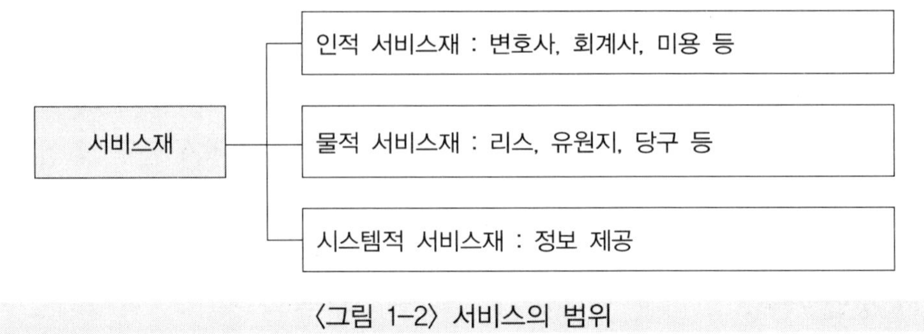

〈그림 1-2〉 서비스의 범위

적인 특성은 형태가 없는 무형재(invisible goods)이다. 무형적인 서비스는 실체가 아닌 성과(performance)이기 때문에 그것은 유형의 재화처럼 볼 수도 없으며(invisibility), 만져볼 수도 없고(intangibility), 맛을 볼 수도 없으며(tasteless) 단지 감각적으로 이해할 수밖에 없다.

예를 들면 소매업(예, 슈퍼마켓)의 경우 고객이 사고 싶어 하는 것을 선택해서 구입하고, 진열을 잘해서 손님에게 잘 발견되게 하고, 배달을 신속하고 정확하게 해 주는 것은 중요한 무형의 서비스 활동이다. 병원에서 병을 고치는 경우에도 병을 고치는 무형의 것이 존재함과 동시에 약이나 주사와 같은 유형의 부분도 있다. 또한 레스토랑에서 추구하는 것은 맛과 즐거운 분위기를 창출하는 등 무형의 것이지만 요리라고 하는 유형의 부분과 그것을 조리하는 과정이 함께 존재함으로서 가치를 제공한다.

우리는 여행(travel and tourism)을 통해서 무형적이고 비가시적인 즐거움을 구입할 수 있다.[6] 즉 항공기의 좌석과 호텔의 이용권 등을 구입하지만 여행자의 소유가 되는 어떤 유형적인 것은 아무것도 없다.

이와 같이 서비스는 외형적으로 형태가 있는 것을 제공하지 않는 무형적인 특성을 가지고 있기 때문에 소비자나 고객에게 구입하기 전에 견본을 제공한다는 것은 어려우며, 소비자가 구매하기 전에는 어떠한 욕구충족도 불가능하다.

이러한 서비스의 무형성으로 인해 서비스 상품은 진열하기 곤란하며 그에 대한

6) P.G. Davidoff and D.S. Davidoff, 1983, Sales and Marketing for travel and Tourism, National Publishers(S. Dacota: Rapid City), pp.16~17.

커뮤니케이션도 곤란하다. 따라서 서비스의 무형성으로 인한 이와 같은 문제점을 해결하기 위해서는 실체적인 단서를 강조하고, 구전 커뮤니케이션을 자극하며 강력한 이미지를 창출하고 가격 설정에 있어서 원가회계 등의 비용정보를 이용하고 구매 후 커뮤니케이션에 신경을 써야 한다.

예를 들어 의료서비스의 경우 병원장의 명성이나 유명도, 외적인 시설과 같은 실체적 단서를 강조하거나 가시화할 수 있는 정보를 알리려고 한다. 은행에서 고객만족이라는 플래카드를 거는 것도 고객서비스에 대한 시각적 단서를 제공하려는 시도에서 나온 것으로 볼 수 있다.

1.2 동시성(Simultaneity)과 비분리성(Inseparability)

서비스와 재화의 가장 두드러진 차이점은 생산과 소비과정의 '동시적 발생(simultaneity)'과 '비분리 되는 것(inseparability)'이다.[7] 재화의 경우에는 공급자의 제공과 수요자가 구매하는 시점으로부터 분리된다. 그러나 서비스는 제공과 사용의 시간이 공간적으로 같은 장소에서 동시에 일어나며(non-storable), 서비스재의 거래에서 소유권의 이전은 불가능하고 기능만을 제공받게 된다. 즉 서비스재의 경우에 '공급자의 제공'과 '수요자의 향유'가 분리되지 않고, 같은 시간, 같은 장소에서 행해지므로 어디까지나 향유되는 것이지 소유권이 이전되는 것은 아니다.

따라서 서비스는 그 원천이 인간이든 기계이든 간에 그 원천으로부터 분리될 수 없는 것이다. 그래서 서비스는 생산자가 직접 제공하기 때문에 서비스 자체는 유통될 수 없다. 게다가 서비스는 재고가 존재하지 않고 수송을 할 수 없기 때문에 시장재로서의 물류기능(logistic function)도 존재하지 않는다.

또한 서비스는 생산에서 소비까지 동시적으로 이루어지는 데 비해 재화는 생산, 유통, 소비되는 과정까지 시·공간적으로 분리될 수 있고, 판매되기 전에 제소되며, 필요할 때 사용되며, 판매되기 전에 질적 분석도 가능하다. 그러나 서비스는 사용(소비)될 때 비로소 생산된다. 이것을 랫드웰(J. M. Rathwell,

7) H. B. Booms and M. J. Biter, 1982, Marketing Services by Managing the Environment, the commel H. R. A. Quarterly, p.37.

1974)[8)]은 "재화는 생산되고 서비스는 향유된다(Goods are produced, services are performed)."라는 말로 명확한 차이점을 지적하고 있다.

동시성의 실례를 보면, 의료서비스의 경우 의사는 환자의 말을 듣고, 진단하고, 치료함으로써 서비스가 생산되면서 동시에 소비된다. 이발의 경우도 이발사의 서비스가 이발소에서 생산과 소비되며, 음악회에서 연주자의 연주(생산)를 감상(소비)할 때 연주라는 서비스는 생산되면서 소비된다. 이처럼 생산과 동시에 소비되기 때문에 소비자가 서비스 공급에 참여해야 하는 경우가 많다. 그리고 다른 소비자도 서비스 생산과정에 참여하므로 고객들이 형성하는 분위기가 하나의 서비스 내용이 될 수 있다. 또 고객들이 참여하기 때문에 집중화된 대량 생산체제를 구축하기 어렵다. 또 제품의 경우에는 구입 전 소비자가 시험해 볼 수 있다. 그러나 서비스의 경우에는 구입 전 시험할 수 없고 또, 제품의 경우처럼 사전에 품질을 통제하기가 곤란하다.

1.3 소멸성(Perishability)

서비스는 일시적으로 시간과 공간에서 존재할 수 있으나 사용하고 나면 그 자체가 소멸되기 때문에 반복 사용이 불가능하다. 그렇기 때문에 서비스가 적기에 제공되지 못하면 그대로 손실을 보아야 하는 것이 서비스재의 두드러진 특징이다. 그래서 값이 대폭적으로 할인되어도 판매되지 못하면 재고라고 하는 완충제가 없기 때문에 어떤 특정 시점에서 결국 소멸되고 만다.

예를 들어, 의료서비스의 경우 의사들은 환자가 없을 때를 감안하여 서비스의 값을 지금의 환자에게 많이 부과할 수밖에 없다. 한편 운수회사의 경우 최고의 수요를 예측하여 그 설비를 상설화하지 않을 수 없기 때문에 운수 서비스료가 비싸다.

그러나 서비스재가 저장될 수 없다고 하더라도 서비스에 대한 수요가 일정하면 그다지 큰 문제가 되지 않는다. 왜냐하면 수요에 맞게 서비스를 공급할 수 있도

---

8) J. M. Rathwell, May 1974, Marketing in the Service Sector, M. A: Cambridge, Winthrop Publishers, p.588.

록 사람을 배치할 수 있기 때문이다. 하지만 서비스의 소멸성으로 과잉생산에 의한 손실과 과소생산으로 인한 이익의 상실이라는 문제가 발생한다. 따라서 이를 해결하기 위해서는 수요와 공급 간의 조화를 이루는 전략이 필요하다. 구체적으로는 수요에 따라 생산 계획을 변동하고 임시 직원의 채용을 통해 유연성을 확보하고, 유휴시설이나 장비의 새로운 용도를 개척하며, 종업원에게 여러 직무에 대한 교육을 시행해 유사시에 서로 도울 수 있는 기반을 만들어야 한다. 수요측면에서는 수요를 형성시켜야 하고 대기나 예약 같은 형태로 수요를 재고로 보관할 수 있어야 한다. 예를 들어 은행의 번호표나 치과에서의 시간 약속 등이 그런 전략을 사용한 것이다.

1.4 대체성(Substitution)

서비스에는 '내생화 또는 내부 생산화'라는 큰 대체재(alternative goods)가 존재한다.[9] 즉 수요자가 직접 제공하는 것이 유리하다면 서비스를 구입하지 않고 직접 가정이나 기업, 국가 내에서 서비스를 생산하게 된다.

반면 규모의 경제가 존재하면 서비스의 외주화, 즉 경제의 서비스화가 촉진된다. 이 경우 생산부문, 특히 제조업 부문에서는 외주가공이나 연구개발 의뢰의 비중이 높아지고, 외식 산업이나 정보 산업, 광고 산업 및 레저 산업 등의 서비스 산업이 성장하게 된다.

따라서 서비스에 있어서는 내생화(자기생산)란 경쟁상품이 있다고 볼 수 있다. 서비스재가 경제주체 내에 내재하여 '내생화 서비스'가 될 것인가, 아니면 외부 시장화되어 '외생화 서비스(서비스재)'가 될 것인가를 결정하는 요인은 다음 4가지에 의해서 결정된다.

(1) 서비스 생산에 있어 '규모의 경제(economies of scale)'
(2) 서비스 생산에 있어 전문기술(know-how)
(3) 서비스의 질적 수준
(4) 수요자의 소득수준, 임금 수준

9) P. G. Davidoff and D. S. Davidoff, *op cit.*, p.24.

1.5 이질성(Heterogeneity)

서비스는 누가, 언제, 어디서, 어떻게 제공하는가에 따라서 서비스의 내용이나 질이 달라진다. 예를 들어 같은 서비스 업체에서도 종업원에 따라서 제공되는 서비스의 내용이나 질이 달라진다. 또, 같은 종업원이라도 시간이나 고객에 따라서 다른 서비스를 제공할 수 있다. 심지어는 종업원이 아니라 기계를 사용하는 경우에도 서비스 질이 달라질 수 있다. ATM을 사용할 때 스크린의 지시사항을 잘 이해하지 못한 고객이 경험하는 서비스 질은 다른 고객과 다를 것이다. 즉 서비스는 동질적이 아니고 변동적이어서 규격화, 표준화가 어렵다.

서비스의 이질성(heterogeneity)은 고객의 이질성으로 인해 발생하는 경우도 있다. 고객의 이질성은 경제적 요인, 문화적 요인, 사회적 요인 등에 의해 야기된다. 예를 들어 외국어 학원의 경우에 수강생들의 수준이 천차만별이라면 같은 강의의 효과가 크게 달라질 수 있다. 따라서 같은 수준의 수강생들로 반 편성을 하여 보다 효과적인 어학강좌를 실시하여 이질성에 대응할 수 있다.

서비스의 이질성은 문제와 기회를 동시에 제공한다. 서비스 질의 균일화가 어렵기 때문에 기업으로서는 어떻게 서비스를 일정수준 이상으로 유지하는가, 또는 표준화시키는가가 큰 문제이다. 반면에 서비스의 이질성은 고객에 따른 개별화(customization)의 기회, 즉 개별고객으로부터 주문을 받아 서비스를 제공할 수 있는 기회를 제공한다. 보통 서비스의 효용은 소비자의 주관으로 평가하는 경우가 많으므로 제공되는 서비스의 개성화를 통해 다양한 고객욕구에 대응할 수 있다.

따라서 서비스 기업은 종업원의 선발과 교육·훈련에 많은 투자가 필요하고, 고객의 만족을 충족시키기 위한 제안·불평시스템을 활용하거나, 소비자의 구매패턴을 조사하여 이에 부응하는 질이 좋은 서비스를 개발함으로써 소비자를 확보하여야 한다.

1.6 시간과 공간의 특정성

서비스는 어떤 특정의 시간과 공간에 존재하는 '기능의 실현과정'이다. 다시 말하면 서비스는 어떤 특정 시간과 공간에서 제공받고 즉시 소멸된다. 이는 어떤

한 순간에서 보면 서비스의 주체와 그 대상밖에 존재하지 않는다는 의미이다. 시간이 지났을 때 서비스 또는 서비스재의 존재를 알게 된다. 이것은 재화의 수명과는 근본적으로 의미가 다르다. 재화의 수명은 그 물건이 물리적으로 같은 상태를 유지하는 시간의 길이이다. 그 시간은 시·공간을 넘어서 그 상태를 계속 보유한다.

반면 서비스가 존재하기 위해서는 그 주체와 대상(객체)이 잘 어울리지 않으면 안 된다. 두 가지가 잘 어울리려면 시간과 장소를 특별히 정해야 한다. 다시 말하면 회의를 갖기 위해서는 만날 장소와 시간을 지정하는 것이 필요한 것처럼 시간과 공간이 전제되어야 비로소 어울리는 것이 가능하기 때문이다.

그러나 기술 혁신에 의해 이 같이 어울리는 장이 다양화되고 있다. 구체적으로 시스템적 서비스재의 경우, 예를 들면 TV방송은 TV수상기로부터 시청자에게 주어지는 영상이 특정 시간과 공간에 한정되어 존재한다. 이것은 TV수상시라고 하는 것에 초점을 맞추면 그것이 사용되어지는 과정은 서비스와 함께 존재한다.

또한 정보라는 관점에서 보면 서비스의 주체는 TV방송국(스튜디오, 연출자, 대본, 카메라 등의 총체)이고, 서비스의 대상은 시청자이다. 서비스는 TV 프로그램의 내용이다. 시청자는 한 장소에 한정되지 않고 서울, 대전, 대구에서도 같은 프로그램을 볼 수 있으며, 또한 시청자나 공급자는 Youtube를 사용함으로써 시청시간을 바꿀 수 있다. 그러나 전파가 미치는 영역(station service area)에 TV수상기 또는 휴대폰 화면 앞이라고 하는 공간조건과 프로그램의 시작부터 끝까지라고 하는 시간적 조건이라는 두 조건에 제약되고 있다. 이와 같이 서비스재의 시간·공간의 특정성은 존재한다.

단지 공간의 특정이 한 곳이 아니고 서비스 영역(service area)의 수상기 앞이라고 하는 것에 한정되어 있고, 시간의 특정이 한 시각이 아니라는 점에서 복수가 되고 Youtube의 사용에 의하여 중복되어 있을 뿐이지 시·공간적 특정성을 가지고 있다.

이와 같이 서비스재의 시간·공간의 특정성은 보편적으로 관찰된다. 그래서 모든 서비스는 시간·공간의 요소에 구속되지만 차이가 있다. 예를 들면 인간과 움직이지 않는 물건과는 공간적으로 한정된다(예, 호텔, 병원, 극장 등). 이는 움직이지 않는 물건이 있는 곳에 서비스재가 존재함으로 인간이 그곳으로 가서 서비스를 제공받는다.

표 1-1 서비스의 시·공간의 특정성

서비스	서비스재의 종류	예
물적 서비스	물품임대 서비스 호텔 서비스 유원지 서비스 당구 서비스	사용자의 사용 시간과 장소에 특정 이용자가 방문할 때 그 장소에서 성립 이용자가 방문할 때 그 장소에서 성립 이용자가 방문할 때 그 장소에서 성립
인적 서비스	가사 서비스 영화·연극·상담 서비스 미용·이용 서비스 자동차 정비 서비스 광고 서비스	의뢰주의 집과 결정된 시간에 성립 지정된 장소와 시간에 관람 지정된 장소에서 일정 시간 공장에 입고되어 어떤 특정 시간 의뢰주의 스케줄과 장소에서 제공
시스템적 서비스	교육 서비스 보험 서비스	교실에서 정해진 시간 정해진 계약기간, 특정조건
복합 서비스	사진현상 서비스 클리닝 서비스 운수 서비스 음식 서비스 도·소매 서비스 통신 서비스	의뢰를 받아 일정 시점에 제공 의뢰를 받아 일정 시점에 제공 장소 간 일정한 시간에 이동 고객이 머무는 시간 물건의 장소와 시간의 이동 정보의 지역 간 일정 시간에 이동

출처: 오정한, 서비스산업론, 기문사, 1993.9. p.51에서 인용 수정.

2. 사회적 특성

2.1 인간과의 상호작용

서비스의 중요한 특성인 생산과 소비의 동시성이라는 것은 서비스 소비자(수요자)와 제공자(공급자) 간의 상호작용의 중요성을 말하는 것으로 이 상호작용은 제조업과 달리 서비스업에서는 그렇게 간단한 것은 아니다. 이것은 공급자 측면에서 보면 생산과정에 수요자가 참가하는 것이며, 수요자 측면에서 보면 효용실현과정에 공급자가 참여하는 것이 된다.

이와 같이 서비스는 공급자와 수요자가 협력함으로써 완성되는 것(생산되고 소비되는 것)이다. 따라서 서비스재의 본질적인 특성은 양자 간의 상황,[10] 즉, 서비스 소비자와 판매자간의 인간적인 상호작용의 관계를 말한다. 그러나 서비스제공은 고객 간의 상호작용만이 존재하는 것이 아니고 서비스가 생산되기 위해 서비스 조직 내에서 일어나는 기타 작업과 상호 작용도 포함된다. 즉, 고객, 전방 제공자, 후방 지원자, 경영관리 등 네 가지 유형의 상호작용은 고객과의 비접촉 조직에서도 발생할 수 있다.

2.2 사회적 신뢰성

서비스 거래는 사회적 신뢰성을 바탕으로 이루어진다. 그렇기 때문에 서비스 소비자는 서비스 공급자와 접촉할 때 그는 기업의 일부분만이 아니라 전부를 볼 수 있다. 예를 들면, 항공서비스의 경우 서비스의 과정은 고객이 특정 항공사에 예약을 할 때부터 시작되며, 고객이 공항에서 항공권을 사고 카운터에서 수화물의 탁송과 탑승, 기내에서 식사와 영화감상, 목적지에 도착과 귀가까지 계속된다.

이 과정에서 고객과 항공사는 특수한 부분과 접촉하게 되며, 고객은 만나는 사람과 특정한 서비스에 의해 서비스 과정을 긍정적으로 또는 부정적으로 인식하게 된다. 왜냐하면 서비스는 단계별 집합이 모여 하나의 완성된 제품이 되는 것이므로 고객의 요구나 기대의 평가도 이때 형성된다.

그러므로 서비스 과정에서 서비스 경영(service management)의 진가가 나타난다. 서비스 기업은 영리목적만 달성되면 된다는 생각에서 이름 그대로 서비스가 중심이 되어야 한다. 이는 사회에 무엇인가 작용하여 유용한 효과를 일으킴으로써 사회로부터 신뢰를 얻지 않으면 안 된다.

노벨 경제학상을 수상한 케네스 애로(Kenneth Arrow)는 “신뢰는 사회를 유지하는 윤활유이자 거래 비용을 줄여 경제 가치를 늘리는 상품이다. 그러나 신뢰는

10) 김성혁, 1991, 최신 서비스산업론, 형설출판사, pp.277~294.

정부가 생산하거나 시장에서 직접 구입할 수 있는 재화는 아니다. 신뢰는 오랜 시간과 노력을 통해 축적되는 사회공동의 재산이기 때문이다."라고 하였다. 소비자와 공급자가 거래를 위해서는 상호 신뢰가 거래결정에 매우 중요하다. 거래 당사자가 신뢰가 있는 경우와 없는 경우를 가정해 보자. 후자의 경우는 사전 안전장치를 마련하기 위한 거래비용이 거래 실제이익을 초과한다면 거래를 포기할 것이다. 전자는 상호 신뢰하므로 거래 비용은 줄어들고 거래는 늘어날 것이다.

3. 심리적 특성

서비스에 대한 개념에서 언급된 바와 같이 서비스의 비물질적 특성이 서비스의 특성을 규정하는 데 가장 기초가 되는 본질이다. 서비스의 본질적인 것의 하나가 서비스 제공자와 소비자 간의 인간적 관계를 연결해 주는 정과 마음이다. 한 예로 서비스업의 하나인 호텔업의 경우, 기존 시설이 제공해 주는 가치와 함께 서비스를 베푸는 주체나 받는 객체가 모두 사람으로서 인간과 인간의 직접적인 대면접촉에서 정을 바탕으로 사업이 성립되고 있다.

이것이 서비스재의 가장 독특한 성질인 심리적 특성을 말해주는 것이다. 고객지향적인 의식을 가지고 고객의 마음을 읽어서 고객의 '참 요구'가 무엇인지를 정확히 파악하여 제공되는 서비스재야 말로 높은 부가가치를 창출할 수 있으며, 경쟁력을 가질 수 있다.

소비자가 어떻게 사고하고 어떻게 구매행동을 결정하는가를 설명하기 위해서는 경제적 요인만으로 충분히 설명할 수 없다. 소비자에게 서비스를 효과적으로 전달하려면 고객에게 동기를 부여하고, 다양한 구매 관련 결정에 영향을 미치는 '심리적 요인(psychological factor)'을 이해하고 고려하여야 한다.

인간관계(human relationship)란 '마음'과 '마음'을 서로 연결하는 것이다. 고도산업사회와 정보화 사회에서도 고객의 정서적 욕구(emotional wants)를 충족시키기 위해서는 물질적 이미지보다는 감성과 이미지를 중요시함으로써 제품과 서비스 경쟁력을 높여야 한다.

서비스의 대부분은 사람과 사람의 관계 위에서 성립되며, 기본적으로 특정한 시·공간적인 제한 속에서 상호작용하기 때문에 경험은 중요한 의미를 갖는다. 그래서 서비스 산업을 체험 산업, 감각 산업이라고 하는 것은 고객이 무엇을 좋아하는지 무엇을 원하는지 등 고객에 관한 정보를 알아야 한다는 의미이다. 이는 서비스 산업이 지향하고 하는 목표가 고객에게 기쁨과 만족을 주는 것이기 때문에 철저한 고객위주의 마인드가 서비스의 기초이다.

4. 부수적 특성

서비스는 여러 가지 부수적 특성을 가지고 있는데 다음과 같이 요약할 수 있다.

서비스의 평가는 주로 고객에 의해 주관적으로 이루어진다. 제품은 생산자가 평가할 수 있고 그 가격도 생산비 등에 의해 결정된다. 이에 반해 서비스는 무형이며 일회성인 특성으로 객관적으로 품질을 측정하기 어렵고 소비자가 주관적으로 느끼는 만족과 효용에 의해 그 가격이 영향을 받는다. 특정 서비스를 받기 위해서는 기꺼이 이 정도는 지불해야 한다는 생각이 서비스의 수요 및 가격을 결정한다.

서비스는 생산 계획이 불확실하다. 서비스 생산과정에 고객이 직접 참가하는 동시성을 가지고 있기 때문에 서비스를 구매하려는 고객의 행동은 사전예측과 통제가 불가능해서 서비스 기업의 입장에서는 생산계획이 불확실할 수밖에 없다.

제품의 품질을 평가하는데 시간이 소요되는 데 반해 서비스 품질의 평가는 즉시 이루어지는 것이 보통이다. 제품의 혁신은 소재 및 과정 기술에 민감하고 서비스 혁신은 정보 및 커뮤니케이션 기술에 민감하다.

제2장 상품의 서비스화

제1절 제조기업의 서비스화

제조기업의 서비스화(servicization)[1]는 두 가지 현상으로 설명할 수 있다. 그 하나는 제조기업의 가치사슬에서 서비스의 역할이 점차 확대되는 것이고, 다른 하나는 제조기업이 서비스분야로 사업영역을 확대하는 것이다.[2] 이 두 가지는 모두가 제조기업에서 서비스의 역할이 증대되어 점차 제조기업과 서비스업의 구분이 모호해지는 현상을 의미한다.

1. 제조기업의 범위

가치사슬(value chain)은 디자인, 생산, 마케팅, 유통, 고객서비스 등 기업의 활동을 유기적인 연계체계를 갖는 여러 단계로 구분하는 것을 뜻한다. 포터(M. Portor)[3]이 가치사슬 체계에서는 기업의 활동을 기본활동과 지원활동으로 나누

1) Howells, J., 2001, "The nature of innovation in services", In Innovation and Productivity in Services: 55-79. Paris: OECD.

2) 김휘석·이항구·김진웅, 2008, 서비스화를 통한 국내 주력산업의 신성장전략, 산업연구원.

고 있다. 원료의 구매로부터 생산, 입고 및 물류, 판매 및 마케팅, 고객서비스에 이르는 기업 활동을 기본활동(primary activities)이라고 하고, 기획·재무·연구개발·인적자원관리 등 기본활동을 보조하는 활동들을 지원활동(support activities)이라고 한다.

제조기업의 가치사슬에서 서비스의 역할이 확대되는 것은 제조업의 성격 자체가 과거와 다르다는 점에서 찾아볼 수 있다. 제조업에 대한 고전적인 정의는 "원재료를 최종제품으로 전환하는 것"[4]이다. 이 정의는 제조(manufacturing)와 생산(production)이 동일한 개념이라는 점을 바탕으로 한다. 생산은 제조기업의 많은 활동 중 하나일 뿐 이것이 반드시 기업의 활동을 정의하는 것은 아니다.

생산 활동을 전적으로 외주에 의존하는 나이키(Nike)는 여전히 제조업체이다. 따라서 영국 케임브리지대학교의 제조업연구소(Institute for Manufacturing: IfM)는 제조업을 "경제 및 사회 여건 하에서 연구개발에서부터 디자인, 제조, 물류, 서비스를 통해 생산관리 끝까지를 포함하는 전체 과정"으로 정의를 한다.

과거에는 생산이 제조기업의 핵심활동으로 간주되었으나, 이제는 생산이 반드시 제조업체의 핵심활동이 아닌 것으로 간주된다. 제조업체의 전형적인 활동은 연구개발, 디자인 및 개발, 생산, 물류 및 유통, 영업 및 마케팅, 고객서비스로 이어지는 프로세스로 설명할 수 있다.

전통적인 개념의 제조기업은 이 프로세스를 하나의 생산 활동으로 간주한다. 그러나 현대의 개념에서 제조기업을 보면 이 활동들은 선형적 집합이 아니다. 제조기업에는 많은 수의 다른 제조업체들이 포함되고, 각각의 업체들은 많은 이질적인 활동들을 수행한다. 또한 제조업체 각각은 각기 다른 활동들 간의 연계체계를 갖는다. 따라서 제조업체의 활동이 생산에 국한되지 않고 관련된 모든 서비스를 포괄하게 된다.

---

3) Porter, M., 1985, Competitive Advantage, New York: Free Press.

4) Institute for Manufacturing (IfM), 2006, Defining High Value Manufacturing, UK: University of Cambridge.

2. 제조기업의 서비스화

생산은 제조업의 많은 활동 중 하나에 불과하며, 제조업체가 수행하는 다른 많은 활동은 대부분이 서비스활동이다. 종전에 단순히 제품생산을 위한 지원활동으로 간주하던 서비스활동을 이제는 독립된 사업으로 수행하는 경향이 점차 보편화하고 있다. 제조기업이 서비스업으로 업무영역을 확대하는 것은 핵심제품 시장에서 경쟁이 치열해져 수익성이 갈수록 악화되기 때문이기도 하고, 다른 한편으로는 종전의 공급자 중심에서 점차 수요자 중심으로 시장구조가 변모하는 데에 기인한다.

제조기업이 서비스업으로 영역을 확대하는 현상을 호웰스(Howells, 2001)는 제조업 제품의 '서비스 캡슐화'(service encapsulation)라는 메커니즘을 통해 설명한다. 서비스 캡슐화의 가장 기본적인 형태는 제조기업이 서비스업으로 활동영역을 확장하는 것이다. 호웰스는 항공기엔진 산업을 그 예의 하나로 든다. 항공기엔진 제조업체가 금융서비스를 제공할 뿐만 아니라 수리와 분해검사 설비를 운영한다. GE는 금융 및 리스회사인 GE 파이넌스(GE Finance)를 보유하고, 롤스로이스(Rolls Royce)는 미국의 엔진수리업체인 내셔널 에어모티브(National Airmotive)를 인수하여 수리서비스를 제공한다. 이때 항공기엔진 제조업체는 제품, 즉 항공기엔진으로써가 아니라 서비스, 즉 비행시간으로써 핵심제품을 고객들에게 제공하게 된다. 제품 관련 서비스의 이러한 면을 호웰스는 제조업 제품의 '서비스 캡슐화'라고 하고, '서비스화'(servicization)의 한 형태로 본 것이다.

이처럼 제조업체가 서비스로 영역을 확장하는 것은 단순히 고객들에게 서비스를 제공한다는 사실이 아니라, 이를 통해 고객의 궁극적인 욕구를 충족시켜 준다는 데에 의미가 있다. 자동차를 구입하는 고객들은 금융, 보험, 세금, 유지보수, 폐차, 차량교체 시 기존 차량 재구매 등 다양한 서비스를 필요로 한다. 이때 제조업체는 단순히 차량을 판매하는 것에서 끝나는 것이 아니라 차량과 관련된 고객들의 궁극적인 목표를 제시하고 이를 충족시킴으로써 고객과의 관계를 지속하는 것이다.

이처럼 서비스로 업무영역을 확장함으로써 제조업체는 고객들에게 보다 현실적인 해결책을 제공하는 동시에 제조업체 자신은 새로운 가치를 창출하는 것이다. 이는 아웃소싱이나 수직적 통합보다 개념적으로 훨씬 더 풍부하고, 고객들의 당면 요구를 충족시키는 데에 초점을 두는 공급체인 통합보다도 현실적인 의미가 더 크다고 할 수 있다.

3. 디지털 재화

인공지능(Artificial Intelligence: AI), 빅데이터(big data), 사물인터넷(Internet of Thing: IoT) 등 신기술의 등장으로 제조업도 디지털 경제로 전환중이다. 스마트 공장, 공유경제(sharing economy)도 발전하고 있다. 디지털경제 혹은 인터넷경제는 전자상거래를 기반으로 상품과 서비스가 거래되는 경제이다.[5] 디지털경제에서는 디지털 플랫폼을 바탕으로 언제든지 전 세계 모든 사람들과 실시간 정보교환이 가능하고 재화나 서비스를 판매할 수 있다. 디지털경제는 유형의 재화를 넘어서 무형의 데이터 재화의 거래 확산, 무료 콘텐츠의 생산 증가, 개인의 적극적 참여가 특징이다. 디지털 재화는 온라인 시장에서 여러 유형으로 제공되는 재산적 가치가 있는 재화를 말한다. 무형의 디지털 재화는 디지털화된 거래 대상을 말한다.[6] 예를 들어 음원 파일, 영화, 온라인 게임, 원격 교육, DB 등을 말한다. 대외무역법 상의 전자적 무체물에 해당한다.

디지털 상품들은 그 기본특성에 있어 하드웨어형을 탈피하여 소프트웨어형으로 변화하고 있다. 또한 네트워크 결합형의 모습을 보이고 있다. 여러 기능과 정보가 다양한 네트워크를 통해 연결됨으로써 새로운 기능과 정보가 새로이 창출되는 것이다. 예를 들어 자동차 제조기업은 자동차 제작보다 차량 전산시스템, 보안시스템과 정보처리 능력이 보다 중요한 항목이 되고 있다. 자동차가 지금과 같은 단순한 이동수단이 아닌 사실상 개개인의 움직이는 사무실이나 휴게공간으로서의

---

5) 이한영 외, 2017. 12, 새로운 산업·무역에 대응하기 위한 통상전략 수립, 정보통신정책학회.

6) 나종연·오병철·박혜영·신수현, 2009, 디지털재화의 특성을 반영한 전자상거래소비자보호법령 개정에 관한 연구, 공정거래위원회 연구용역보고서, 서울대학교 산학협력단.

역할을 수행할 가능성이 높아지게 된다.

한국의 주요 수출 산업 중 하나인 조선 산업도 선박건조 능력보다 자동제어장치, 위험감지장치, 에너지 효율 최적화장치, 운항자동화장치, 위성연결장치 등을 효과적으로 도입하여 배치하는 것이 보다 중요한 항목으로 자리 잡게 되었다.[7]

새로운 디지털 상품들은 데이터 활용 및 전송 능력을 바탕으로 상품과 서비스의 제공이 동시에 발생하는 형태로 발전할 것이 예상된다.[8] 사물인터넷의 발전으로 이러한 상품과 서비스의 교차·중복 현상은 더욱 가속화할 것이다. 이미 대중화된 스마트폰 역시 상품과 서비스의 동시 제공을 지원하고 있으며 새로이 등장하는 상품들은 이러한 현상을 더욱 촉진시킬 것이다. 정보의 확산과 축적이 용이하게 되어 개인과 중소기업도 보다 적극적으로 시장에 참여할 수 있게 되었기 때문이다. 이들은 상품의 생산과 함께 자신들이 구축한 정보와 네트워크를 이용하여 제조한 상품을 직접 유통하거나 또는 수리 등을 담당할 수도 있게 된다. 제조와 유통, 사후관리를 융합하는 형태의 사업모델이 더욱 확산될 것이다. 통상협정에서 상품무역이 전자의 영역을, 그리고 서비스무역이 주로 후자의 영역과 연관되어 있다는 측면에서 양자의 결합은 이제 상품무역과 서비스무역이 보다 밀접한 연관성을 갖고 하나의 거래관계로 이루어질 가능성이 높다는 점을 시사하고 있다.

정보통신기술(Information and Communication Technology: ICT)의 발전이 가속화되고 관련 디지털 경제가 본격화됨에 따라 제조업 분야에서의 국가 간 수출 주도권을 확보하기 위한 경쟁이 증가할 것이다.[9] 특히 기술뿐만 아니라 산업 또는 지역 간 경계도 사실상 사라지기 때문에 각 국가들은 세계 시장에서 점유율 확보를 위해 정부차원의 전략을 추진하게 될 것이다. 향후 새롭게 등장하는 상품들은 소비자의 경험에 따른 반응에 민감한 속성을 지니고 있기 때문에 AI 또는 빅데이터의 활용을 통해 소비자의 니즈를 정확히 파악하여 상품 생산 및 개발하는 것이 중요하다.[10] 따라서 초기 상품 시장의 선점을 위한 경쟁이 매우 치열

7) 산업연구원, 2017, 4차 산업혁명이 한국 제조업에 미치는 영향과 시사점, 산업연구원 정책자료 2017-297, pp.31-33.

8) 이한영 외, 2017. 12, 새로운 산업·무역에 대응하기 위한 통상전략 수립, 정보통신정책학회.

9) 제현정·이근환, 2016, "미국 신행정부의 통상정책 전망과 한국에 대한 시사점," 무역동향 제40호.

10) 코트라, "4차 산업혁명시대, 첨단제품 개발 트렌드와 시사점," Global Market Report 17-014, at

할 것으로 전망된다. 이러한 시장선점의 노력이 결국은 규범의 도입 문제와 맞물려 전개될 것이다.

한편 공유경제 및 서비스 중심의 요구형 경제가 부상함에 따라 제조업의 역할이 변화할 것이며 개별기업 공급사슬이 붕괴되고 글로벌 공급사슬이 강화될 것이다.[11] 이는 제조기반을 보유하지 않은 기업들도 스마트 플랫폼을 통해 디지털화된 생산서비스를 활용하여 맞춤형 소량 생산을 할 수 있게 됨을 의미한다. 다시 말해, ICT 기술을 통해 축적된 빅데이터를 클라우드를 통해 공유하고 다시 인공지능으로 분석하여 스마트 공장을 통해 생산하는 시스템이 마련되는 것이다. 규모의 경제 실현이 불필요해 짐에 따라 중소기업에게 새로운 기회를 제공해 줄 것이다. 소비자 경험의 극대화 및 데이터 중심의 서비스 제공 및 제품 생산을 위해 국경을 초월한 산업분야 또는 기업 간 협업이 증가할 것이다.[12]

제조 기반이 디지털화되면서 기업들은 점차 설비투자 규모를 축소하는 대신 소프트웨어 투자 비중을 확대해 나갈 것이다. 개도국은 기존의 핵심부품 수입에서 부품제작 소프트웨어로 수입을 전환할 것이다.[13] 선진국은 생산용 소프트웨어 프로그램을 개도국에 수출하려고 치열하게 경쟁할 것이다.

---

4 (2017. 3.).

11) 김용진, 2017, "4차 산업혁명, 무엇을 대비해야 하나: 정부의 역할과 정책 대안," 프레시안 이슈페이퍼(2017. 5. 8.).

12) 산업연구원, 2017, 4차 산업혁명이 한국 제조업에 미치는 영향과 시사점, 산업연구원 정책자료 2017-297, p.11.

13) 김주훈, 2016, "제4차 산업혁명과 한국경제의 구조개혁," 한국개발연구원 정책세미나, at 14 (2016. 10. 26.)

제2절 제조기업의 서비스 산업 진출 현황

1. 제조기업의 서비스 산업 진출

한국의 수출 주력산업은 대부분이 제조업종으로 구성된다. 주력산업에 대해서는 일반화된 정의가 없으며, 활용 목적에 따라 그 범위와 구성이 달라진다. 주력산업은 성장성, 규모, 수출, 전략적 의미 등을 종합적으로 고려하여 선정한다. 한국의 주력산업은 그 대부분이 성장기 후반 또는 성숙기에 도달하여 가치창출능력이 점차 저하되고 있다(산업자원부·산업연구원, 2007).[14]

대부분의 한국 주력산업은 새로운 사업방식과 새로운 사업영역을 개척하지 않으면 성장을 지속하기 어려운 상황에 직면하였다. 한국의 주력산업 기업들은 그동안 제품개발 및 생산효율에 치중하는 등 제조경쟁력에 의존했다. 그 결과 생산능력과 시장점유율 면에서 조선, TV, LCD 패널, DRAM 메모리, 낸드플래시 메모리, 휴대폰, 자동차 및 석유화학, 철강 및 섬유는 세계 정상의 수준에 이르렀다. 이 같은 성과는 첨단지식이나 아이디어보다는 자동화설비 등 자본투입에 바탕을 둔 것으로서, 이것이 장기적인 성장능력을 나타낸다고 보기 어려운 점이 있다. 특히 국내 주력 제조기업들은 스스로 활동영역을 제품생산으로 제한함으로써 핵심제품과 관련된 서비스를 통한 수익기반 확충에는 매우 소홀하였다. 즉, 수익창출기반이 그만큼 약화된 것이다.

제조기업의 수익창출능력이 약화된 것은 비단 한국에서 뿐만은 아니다. 선진국 제조기업들도 이미 1980년대 후반 이후 수익창출능력이 떨어지는 것을 경험하고 다양한 대응책을 모색해 왔다. 가장 중요한 요인은 핵심제품시장이 포화된 것으로서, 기업들은 점차 핵심제품과 관련된 서비스에서 새로운 수익원을 찾게 되었다. 예를 들어 GE, IBM, 지멘스(Siemens AG), HP 등 일부 기업들은 이러한 접근을 통해 수익기반을 크게 확충하였다. GE의 물류시스템 사업부는 1999~

14) 산업자원부·산업연구원, 2007, 차세대 성장동력 확충을 위한 주요 사업별 투자로드맵.

2002년 기간 중 기관차 판매량이 60% 줄어든 손실을 흡수하면서도 안정적인 수익과 영업이익을 유지하였다. 이 사업부가 서비스로부터 창출한 수익은 1996년 5억 달러에서 2002년에는 15억 달러로 증가하였고, 이 추세는 이후에도 지속된다(Sawney, Balasubramanian, & Krisnan, 2004).[15] 그러나 서비스를 추구한 모든 제조기업들이 이 같은 행운을 얻은 것은 아니다.

이처럼 제조기업들이 성공적으로 서비스업으로 진출할 경우에는 이를 통해 수익기반을 확충하고 이익을 얻을 수 있지만, 그렇지 못하면 큰 손실을 보게 된다. 이는 곧 제조기업이 서비스를 통해 성공하기 위해서는 체계적인 접근이 필요하다는 것을 의미한다. 핵심제품 관련 서비스로 진출하여 성공한 제조기업들에게서 나타나는 공통적인 현상은 모두가 자신들의 제품과 서비스 대신 고객의 관점에서 시장을 재정의하였다는 점이다.

한국의 제조기업들은 글로벌 경쟁의 격화와 중국·인도 등 신흥공업국들의 추격으로 수익성이 갈수록 악화되고 있으며, 핵심·원천기술 기반의 취약으로 새로운 성장 분야 발굴에 큰 어려움을 겪고 있다. 제조기업들이 서비스 분야로 눈을 돌리는 것은 제품의 생산과 판매만으로는 기대하는 성장을 이룰 수 없기 때문이다. 제조기업이 성장하는 방법은 한 가지만 있는 것은 아니다. 기술개발을 통해 신제품을 개발하고, 신기술을 응용하여 생산효율을 높이고, 미래 신산업을 발굴하여 육성하는 등 다양한 방법을 활용할 수 있다.

제조기업의 서비스화는 다른 방법들과 마찬가지로 성장을 도모하는 방법이긴 하나, 전통적인 패러다임에서 벗어난다. 전통적인 인식하에서 제조기업은 제품의 생산과 판매에 초점을 두게 된다. 그러나 제조기업의 업무영역은 원료의 구매에서부터 제품의 원형개발, 디자인, 생산, 마케팅, 사후 서비스에 이르는 가치사슬의 모든 단계 전부가 사업 대상이 된다. 제품의 생산과정에서도 보면 제조기능과 서비스 기능이 긴밀하게 연계되어 제조프로세스와 서비스프로세스를 구분하기가 점점 더 어려워지고 있다. 아울러 제조기업이면서도 생산을 전혀 하지 않는 나이키(Nike)나 PC사업에 있어 IBM의 예에서 보듯이 순전히 서비스 기능만으로도

15) Sawhney, M., Balasubramanian, S., & Krisnan, V. V., 2004, "Creating Growth with Services", *MIT Sloan Management Review*, (Winter): 34-43.

글로벌 경쟁력을 확보하는 기업도 많다. 이처럼 제조기업의 서비스화는 제조와 서비스를 기능적으로 분리하지 않는 통합적인 사고체계에 기반을 두고 있다.

2. 한국 제조기업의 서비스 산업 진출 현황

한국 제조기업의 서비스 산업 진출 현황은 제조기업이 서비스기업을 인수·합병한 경우, 그리고 독립적인 서비스기업에 지분투자를 한 경우를 포함한다. 서비스화를 추진한 기업의 수를 살펴보면 〈표 2-1〉에서 알 수 있듯이 1999년 이전부터 서비스 분야로 진출한 기업은 34개이다. 그 수가 2007년에는 55개로 확대된다.

표 2-1 한국의 서비스부문 진출 제조기업 수

(단위 : 개사)

	1999	2000	2001	2002	2003	2004	2005	2006	2007
서비스업 진출기업	34	35	39	41	43	46	48	51	55
신규진입기업(+)		3	5	3	3	5	4	3	4
퇴거기업(−)		2	1	1	1	1	2		

출처: 금융감독원 고시자료를 산업연구원 정리

제조기업이 진출한 서비스 분야를 살펴보자. 〈표 2-2〉에 나타난 숫자는 1999년부터 2007년까지 제조기업이 투자를 한 피투자 서비스기업의 수를 나타낸다. 이 숫자에는 국내 재벌기업들의 투자관행에 따라 동일한 서비스기업에 복수의 제조기업이 지분투자를 한 경우도 포함된다. 전체적으로 볼때 국내 제조기업들은 총 226개 서비스기업에 투자를 한 것으로 나타난다.

국내 제조기업은 비관련 서비스분야로 진출하는 경우가 많은 것으로 나타난다. 즉, 제조기업의 핵심사업과 관련된 서비스분야에 투자한 기업이 95개이고, 비관련 서비스분야로 투자한 경우가 131개인 것이다. 가장 많은 투자가 이루어진 서비스분야는 금융 및 보험으로서 51개 기업이다. 다음으로는 유통분야 39개, 정보통신분야 30개, 사업서비스분야 22개, 스포츠분야 22개 순이다.

▌표 2-2▐ 한국 제조기업의 진출 서비스분야

(단위 : 개사)

	사업 관련성		지분율(%)				계
	관련	비관련	10 미만	10~30	30~50	50 이상	
유통	15	24	22	4	2	11	39
숙박음식	3	7	7	1		2	10
운수	7	6	5	4	2	2	13
정보통신	22	8	15	9	4	2	30
금융보험	15	36	20	21	3	7	51
부동산		3	1		1	1	3
임대		4		2	1	1	4
물류	3	2	1	2		2	5
사업서비스	14	15	7	8	2	12	29
스포츠		22	6	10	3	3	22
유틸리티	16	4	5	5	3	7	20
계	95	131	89	66	21	20	226

출처: 금융감독원 고시자료를 산업연원 정리.
주: 유틸리티는 전략, 가스, 에너지 서비스를 포함.

제조기업이 서비스 사업으로 진출하는 방식은 자회사 설립, 인수·합병, 지분투자 등으로 구분할 수 있다. 진출방식은 제조기업이 서비스기업에 대한 투자지분을 기준으로 주로 유추한다. 10% 미만의 지분투자가 89개로 가장 많고 다음으로는 10~30%의 지분투자가 66개이다. 30~50%의 지분투자는 21개, 50% 이상의 지분투자는 50개이다. 경영권 행사가 가능한 지분율은 일률적으로 규정할 수는 없지만 약 30% 이상이라고 보면 71개 서비스기업에 대해서는 경영권 행사가 가능한 것으로 판단된다. 특히 90% 이상의 지분투자를 한 경우도 27개에 이르는데, 이는 곧 자회사 설립 또는 인수·합병을 통해 서비스 사업에 진출한 경우라고 간주해도 될 것이다.

3. 미국 제조기업의 서비스 산업 진출 현황

미국 상무성 경제분석국의 데이터를 통해 추정한 자료(Auguste, Harmon, &

Pandit, 2006) 〈표 2-3〉을 보면 내구제품과 내구제품에 내재된 서비스 매출액은 1995년 1조 8,870억 달러에서 2004년에는 2조 2,600억 달러로 증가하여 9년간 연평균 2%의 성장세를 보인다. 그러나 이를 제품과 제품내재 서비스로 구분하여 보면 같은 기간 제품의 매출증가율은 연평균 0.7%로 미미하나, 제품내재 서비스는 9.1%로 매우 높은 성장률을 보인다.

이 자료에서 제품 내재 서비스의 비중이 1995년 12%, 2000년 16%, 그리고 2004년에는 22%로 갈수록 상승한다는 점을 발견할 수 있다. 이는 곧 제품 수요자의 입장에서 볼 때 제품구입비용이 이 제품을 사용하는 데 소요되는 전체 비용에서 차지하는 비중이 줄어든다는 것을 의미한다. 물론 제품구입비 비중은 산업이나 제품에 따라 다르다. 제품 사용자의 입장에서 이 현상을 분석한 자료를 보면, 회사에서 연간 사용비용이 6,259달러인 PC의 제품구입 원가는 1/5, 철도회사에서 연간 운행비용이 290억 달러인 철도차량은 차량 구입비가 1/21, 그리고 가정에서 연간 6,064달러를 지출하는 자동차는 차량 구입비가 1/5에 불과하다고 한다.[16)]

이처럼 제품구입 비용보다 제품을 사용하는 데 소요되는 유지, 보수, 기술지원, 소모품, 연료, 금융, 보험 등 관련 비용이 훨씬 크기 때문에 제품 관련 서비스 시장이 확대되는 것이다.

▌표 2-3▌ 미국 제조업 내구제품 및 제품내재 서비스의 성장세

(단위 : 10억 달러, %)

	1995년	2000년	2004년	연평균 증가율	
				1995~2004	2000~2004
내구제품	1,661	1,956	1,763	0.7	-2.6
제품내재서비스	226	372	497	9.1	7.5
합계	1,887	2,328	2,260	2.0	-0.7

출처: 김휘석·이항구·김진웅, 2008, 서비스화를 통한 국내 주력산업의 신성장전략, 산업연구원.

---

16) Wise, R., & Baumgartner, P., 1999, "Go downstream: The new profit imperative in manufacturing", *Harvard Business Review*, (September-October): 133-141.

제3절 제조기업 서비스화의 이론과 유형

제조기업의 서비스화는 제품생산에 초점을 두던 제조 기업이 서비스부분으로 업무영역을 확장하는 것으로서, 여러 이론적인 시각을 통해 이 현상을 설명할 수 있다. 제조기업의 서비스업 진출이 기본적으로 사업다각화라는 점에서 다각화이론, 환경적 제약에 대한 능동적인 대응이라는 점에서 경영자원이론, 제조와 서비스 중 선택이라는 점에서 전략적 선택이론, 서비스의 본질이 지식이라는 점에서 지식경영이론이 있다.

1. 제조기업 서비스화의 이론

1.1 사업다각화

사업다각화는 관련다각화와 비관련다각화로 크게 구분할 수 있다. 비관련다각화(unrelated diversification)를 추구하는 기업은 사업위험과 체계적인 위험을 줄이기 위해 각 기업이 내부 자본에 접근하는 구조를 창출하게 된다. 한국의 이른바 '재벌'이라고 하는 독특한 기업집단 형태가 그 예에 해당된다. 반면, 관련다각화를 추구하는 기업은 여러 사업부문에 걸쳐 축적된 역량을 지렛대로 활용하기 위해 다각화를 추진하게 된다. 그런데 이 두 가지 다각화는 비록 그 형태는 다르지만, 모두가 시장의 비효율을 극복하기 위한 수단으로 다각화를 활용한다는 것이다.

제조기업의 서비스화를 다각화 관점에서 접근한 스케즈와 드로즈(Skaggs & Droege, 2004)[17]는 서비스상품의 무형성(intangibility)과 서비스 생산 및 소비에 고객이 직접 참여함으로써 시장비효율이 발생한다고 본다. 많은 서비스는 제조업 제품과 달리 형체가 없다. 이때에는 특정 서비스 수요자는 다른 서비스 공급자가 제공하는 서비스와 질을 비교하기 어렵기 때문에 정보의 비대칭(information

17) Skaggs, B. C., & Droege, S. B., 2004, "The performance effects of service diversification by manufacturing firms", *Journal of Managerial Issues*, 16(3): 396-407.

asymmetry)이 발생한다. 또한, 서비스가 생산과 동시에 소비가 발생함으로써 서비스 생산에 고객이 직접 참여할 것을 요구한다. 즉, 서비스는 제품보다 훨씬 더 고객지향적이다(Chase & Erikson, 1988).[18] 이처럼 서비스의 무형성과 생산과정에 대한 고객의 참여는 결국 시장경쟁을 제한하는 요소가 되어 시장비효율이 야기되는 것이다.

제조기업이 서비스시장에 참여함으로써 수익기반을 확대하고 이익을 높인다는 것은 결국 서비스시장의 비효율을 창출하고, 이를 이용하기 때문에 가능해지는 것이다. 따라서, 제품생산에만 치중하는 제조기업에 비해 핵심제품과 관련된 서비스까지 사업영역을 확대한 제조기업의 성과가 높아질 수 있게 되는 것이다. 그런데 관련다각화 기업이 비관련다각화 기업과 비교하면 성과가 높다는 것이 일반적인 통설이지만, 반드시 그런 것만은 아니다.

1.2 경영자원이론

제조기업이 서비스를 제공함으로써 얻는 이익으로 고객충성도 제고, 프리미엄 가격 부과, 아웃소싱에 따른 고객의 불만족 완화 등을 많이 지적한다. 이러한 이익은 상당부분 서비스의 특성에서 비롯된다. 서비스 상품의 무형적 성격, 생산과정에 고객의 직접 참여, 표준화의 어려움, 지식집약적인 특성, 직접 판매 필요성 등의 이유로 이익창출 가능성의 정도가 제품보다 훨씬 더 높다. 제품과 서비스를 동시에 제공하는 제조기업이 더 안정적인 수익, 현금흐름, 이익을 창출할 수 있다. 이들은 다분히 경영자원이론(resource-based view) 체계에서 설명되는 현상들이다.

팽, 팔마티어, 스틴캠프(Fang, Palmatier, & Steenkamp, 2008)[19]는 제조기업의 서비스화를 이 같은 경영자원이론 관점에서 설명한다. 경영자원이론의 요체는 경쟁사가 모방할 수 없는 자원과 능력의 독특한 결합체가 기업의 높은 성과를

18) Chase, R. B., & Erikson, W. J., 1988, "The service factory", *Academy of Management Executive*, 2: 191-196.

19) Fang, E., Palmatier, R. W., & Steenkamp, J. E. M., 2008, "Effect of service transition strategies on firm value", *Journal of Marketing*, 72(September): 1-14.

창출한다는 것이다.[20] 그런데, 자원과 능력의 독특한 결합은 단순히 주어지는 것이 아니고 노력과 함께 전략적인 의도를 가져야만 가능한 것이다. 이러한 능력을 '역동적인 능력'(dynamic capabilities)[21]이라 하고, 이 능력이 환경조건에 부합할 때에만 가치를 높일 수 있다고 한다.[22]

제조 기업이 서비스부문으로 진출하는 것은 안정적인 상태에서 단순하게 사업전략을 수립·집행하는 수준이 아니라 갈수록 악화되고 있는 수익창출 여건에 대처하기 위한 적극적인 행동인 것이다. 즉, 어떻게 하면 자원과 능력의 통합·결합·활용을 통해 시간과 환경적 제약을 극복하고 이익창출 기반을 확충할 것인지 그 방법을 모색하는 것이다. 이렇듯 제조기업의 서비스화는 성과를 높이기 위한 기업의 전략적 의도와 노력이라는 점에서 경영자원이론 체계로 설명할 수가 있는 것이다.

1.3 전략적 선택

제조기업의 서비스화는 전략적 선택(strategic choice)의 관점에서도 설명할 수 있다. 전략적 선택은 환경요인이 기업의 전략과 조직구조를 결정하게 된다는 결정론(environmental determinism)적 관점에서 벗어나 적극적인 전략과 행동을 통해 환경요인을 기업에게 유리한 방향으로 재편할 수 있다는 시각이다.[23] 제조기업의 서비스화는 수익성 악화라는 환경적 제약을 극복하고 기업이 새로운 성장기반을 구축한다는 관점에서 전략적 선택이라고 볼 수 있는 것이다.

제조기업의 서비스화가 전략적 선택 대상이 될 수 있는 것은 포터(Porter, 1980)[24]의 차별화전략의 관점에서 설명할 수 있다. 고객욕구 충족, 신용지원, 신

20) Barney, J. B., 1991, "Firm resources and competitive advantage", *Journal of Management*, 17(March): 99-120; Teece, D. J., Pisano, G., & Shuen, A.(1997). "Dynamic capabilities and strategic management", *Strategic Management Journal*, 18(7): 509-533.

21) Teece, D. J., Pisano, G., & Shuen, A., 1997, "Dynamic capabilities and strategic management", *Strategic Management Journal*, 18(7): 509-533.

22) Eisenhardt, K. M, & Martin, J. A., 2000, "Dynamic capabilities: What are they?", *Strategic Management Journal*, 21(Special Issue): 1105-1121.

23) Child, J., 1972, "Organizational structure, environment and performance: The role of strategic choice", *Sociology*, 6: 1-22.

속배달 등 차별화된 제품 관련 서비스는 고객의 만족을 높이고, 고객의 공급자 전환을 어렵게 만드는 요인이라는 점에서 경쟁우위의 원천이 될 수 있다. 그러나 이러한 서비스제공이 가능하기 위해서는 기술, 비용, 인력 등 상당한 수준의 경영자원을 필요로 한다. 제조기업이 차별화와 대비되는 표준화를 선택하는 경우, 비용면에서는 매우 유리하나 고객의 서비스에 대한 욕구를 충족시키기에는 어려운 점이 있다.

제조기업이 서비스지향적인 전략을 수행하기 위해서는 서로 밀접하게 연관되어 있는 두 가지의 선택이 필요하다.[25] 그 하나는 차별화 또는 표준화에 대한 선택이고, 다른 하나는 고객과의 접촉을 많이 할 것인지 아니면 최소화할 것인지에 대한 선택이다. 이 두 가지 선택이 서로 밀접하게 연관되어 있다는 것은 서비스를 통해 차별화를 추구하는 경우 고객과의 빈번한 접촉이 필요하기 때문이다. 그렇지 않고 기존의 제품 생산 및 판매에 초점을 두는 경우 표준화에 의한 비용우위를 추구하기 때문에 고객과의 접촉이 상대적으로 덜 필요하다.

차별화 또는 표준화 선택은 비용, 품질, 공급가능성, 유연성 등 핵심 변수 각각을 어떻게 평가할 것인지에 따라서도 달라진다. 이 변수들은 서로 상충관계(trade-off)에 있어서 모든 면을 다 추구하기는 어렵고, 결국은 정도의 문제로 귀착된다. 분명한 것은 차별화는 비용우위에 기초한 표준화보다 불확실성이 높다는 점이다. 고객과의 접촉에서도 상충관계가 존재한다. 즉, 고객과의 빈번한 접촉은 조직의 효율을 제약하는 요소이나, 동시에 판매와 마케팅 기회를 제공하는 요소인 것이다. 고객과의 빈번한 접촉을 통해 고객의 정보가 파악되어 유리하지만 조직에 상당한 불확실성을 불러오는 요인이다.

제조기업들이 핵심제품 포지션을 보호하거나 강화하는 사업모델을 가지고 서비스에서의 성장을 추구하게 되면 제품사업과 서비스 사업 간의 갈등을 야기한다. 서비스 사업 확장을 추진하는 과정에서 제품만을 제공할 때보다 훨씬 더 매력적

24) Porter, M., 1980, Competitive Strategy, New York: Free Press.

25) Bowen, H. P., & Wiersema, M. F., 1999, "Matching method to paradigm in strategy research: Limitations of cross-sectional analysis and some methodological alternatives", *Strategic Management Journal*, 20: 625-636.

으로 제품과 서비스를 묶게 되고 수익성이 없는 높은 수준의 서비스를 약속하게 된다. 이렇게 되면 제품의 차별적 특성은 소실되고 서비스 가격은 낮아지게 된다. 즉, 성장지향의 서비스 사업을 무리하게 추구함으로써 무의식적으로 제품사업의 수익성을 악화시키는 결과를 초래하게 되는 것이다.

핵심 제품 관련 서비스의 경쟁우위는 기본적으로 두 가지의 원천을 가진다. 그 하나는 규모의 경제(economies of scale)이고, 다른 하나는 기량의 경제(economies of skill)이다.[26] 제조기업이 종종 실수를 범하는 것은 이 두 가지 경쟁우위 원천을 혼동하는 데에서 비롯된다. 차별화된 제품과 서비스를 원하는 고객들을 대상으로 규모의 경제를 추구하게 되면 서비스의 저가격과 공급부족, 고객 불만족, 임기응변적 맞춤화, 높은 비용, 지속적 영업손실이라는 악순환이 반복된다. 반면, 규모의 경제가 필요한 사업을 전문기량에 의존하면 필요 이상의 제품기능과 서비스수준을 제공하게 되어 표준화된 경쟁제품과 대규모 고객 기반을 가진 저가전략의 경쟁자들에게 패하게 된다.

이러한 실수를 피하기 위해서는 서비스 사업이 제품을 보호하거나 강화하는 것인지 아니면 독립적인 서비스로 발전시킬 것인지에 대한 명확한 전략적 포지션을 정해야 된다. 또한 서비스 사업이 규모가 필요한지 아니면 기량이 필요한지에 대한 명확한 입장을 정해야 한다. 서비스 사업에 대한 명확한 전략적 포지션을 정해야 된다는 것은 곧 포터(Porter, 1980)가 주장하는 포커싱(focusing) 전략과 맥을 같이한다. 즉, 기업이 경쟁우위를 확보하기 위해서는 규모의 경제를 활용한 비용우위(cost advantage)를 추구할 것인지, 아니면 성능과 서비스를 활용한 차별화우위(differentiation advantage)를 추구할 것인지 전략의 포지션을 명확히 해야 한다는 것이다. 그렇지 않고 비용우위와 차별화우위 중간에 어정쩡하게 걸친(stuck in the middle) 상태가 되면 경쟁우위 확보가 불가능하다는 것이다. 그동안 전략경영분야의 연구결과를 보면, 제조기업의 입장에서는 비용우위를 추구하는 것이 차별화우위를 추구하는 것보다는 상대적으로 쉬운 선택이라고 볼 수 있다. 이는 차별화전략이 비용우위전략에 비해 훨씬 더 불확실성이 높기 때문이고[27]

---

26) B. G. Auguste, E. P. Harmon, V. Pandit, 2006, "The right service strategies for product companies." *The McKinsey Quarterly* 1, pp.41-51.

(White, 1986), 또한 대부분의 제조기업들은 그동안 생산의 유연성(flexibility)이나 수요자선택(consumer choice)보다는 내부효율을 중시해 왔기 때문에 차별화전략 수행에는 익숙하지 않은 점도 작용한다.[28)]

규모의 경제는 많은 수요, 낮은 변동비, 높은 고정자산 활용을 요구한다. 예를 들어 거래처리 자동화를 표준화하는 경우 규모는 거의 무한대이기 때문에 낮은 단위당 원가와 높은 마진을 얻어 서비스 사업에서 성공이 가능해진다. 또한 규모의 경제를 활용한 서비스 사업은 네트워크 효과도 얻을 수 있어 유통센터, 데이터센터, 결제플랫폼 또는 프로토콜과 같이 세계적으로 분산된 자산운용이 가능하다. 반면, 기량의 경제에 의존하는 서비스 사업은 주로 희소한 능력을 식별·배치·복제하거나 프로세스 혁신을 개발함으로써 창출된다. 이 기량은 반드시 핵심제품 관련이 아니더라도 응용이 가능하며, 문제 해결이나 고객의 비용을 줄이기 위한 경험이나 수단일 수 있다.

1.4 지식경영이론

제조기업의 서비스화는 지식경영의 관점에서도 설명이 가능하다. 이는 서비스 제공에 있어 '지식'이라는 경영자원이 매우 중요하기 때문이다. 서비스 제공자는 서비스 제공에 필요한 지식을 보유한 경우에만 서비스를 통해 거래 상대방의 효용을 증대시킬 수 있다. 여러 지식 중 특히 노하우는 차별화의 가장 중요한 요소이다. 이처럼 서비스제공에서 지식이 강조되는 것은 지식이 가장 본질적인 경쟁우위의 원천이고, 전문화된 기량과 지식은 기본적인 교환 단위라고 볼 수 있기 때문이다.[29)]

제조기업의 서비스화는 가치사슬을 구성하는 각 활동별로 전문화·분업화가 가속화되는 추세에도 많은 영향을 받는다. 전문화나 분업화는 기본적으로 축적된

27) White, R. E., 1986, "Generic business strategies, organizational context and performance: An empirical investigation", *Strategic Management Journal*, 7: 217-231.

28) Buzzell, R. D., & Gale, B. T., 1987, The PIMS Principles: Linking Strategy to Performance. New York: Free Press.

29) Lusch, R. F., Vargo, S. L., & O'Brien, M., 2007, "Competing through service: Insights from service dominant logic", *Journal of Retailing*, 83(1): 5-18.

지식기반을 필요로 한다. 특히 첨단기술 분야로 갈수록 전문화·분업화 현상은 더욱 강해진다. 상품개발의 각 단계에서 요구되는 특화된 전문성, 높은 위험, 가변적인 수행시점 등으로 인해 필요한 모든 활동체인을 한 기업이 감당하기 어렵게 되었다. 따라서 첨단기술 기업은 연구, 개발, 생산, 자금조달, 마케팅 등의 분야로 나뉘어 다층적인 컨소시엄을 형성하고, 각 컨소시엄과 소속기업들은 독자적인 네트워크를 운영하게 된다. 흔히 바이오기술과 주문형반도체 산업을 제조업으로 인식하고 있지만, 실제로는 이 산업들의 컨소시엄을 구성하고 있는 각 단위는 서로가 특화된 전문활동을 수행하는 '서비스 센터'로서 실제로는 지식센터인 것이다.

이처럼 제품생산 활동에서의 전문화·분업화 추세는 제조기업을 단순히 제품생산에만 머물게 하지 않고 서비스 활동으로까지 시야를 넓히도록 요구한다. 제조기업이 단순한 제품계열에서 벗어나 핵심 지식 또는 서비스 역량으로 전략적 초점을 확대하면 전략의 지평이 넓어지고 장기적인 유연성을 확보할 수 있다. 오늘날 가장 성공적인 기업은 '지능형 기업'(intelligent enterprises)이라고 할 수 있으며, 이들은 지식자원을 일련의 서비스로 전환하고 이 서비스를 특정 고객에게 가장 유용한 형태로 통합한다.[30]

제조기업의 영역이 서비스로까지 확장됨에 따라 기존의 유형 자산보다는 지식자산이 더 중요한 경쟁력의 원천으로 부각된다. 기량, 경험, 혁신능력, 노하우, 시장지식, 데이터베이스, 정보관리시스템 등 지식자산의 깊이와 폭이 기업의 경쟁력을 결정하며, 이 자산은 경쟁자가 모방하기 어려운 자산이다. 이처럼 제조기업의 서비스화로 인해 제조기업의 전략적 초점이 지식자산의 효과적인 관리로 이동한 것이다. 가치사슬 상에서 고객들이 가장 중요하게 여기는 특정 기량, 서비스 활동, 지식요소 등 지식자산을 가장 효과적으로 관리하는 방법이 결국 제조기업의 경쟁력을 결정하고 성장을 뒷받침하는 것이다.

---

30) Quinn, J. B., 2005, "The intelligent enterprise a new paradigm", Academy of Management Executive, 19(4): 109-121.

2. 제조기업의 서비스화 유형

제조기업의 서비스화는 시장의 구조변화를 정확히 인식한 기업의 전략전환에서 비롯된다. 즉, 과거 공급자 중심의 수요구조가 고객 중심으로 전환되고 있다는 점, 제품의 생산만으로는 성장이 불가능하다는 점, 제품 자체보다는 제품과 관련된 서비스가 제품의 가치를 높인다는 점, 고객의 가치증대에 이바지하지 못하는 제품은 시장에서 도태된다는 점 등 많은 요인이 제조기업의 사업전략을 수정토록 요구하는 것이다.

제조기업의 서비스화는 이를 보는 시각과 적용한 논리체계에 따라 각기 다른 형태로 나타날 뿐 정형화된 유형이 없다. 제품과 서비스를 가장 상위의 분류기준으로 보고 비용과 수익을 동시에 고려한다. 우선 대부분 비용이 내부 생산 활동에서 발생하는지 아니면 생산 외의 활동에서 발생하는지를 고려한다. 동시에 수익 대부분이 제품으로부터 창출되는지 아니면 서비스로부터 창출되는지를 고려한다. 이렇게 비용과 수익의 두 축을 결합하면 제조업체는 〈그림 2-1〉에서 보듯이 네 가지 형태로 분류된다.

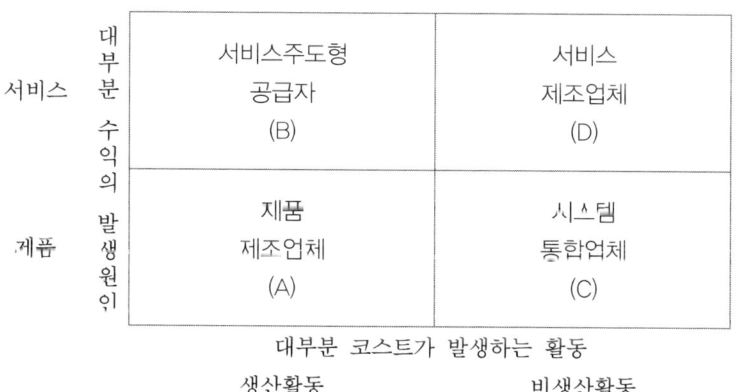

출처: IfM, 2006[31]

〈그림 2-1〉 제조업체의 네 가지 형태

31) Institute for Manufacturing(IfM), 2006, Defining High Value Manufacturing, UK: University of Cambridge.

첫 번째 형태 A는 대부분 비용이 생산활동에서 발생하고 대부분 수익도 제품에서 창출되는 형태로서, 이는 전통적인 제품 제조업체(product manufacturers)에 해당된다. 대표적인 예로 영국업체인 캐드버리(Cadbury Schweppes)를 들 수 있다. 캐드버리는 과자와 소프트드링크를 핵심 사업으로 하는 식품회사이며, 수익은 거의 대부분이 소매업자에게 제품을 판매함으로써 얻는다.

두 번째 형태 B는 대부분 비용이 생산활동에서 발생하나, 수익 대부분은 서비스에서 창출되는 형태로서, 이를 서비스주도형 공급자(service-led producers)라고 한다. 서비스주도형 공급자는 여전히 생산을 기반으로 하지만 수익의 상당부분은 서비스로부터 발생한다. 롤스로이스(Rolls-Royce)를 예로 들 수 있는데, 이 회사는 서비스분야로 업무영역을 확장함으로써 안정적인 수익과 성장을 이룩한 제조업체이다. 롤스로이스는 여전히 R&D와 엔진제작에 많은 투자를 하고 있지만, 수익의 절반 이상은 서비스계약 등 서비스활동을 통해 얻는다.

세 번째 형태 C는 비용은 비생산활동에서 발생하지만, 수익은 제품에서 창출되는 형태인데, 제조업 연구소(IfM)는 이를 시스템 통합업체(system integrators)라고 칭한다. 시스템통합업체는 다소 복잡한 형태를 띠게 되는데, 이는 제품을 주로 판매하지만 대부분의 비용은 생산과 연계되지 않기 때문이다. 예로는 GB 이노맥(GB Innomech)을 들 수 있는데, GB 이노맥은 상당한 비중의 R&D와 디자인 투입이 요구되는 기계를 제작하는 제조업체이다.

네 번째 형태 D는 생산기반으로부터 분리되어 서비스제공 분야로 이동한 형태로서, 이를 서비스 제조업체(service manufacturers)라고 한다. 대부분의 비용과 수익의 발생 원천이 비생산활동 및 서비스가 된다. 대표적인 예로 IBM을 들 수 있는데, IBM은 2004년 말 PC 생산기능을 중국의 레노보(Lenovo)에 넘기고 대신 소프트웨어와 서비스에 전념하는 모델을 추구한다.

제3장 서비스무역의 이해

제1절 세계 경제의 서비스화

1. 생산구조의 서비스화

1980년대에 와서 서비스의 경제화나 서비스무역(trade in services)에 대한 논의가 본격적으로 시작되었다.[1] 경제활동에서 서비스가 독립적인 경제적 가치를 가지고 있다는 것을 인식하게 되었기 때문이다. 60년대와 70년대에는 '서비스무역(trade in services)'이란 용어를 문헌에 언급하는 것조차 쉬운 것은 아니었다. 그러나 그 후 대외 경제활동에서 서비스의 중요성이 높아짐에 따라 큰 관심을 가지게 되었다. 보다 더 중요한 것은 제조업에서 상품개발과 생산과정에 서비스 산업이 밀접하게 연결되어 있고 서비스가 주요한 역할을 하고 있기 때문이다. 특히 생산자 서비스(producer services)의 역할은 종합된 체계(integrated systems)를 통해 서비스의 수출과 상품의 경쟁력 증대에 공헌해 왔다.

그래서 오늘날 세계 경제는 선·후진국을 막론하고 경제발전과 더불어 고용 및 부가가치, 국제거래 대상, 국민 경제 등에서 서비스부문이 차지하는 비중이 증가

1) 성일석, 2011, 국제서비스통상론, 도서출판 두남.

하는 소위, 경제의 서비스화가 급속히 진행되고 있다. 이러한 경제의 서비스화 현상은 특히 선진국에서 두드러지게 나타나고 있다.

세계 각국의 경우 국별로 다소의 차이는 있으나 주요 선진국의 경우, 부가가치 기준으로 서비스부문의 비중이 이미 국민총생산의 80%를 넘어서고 있으며, 고용 기준으로도 서비스 산업이 70% 이상을 차지하고 있다. 개도국의 경우에도 다수 국가에서 서비스부문의 부가가치 비중이 이미 60%를 상회하고 있고 고용도 서비스 산업이 45% 이상을 차지하고 있다. 이를 통해 경제발전단계와 경제의 서비스화간에 높은 관련성이 있다고 추측할 수 있다.

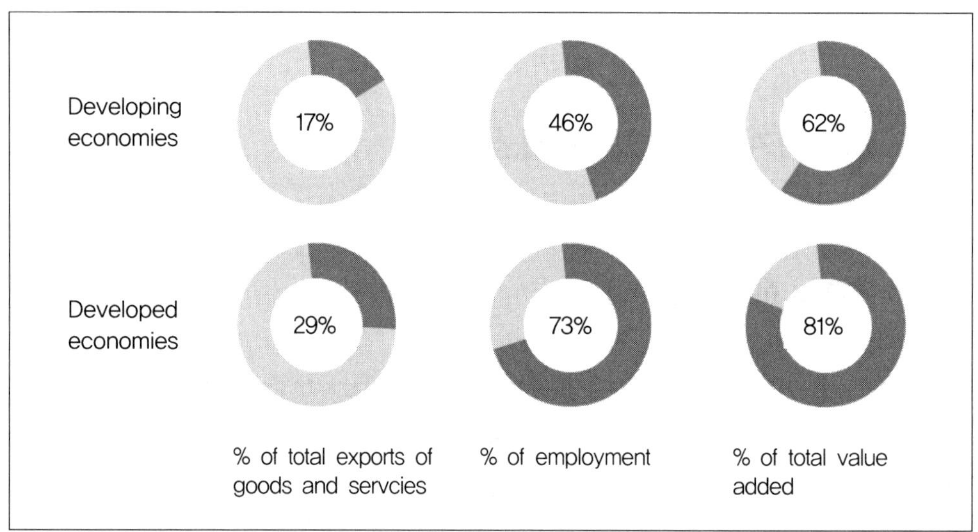

출처: UNCTAD, 2018, International trade in services.

〈그림 3-1〉 서비스가 경제에 차지하는 비율, 2017년

또한, 산업구조의 추이에서도 선진국의 산업구조는 1970~1990년 기간 중 제 1차 및 제2차 산업의 비중이 감소하면서 제3차 산업의 비중은 53%에서 63%로 높아졌다. 개도국 그룹의 경우도 이 기간 중 제1차 산업의 비중이 28%에서 17%로 많이 감소하면서 제2차 산업과 서비스 산업의 비중은 각각 29%에서 38%, 43%에서 52%로 모두 증가하였다.[2] 〈표 3-1〉을 보면 2018년 현재 북미나 고소득 국

2) GATT, 1992, International trade 1990-1991, vol. 1, Geneva.

가군의 제1차 산업의 비중이 2010년 이후 1%로 유지하고 있고, 제조업도 14%를 차지하는 정도로 감소하였다. 반면 서비스 산업은 북미는 약 80%에 육박하고, 고소득 국가군은 70%에 이를 정도로 그 비중이 증가하였다.

표 3-1 산업별 GDP비중

	GDP		Agriculture		Industry		Manufacturing		Services, value added	
	$ billions		% of GDP		% of GDP		% of GDP		% of GDP	
	2010	2018	2010	2018	2010	2018	2010	2018	2010	2018
Latin America & Caribbean	5,347.20	5,787.30	5	5	29	24	14	13	55.8	60.3
Middle East & North Africa	2,768.10	3,616.90	5	5	46	39	14	14	47.4	54
North America	16,611.30	22,213.30	1	1	20	18	12	11	75.2	77.4
South Asia	2,061.10	3,457.80	18	15	29	26	16	15	46.6	49.9
Sub-Saharan Africa	1,369.70	1,699.50	16	15	28	24	9	10	50.7	52.4
Low income	368.4	573.3	27	26	24	25	8	8	40.2	39.3
Lower middle income	4,462.00	6,707.50	16	15	32	29	16	15	46.5	49
Upper middle income	15,856.60	24,435.10	7	6	37	33	22	21	50	55.3
High income	45,352.00	54,118.80	1	1	24	23	14	14	69.1	69.8

출처: World bank, 2019, http://wdi.worldbank.org/table/4.2#

이처럼 서비스부문의 비중이 커지는 주요한 요인은 일반적으로 서비스에 대한 수요의 탄력성이 크기 때문이다. 경제가 발전하면서 산업수요의 소득 탄력성의 격차에 따라 산업의 중심이 제1차 산업에서 제2차 산업으로 그리고 서비스 산업(제3차 산업)으로 옮겨진다는 논리와 부합하는 현상이 선·후진국 모두에게서 보여주고 있다.[3] 또한, 산업별 GDP의 성장을 보더라도 서비스 부문은 선·후진국

3) S. Park and K. S. Chan, 1989, A Cross-country Input-Output Analysis of Inter-sectoral Relationships between Manufacturing and Services and their Employment Implications, *World Development* Vol. 17, No. 2, pp.199~200; 이상학, 1991.4, 우리나라 서비스교역의 구조와 추이,

을 막론하고 약간의 차이는 있으나 고도성장을 해왔다. 선진국의 경우 일본을 제외하고 모두 제조업보다 높은 성장을 달성해왔다. 한편 개도국의 경우는 제조업의 성장이 높은 나라가 있는가 하면 낮은 나라도 있어 일률적이지는 않다.

2. 취업구조의 서비스화

서비스 산업의 중요성을 측정하기 위한 가시적인 지표로는 고용이 주로 사용되고 있는데 1950년에서 1980년간 서비스 부문에 종사하는 인원은 점차 증가해 왔다. 최근 대다수의 선진국에서 총고용에서 서비스부문이 차지하는 비중은 60%를 넘어 70%에 육박하고 있는 것으로 나타났다. 그 비중은 역시 꾸준히 증가하고 있다.[4] 〈표 3-2〉를 살펴보면 동아시아 국가는 그 비율이 75%, 북미는 80%를 차지하고 있다. 하지만 사하라 남부 지역 국가들과 남아시아 국가들의 서비스 산업 고용율이 2018년 현재 30%에 그치고 있지만 농업의 비중이 각각 58%와 43%를 차지하고 있다.

▌표 3-2▌ 산업별 고용비율

(단위: %)

COUNTRY	2000			2015		
	Agriculture	Industry	Services	Agriculture	Industry	Services
Africa	57.9	11.4	30.6	53.5	11.5	34.9
– Sub-Saharan Africa	62.9	9.5	27.6	58.3	9.4	32.3
– Northern Africa	32.6	21.4	46.0	27.7	23.0	49.3
Asia and the Pacific	40.8	13.9	45.3	27.5	18.3	54.3
– Central ande Western Asia	41.1	18.3	40.6	32.5	20.8	46.7
– Eastern Asia	28.2	11.6	60.2	12.6	12.2	75.2
– South-Eastern Asia and the Pacific	47.6	16.6	35.8	35.6	20.2	44.2
– Southern Asia	57.2	16.2	26.6	43.1	25.4	31.5

대외정책연구원, p.17.

4) World Bank, 1992, World Development Report; UNCTAD, 2018, Trade in services and employment.

COUNTRY	2000			2015		
	Agriculture	Industry	Services	Agriculture	Industry	Services
Europe and Central Asia	14.2	27.9	57.8	9.4	24.8	65.8
– Eastern Europe	17.7	29.7	52.6	9.8	28.6	61.6
– Northern, Southern and Western Europe	5.4	28.8	65.8	3.4	22.8	73.8
Americas	12.7	22.6	64.7	10.2	20.4	69.3
– Latin America and the Caribbean	20.3	22	57.6	15.4	21.9	62.8
– Noth America	2.6	23.4	74.0	1.6	18.1	80.3
World	34.8	16.9	48.4	25.9	18.6	55.5

출처: UNCTAD, 2018, Trade in services and employment.

3. 세계 서비스무역의 변화

세계 경제가 서비스화하는 추세에 맞추어 서비스의 국제무역도 그간 꾸준히 신장추세를 지속해 왔으므로 이의 중요성이 점차 인식되고 있다. 하지만 국제무역에서 서비스 무역수지는 각국이 국제수지를 통해 추측할 수밖에 없다. 왜냐하면, 아직도 서비스의 정의가 확립되어 있지 않았고 서비스무역통계가 상품과 분리된 상태에서 집계된 상태가 아니기 때문이다. 국제수지상에서 상업적인 서비스 항목은 운송, 여행, 금융·보험·지식재산, 정보통신 및 기타 서비스의 합계를 말하며 일반적으로 국제무역의 대상이 되는 서비스를 총칭한다.

GATT의 추계에 의하면, 1990년도의 세계의 상품 및 서비스부역 규모는 각각 3조 4,850억 달러 및 8,100억 달러를 기록하여 서비스무역액이 상품무역액의 약 23.2%에 달하고 있는 것으로 나타나고[5] 있으며, 상품수출이 증가는 13.3%인 데 반하여 서비스 수출의 증가율은 16.5%에 달하였다. 1993년에는 서비스무역 규모가 세계 무역의 22%인 1조 달러의 수준에 도달하였다.[6]

2018년 현재 <표 3-3>에서 볼 수 있듯이 전 세계 서비스 수출액과 수입액은

5) GATT, Press Release (1990. 3. 14), 장의태, 1990, 다자간 서비스협상과 우리나라 건설업의 국제화, 대외정책연구원, p.21에서 재인용

6) World Bank and UNCTAD, 1994. 7, Liberalization of World Trade in Service.

각각 5조 달러를 넘었다. 서비스무역 증가율도 7%를 상회한다. 전체 무역에서 서비스가 차지하는 비율은 23%에 머물고 있다. 하지만 FDI 유입(inward)의 60%가[7] 넘는 투자액이 서비스 분야라는 사실을 통해 전체 무역에서 서비스가 차지하는 이 낮은 비율은 서비스무역액의 추정상의 어려움에 기인한 것으로 실제는 더 많을 것으로 전문가들은 추측하고 있다.

표 3-3 전 세계 무역에서 서비스가 차지하는 비율

	World trade of service, Trillions of USD			% of total trade in goods and services in 2018*
	2017	2018	Growth %	
Exports	5.429	5.845	7.7	23.3
Imports	5.217	5.604	17.4	22.9

* Estimates
출처: UNCTAD, 2018, Trade in services.

서비스 수출은 주로 아시아, 유라시아, 아프리카 대륙에서 큰 폭으로 증가하고 있다. 〈그림 3-2〉에서 볼 수 있듯이 세 지역의 서비스 수출 증가율이 9%에 이르고 있고 북미와 남미가 그 뒤를 따르고 있다.

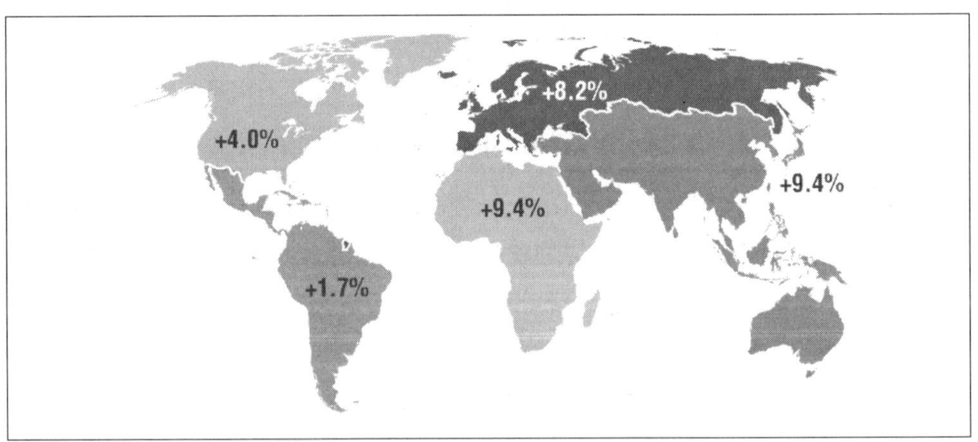

출처: UNCTAD, 2018, Trade in services.

〈그림 3-2〉 지역별 서비스 수출증가율 (2018년도)

7) 2014년 기준, UNCTAD, 2018.

서비스 부문별로 무역 현황을 살펴보면 2018년 현재 〈그림 3-3〉과 같이 여행 부문은 서비스무역의 25% 정도를 차지하고, 사업지원서비스는 약 22%, 운송은 약 17%를 차지하여 세 분야의 서비스무역은 총 서비스무역의 64% 정도로 대부분을 차지하고 있다.

(단위: 십억 USD)

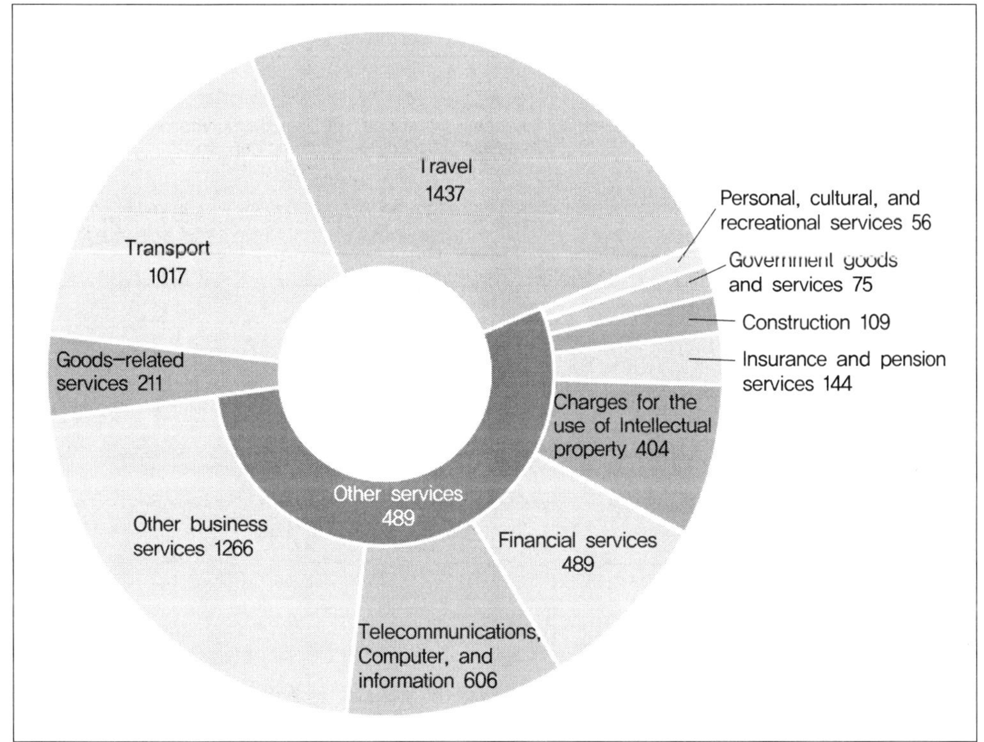

출처: UNCTAD, 2018, Trade in services.

〈그림 3-3〉 분야별 전 세계 서비스 수출액

그리고 서비스무역의 지역별 비중은 〈그림 3-4〉에서 알 수 있는 바와 같이 유럽, 아시아, 북미 선진공업국에 집중되어 있다. 이는 경제가 고도화되는 고도산업사회에서 일차적인 양적 풍요로움이 달성된 이후 개인 욕구의 다양화, 개성화에 의한 사회적 구조변화에 기인한 것이다. 그래서 선진국들은 상품무역과 마찬가지로 서비스의 주요 무역국들이다.

유럽이 서비스 수출의 절반 이상을 차지하고 있고 주로 금융·보험·사업·지식재산권, 여행, 운송, 정보통신 분야의 수출에 집중되어 있다. 그다음을 아시아·오세아니아와 북미 국가가 차지하고 있다. 아시아·오세아니아가 서비스 수출의 약 30%를 차지하고 있다. 라틴아메리카와 아프리카는 주로 여행 분야의 서비스 수출에 집중되어 있다.

(단위: 10억 USD)

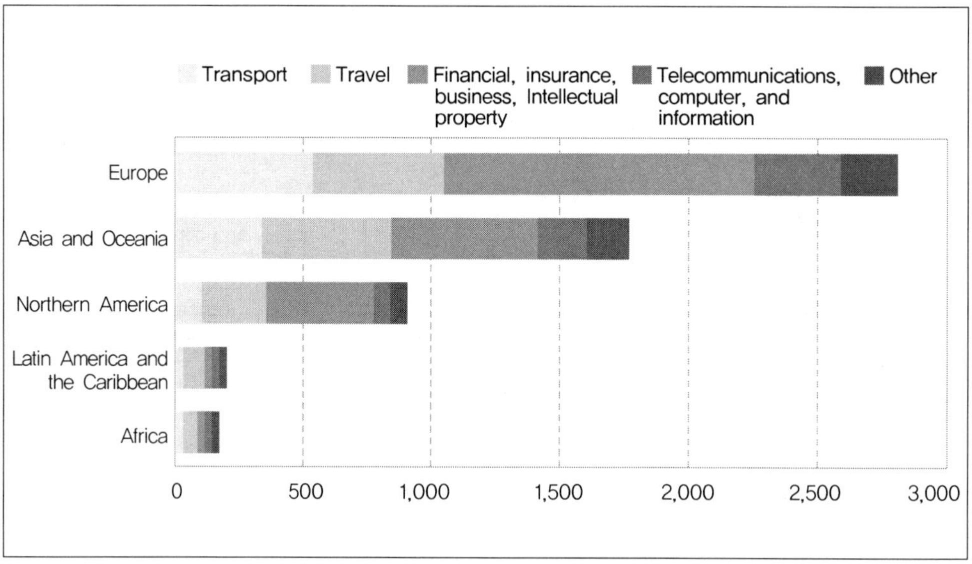

출처: UNCTAD, 2018, Trade in services.

〈그림 3-4〉 지역별 부문별 서비스 수출액

개발도상국도 공업화를 달성함에 따라 경제사회의 구조가 변화하고 있다. 〈표 3-4〉에서 보듯이 개도국의 서비스 수출액 증가율이 선진국의 서비스 수출액 증가율보다 높다. 특히 신흥공업국(NIEs)인 한국, 홍콩, 터키 및 인도 등의 비중도 점차 커지고 있다. 이는 경제의 고도화가 진행됨에 따라 경제의 서비스화가 급격하게 진행되고 있음을 보여주는 것이라 하겠다.

▌표 3-4▐ 개도국과 선진국의 서비스 수출입 증가율 (2018년도)

(단위: 십억 USD, %)

Economic groupings	Leading exporters	Billions of US$	Annual % change	Leading importers	Billions of US$	Annual % change
Developing economies	China	267	17	China	525	12.3
	India	205	10.7	Singapore	187	3
	Singapore	184	6.6	India	177	14.2
	China, Hong Kong SAR	114	9.3	Korea, Republic of	124	1.9
	Korea, Republic of	97	10.4	Saudi Arabia	86	10
	Thailand	84	11.3	China, Hong Kong SAR	82	4.9
	United Arab Emirates	72	1.9	United Arab Emirates	72	0.7
	China, Taiwan Province of	50	11.6	Brazil	68	−0.5
	Turkey	49	10.8	China, Taiwan Province of	57	6.3
	China, Macao SAR	44	12.2	Thailand	55	18.4
Developed economies	United Srates of America	828	3.9	United Srates of America	559	3.1
	United Kingdom	376	5.5	Germany	351	6.2
	Germany	331	7.7	France	257	4.7
	France	291	5.9	United Kingdom	235	10.5
	Netherlands	242	11.4	Netherlands	229	10.9
	Ireland	206	14.3	Ireland	218	8.7
	Japan	192	3	Japan	200	3.7
	Spain	149	7.7	Belgium	129	11.8
	Switzerland, Liechtenstein	124	2	Italy	125	8.3
	Belgium	123	3.1	Canada	113	4.6

출처: UNCTAD, 2018, Trade in services.

서비스무역이 확대되는 주요 요인은 세계 경제의 상호의존도 심화, 경제구조의 서비스화에 따른 상업 서비스의 수요 증가, 정보통신기술의 발달 등을 들 수 있다. 또한, 최근에는 기술, 자본, 인력 등 생산요소의 국제 이동이 자유로워짐에 따라 서비스부문도 같이 국제적으로 거래되고 있고 해외직접투자도 서비스화되고 있다.

이처럼 세계 경제는 첫째, 각 나라 산업구조 가운데서 서비스부문이 차지하는 비중이 점점 증대하고 있을 뿐만 아니라 둘째, 세계무역에서 서비스의 국제거래 즉, 서비스무역도 꾸준히 증가하고 있으며 셋째, 산업별 고용구조에서도 서비스 부문에서 증가 추세를 보이는 각 나라의 경제가 서비스화되고 있다.

제2절 서비스무역의 개념과 유형

1. 서비스무역의 개념

서비스무역은 오래전부터 '보이지 않는 무역(invisible trade)'으로 알려져 왔다.[8] 일반적으로 무역이란 '재화 및 서비스의 거주자(resident)와 비거주자(non-resident) 상호간 국제적인 유상거래'로서 그 대상이 상품일 경우는 상품무역이고, 서비스일 경우에는 서비스무역이라 할 수 있다. 그러나 상품무역은 상품이 한 국가에서 다른 국가로 이동하지만 서비스무역에서는 수출국에서나 수입국에서 모두 서비스가 제공되는 것이 가능하다는 데에서 상품무역과는 다른 복잡하고 독특한 특성을 가진다.

또한, 서비스의 생산자와 서비스의 소비자는 시간적, 지역적으로 멀리 떨어져 있을 수 없다. 이러한 이유로 서비스는 원칙적으로 장거리 수송을 전제로 하는 국제무역의 대상이 될 수 없으므로 이른바 비교역재(non-traded goods)로 간주해 왔다. 그러나 과학기술, 특히 교통, 통신 기술이 발달하고 사회생활이 복잡해지고 전문화되면서 갖가지 서비스에 대한 요구가 여러 곳에서 등장하게 되자 비교역재로서의 서비스도 변모되었다. 이에 따라 많은 서비스가 상당한 거리를 두고 있는 지역 간에서 거래의 대상이 되고 거래되고 있다. 이것은 기술 발전이 지리적 거리로 인한 서비스 국제무역의 한계성을 상당히 완화하거나 제거하였기 때

8) 성일석, 2011, 국제서비스통상론, 도서출판 두남.

문이다.

이에 따라 서비스무역을 정의하면 '한 나라에 있는 서비스 생산자(resident)가 다른 나라에 있는 사용자(non-resident)에게 서비스를 판매하는 것'을 의미하게 된다. 즉, 비거주자에게 판매되는 서비스의 수출과 비거주자로부터 구입하게 되는 서비스의 수입을 말한다.

스테른과 호크만(Stern and Hoekman, 1978)은 서비스무역을 '국내생산요소의 서비스 생산을 통해 비거주자로부터 소득을 가져오는 활동'으로 정의하고 있다.[9] 이는 생산자와 소비자의 비분리를 강조하는 전통적인 견해보다는 더 폭넓은 개념이다.

리들(Riddle, 1986)은 서비스무역을 정의하기 위하여 서비스의 국제거래가 어떻게 이루어지는가를 '장소(location) 기준'과 '소유권(ownership) 기준'의 두 방법으로 접근하고 있다.[10] 즉, 전자의 기준은 거래 당사자가 거주지를 달리할 때만 국제무역이 이루어진다는 것이고, 후자는 기업소유주의 국적에 따라 정해진다는 것이다.

한편 OECD에서는 서비스무역을 1) 일국의 거주자에 의해 생산된 서비스가 다른 국가의 거주자에 의해 소비·수취·지급되는 행위, 2) 서비스 공급국으로부터 수출되어 서비스 수요국에서 수입되는 행위, 3) 어느 일국에서 주로 생산된 서비스가 다른 국가의 거주자에 의해 사용·수취·지급되는 행위 등의 형태로 구분하여 정의하고, 서비스무역의 틀(framework)을 구성하는 요소로 서비스의 이동, 설립권, 자본의 이동, 사람의 이동, 정보 및 상품의 이동 등이 있다고 규정하고 있다.[11]

IMF에서는 국제수지 목적상 재화 및 서비스의 무역을 '일국의 거주자와 비거주자 사이에 일어나는 모든 거래'로 규정하고, 무역의 범주를 설명하고 있다.[12] 서비스무역을 가장 전통적인 개념으로 '국내거주자와 비거주자 사이의 모든 서비

---

9) Robert M. Stern and Bernard M. Hoekman, March 1987, Issues and Data Needs for GATT Negotiations on Services, *The World Economy*, Vol.10, No.1, p.42.

10) Riddle, D. I., 1986, Service-Led Growth: The Role of the Service Sector in World Development, Praeger(N. Y), pp.114~116.

11) OECD, March 1987, Elements of a conceptual Framework for Trade in Services, OECD Report.

12) IMF, 1977, Balance of Payments Manual, 4th ed.(Washington D.C), Ch.15.

스거래'로 정의하고, 일국에서 외국인에 의하여 소비되거나 외국에서 국내거주자에 의해 소비되는 비교역 서비스를 포함하였다. 비교역 서비스는 비요소 서비스와 요소 서비스로 구성된다. 비요소 서비스(non-factor services)는 해외 주둔 외교관이나 주둔군의 지출을 포함한 거래이다. 요소 서비스(factor services)는 국내 기업의 해외 자회사에 의한 서비스 활동과 외국기업의 국내 자회사에 의한 서비스 활동을 말한다.

이처럼 서비스무역은 목적에 따라 다양한 개념으로 정의를 하지만 서비스의 국제무역이 이루어지는 형태는 기능적으로 크게 두 가지로 나누어진다. 즉, 상품무역과 마찬가지로 한 국가에서 다른 국가로 서비스가 이동됨으로써 무역이 이루어지는 형태와 서비스의 국경이동이 곤란하여 서비스 수출국 또는 수입국에서 거래가 이루어지는 형태로 구분된다. 그러나 현실적으로 서비스무역에 관한 분석은 국제수지표상의 무역외 거래 항목을 근거로 서비스무역을 정의하거나 국가 간 비교분석을 주로 행하고 있다.

경제활동이 과학기술의 발달로 점차 전문화되고 세분되면서 종래에는 다른 활동과 분화되어 있지 않았던 경제행위가 이제는 독립적으로 객관화됨에 따라 거래의 대상이 되고 있다. 이와 더불어 국민 경제의 서비스화가 진행되면서 서비스 산업의 경제적 역할이 확대되고 이에 따라 서비스무역패턴(pattern of trade in services)도 다양화되는 추세에 있다.

2. 서비스무역의 유형

서비스무역은 생산된 시점, 거래의 특성 및 국경 이동의 형태에 따라 다음과 같이 세 가지 유형으로 분류할 수 있다.

2.1 생산 후 무역단계에서의 분류

서비스는 그 자체가 갖는 성질 때문에 분류하기가 쉽지 않는 데다가 국가 간 무역 대상으로서의 서비스 분류는 상품 이동과는 다른 형태이기 때문에 서비스 상품의 구분 기준이 명확하지 않다. 〈표 3-5〉처럼 서비스무역으로 고려될 수 있는 제품의 유형은 참으로 다양하다.

이러한 점을 고려하여 서비스가 생산된 시점을 기준으로 분류하면 다음과 같이 두 가지로 나눌 수 있다. 1) 현재 생산되어 이동되는 서비스, 2) 자본의 이동에 수반되어 이동되는 서비스로 구분된다. 1)은 서비스의 성질상으로 생산과 소비가 동시에 이루어지는 서비스 자체의 특성에 바탕을 둔 구분이다. 2)는 그 자체의 생산과 소비가 이미 이동된 자본의 존재를 전제한 서비스의 구분이다. 이동된 자본의 성격에 따라 직접투자에 의존하는 서비스와 포트폴리오 투자에 기초한 서비스공급으로 나누어진다.

표 3-5 제조업 수출과 서비스 수출의 대상 비교

구분		제품의 유형 및 시장 특성	수출 특성
제조업 수출		- 일반적인 모든 제품 - 일반적으로 경쟁시장 형성 - 제품의 표준화, 등급화에 의해 가격 형성	[수출계약 → 생산 → 통관 → 선적 → 환어음 결재 → 수출완료]의 절차에 따라 수출
서비스 수출	제품	- 음반, DVD 등 - 매체에 고정될 경우 제조업 제품과 유사한 특성	
	서비스제품	- 게임, 콘텐츠, 영화, 영상, 애니메이션, 음악 등 - 제품의 품질, 수요자 선호, 상품성 등에 의한 차별화	일반적으로 계약에 의해 서비스 결과물(도면, 마스터판 등)이 국경을 이동하고, 수입자가 직접 활용하거나 복제 생산하여 유통하는 유형
		- 디자인, 엔지니어링 - 매체에 고정 또는 비고정 - 품질 및 가격의 차별화에 의해 독점적 경쟁시장 형성	
	서비스기능	- 용역(컨설팅), 기술, 현장기술지도 등	공급자의 해외파견 또는 출장을 통한 서비스 제공
		- 의료, 교육, 관광 서비스 - 품질 및 가격의 차별화에 의해 독점적 경쟁시장 형성	수요자 입국에 의한 국내에서의 서비스 소비
		- 물류(항공해상 운송 등), 국제리스(용선, 항공기 등) 등 - 장치, 설비 등에 기초한 서비스	공급자와 수요자간 국경 개념보다는 서비스 그 자체가 중요

출처: 최봉현·박정수 외, 2008.

2.2 거래의 특성별 분류

각종 서비스는 매우 이질적인 성격을 갖고 있기 때문에 서비스무역은 기준에 따라 여러 가지로 분류할 수 있다. 그래이(Gray, 1983)[13]는 국경 이동 여부를 기준으로 서비스무역을 다음과 같이 분류하고 있다.

1) 국경 이동을 하는 형태

(1) 상품무역과 관련하여 발생하는 거래: 운수, 보험 및 그와 관련된 금융서비스업

(2) 사람의 이동과 관련하여 발생하는 거래: 여객운송, 통신 등의 서비스업

(3) 서비스의 이동과 관련하여 발생하는 거래: 경영, 투자, 자문, 기술·정보서비스 및 외국의 자회사, 지점 등에 의해 제공되는 서비스업

2) 국경 이동이 곤란한 형태

(1) 서비스 수출국에서 제공되는 거래: 관광, 숙박, 의료 서비스, 부동산업, 세탁업 및 이용업

(2) 서비스 수입국에서 제공되는 거래: 광고, 회계, 법률 및 도·소매업 등의 서비스업

2.3 이동방법에 따른 분류

이동방법에 따른 거래의 형태는 네 가지 범주로 구성되는 데 첫째의 범주는 생산요소가 물적·육체적으로 접근하지 않고 거래되는 형태이며, 다른 세 가지의 범주는 물질적 접근으로 거래되는 서비스무역이다. 바그와티(Bhagwati, 1987)는 서비스공급자와 수요자의 물리적(신체적) 근접성(physical proximity requiring)을 기준으로 다음과 같은 형태로 분류하고 있다.[14]

---

13) Gray, H. P. Sept./Oct. 1983, A Negotiating Strategy for Trade in Service, *Journal of World Trade Law*, Vol.17, p.378.

1) 원격지제공 서비스(long-distance services)[15]

원격지 서비스가 수출국에서 생산되며 그와 동시에 무역이 이루어지는 서비스를 말한다. 컨설팅, 생명보험, 건축디자인과 같은 서비스로 수출국에서 생산되며 통신을 통해서 거래된다. 샘손과 스네이프(Sampson and Snape, 1985)[16]는 이를 분리 서비스라고 명명한다.

2) 물리적 접근으로 거래되는 형태

(1) 공급자만 이동(mobile-provider, immobile-user)형의 서비스: 광고, 금융
(2) 수요자만 이동(mobile-user, immobile-provider)형의 서비스: 의료, 교육
(3) 수요자와 공급자 이동(mobile-user, mobile-provider)형의 서비스: 제3국에서의 거래

2.4 서비스무역과 상품무역의 차이점

서비스 산업은 자체 경쟁력이 취약할 경우 제조 부문과는 달리 해외로의 공장이전 등과 같은 문제는 쉽게 발생하지 않는다. 즉, 서비스 산업의 공동화 현상은 쉽게 볼 수 없지만, 서비스 상품의 고객은 다른 나라로 이동할 수 있어서 고객을 빼앗기는 결과로 이어질 수 있다.[17] 또한, 서비스무역은 상품 무역과는 달리 원산지 규정에 관한 논란이나 포장 문제로 인한 클레임 등은 무역 프로세스에서 논의의 대상이 되지 않는다.

---

14) Bhagwati, J. N., July 1987, Trade in Services and the Multilateral Trade Negotiations, *World Bank Symposium*, 15~16.

15) 이 형태는 물리적 근접성과는 관계없이 서비스가 제공되는 거래형태를 말한다.

16) Gray P. Sampson and Richard H. Snape, June 1985, Identifying the Issues in Trade in Services, *The World Economy*, pp.172~173.

17) 이지석, 2006, "GATS와 Mode 4의 협상시나리오 분석", 한국무역학회, 「무역학회지」, 제31권 제2호, pp.207-211.

1) 실무적 차이

서비스무역에 관해 프로세스를 전 산업 유형에 걸쳐 분석하는 것은 현실적으로 어렵다. 무역계약 측면에서 서비스무역은 전통적인 청약(offer) 및 승낙(acceptance) 절차에 의존할 수도 있지만, 서비스 공급에 대한 거래조건과 프로세스를 상호 검토하여 합의에 이르는 투자 계약 방식을 원용할 수 있다. 운송 및 운송보험에 관련된 프로세스는 존재할 수 없지만, 서비스공급자와 소비자의 국경 이동 과정에 잠재하는 위험은 여행보험으로 담보할 수 있다. 신용위험이나 비상위험 등 수출보험 담보가 가능한 위험은 수출보험 적용이 가능하다.

서비스무역의 대금결제는 상품무역의 경우에 비해 거래의 불명확성이나 거래 금액 추적 곤란 등으로 외화도피의 위험성이 존재한다. 또한, 순수한 서비스 상품의 거래라면 보세창고도(Bonded Warehouse Transaction, BWT) 방식, 현물상환지급(Cash on Delivery, COD) 등 특정 거래방식의 결제 유형은 서비스무역에 적용하기 곤란한 측면이 있다. 서비스 수출의 경우 보증신용장(Standby L/C)에 의한 대금결제 방식이 서비스무역에 가장 적합하고도 안전한 결제방식으로 알려져 있다. 보증신용장은 서비스 수출대금의 보증금 또는 일시불의 사전 또는 사후 송금결제 총액한도로 받아놓고 해당 분기의 미수금이 발생하면 즉시 개설은행 앞으로 대체 결제를 요구할 수 있는 안전장치로서의 임무를 수행하기 때문이다. 그러나 보증금 방식 서비스 수출의 경우도 수출채권과 대금 지급 시기의 불일치로 인하여 별도의 안전장치가 필요하다.[18] 서비스무역에는 송금방식, 추심방식, L/C방식, 신용카드, 전자결제 등 일반적 무역결제 방식이 실무적으로 동시에 활용되고 있다. 또한, 소액거래로 인한 대금결제 프로세스와 수수료(거래 비용) 발생의 문제는 상품무역과 같다.

2) 거래 특성별 차이

서비스무역의 거래방식은 상품무역의 거래방식에 비해 상품별, 주체별로 매우

18) 박광서, 2005, "스탠바이신용장의 활용증대 가능성에 관한 연구", 한국무역학회, 「무역학회지」, 제30권 제2호, pp.209-212.

다양하다. 상품무역의 경우와 같은 세관 통과라는 명시적인 절차가 없고 '국경 이동형 서비스' 거래 이외 수출국, 수입국 또는 제3국에서도 서비스 거래가 이루어지기 때문에 대금결제 과정을 추적하는 데에 많은 어려움이 있다. 이로 인하여 서비스무역의 대금결제는 거래 당사자 간에 수수되는 금액의 확인에 의존할 수밖에 없게 된다. 따라서 외국환거래법에서 정하는 거주자와 비거주자 개념에 의한 거래대금의 수취 및 지급 관계를 확인함으로써 서비스무역 대금결제 흐름을 추적하게 될 뿐이다.

3) 무역통계로 본 차이

한국의 상품무역 수출입현황은 수출입신고서 내용을 기반으로 상세하게 분류하여 제공하고 있다. 구체적으로 물품의 수출과 수입 통계를 기간별, 산업별, 성질별, 품목별, 국가별, 경제권/대륙별, 광역 자치별, 항구별, 대금결제방식별, 형태별, 종류별로 제공하고 있고 금액, 증가율, 구성비 등 상세한 정보를 제공할 뿐만 아니라 벤처기업 수출통계까지 관리하여 제공하고 있다.[19] 그러나 서비스무역의 경우는 한국은행 국제수지 통계 이외에는 자료의 획득이 어렵다.

상품무역의 경우는 거래 프로세스를 상세하게 확인할 수 있을 정도로 통계 집계가 이루어지고 있다. 그러나 서비스무역의 경우는 거주자와 비거주자 사이에 지급 수취된 금액을 외국환은행에서 계측하고 이를 한국은행에서 집계하고 있다. 물론 기초통계의 관리는 해당 서비스업을 담당하는 주무부서에서 집계하고 있다. 이러한 과정으로 인하여 서비스무역통계는 물품무역보다 실시간 집계가 곤란하며, 통계정보를 제공하는 항목들이 극히 제한되어 있다.

---

19) 물품무역에 관한 통계는 관세청(http://customs.go.kr), 한국무역협회(http://stat.kita.net), 한국은행 경제통계시스템(http://ecos.bok.or.kr) 등에서 상세하게 획득할 수 있다.

제4장 서비스무역 이론

제1절 자유무역 이론

1. 비교우위 이론

신고전학파 무역이론에 따르면, 각국은 자신이 비교우위를 가진 부문에 특화하여 상품을 생산한 후 다른 부문에 비교우위를 가진 국가들이 생산한 상품과 교환·소비함으로써 양국 모두 무역 이전보다 소비의 영역을 확대하게 된다. 이러한 이론적 관점은 서비스무역의 경우에도 기본적으로 적용된다고 할 수 있다. 서비스무역에도 비교우위이론의 적용이 가능하지만, 상품부문과 달리 규모에 따른 수확체증 및 불완전 경쟁 상태에 대한 적절한 고려가 필요하다. 서비스무역도 재화무역과 마찬가지로 각국의 생산요소 부존량, 관광자원의 유무, 기술 수준 등에 의해 결정되는 비교우위에 따라 광범위한 분야에서 일어난다[1].

사피르와 루츠(Sapir and Lutz, 1981)는[2] 다중회귀분석을 통해 국가 간 서비

1) 성일석, 2011, 국제서비스통상론, 도서출판 두남.

2) Sapir, A. and Lutz, E., 1981, "Trade in Services: Economic determinants and development-related issues," World Bank Staff Working Paper No. 410.

스무역의 경험적 차이점을 설명하면서, 대체로 물적 자본이 풍부한 국가는 운송서비스(freight services), 인적자본이 풍부한 국가는 보험서비스(insurance services) 및 기타 서비스(other services)에 대한 비교우위를 가지고 있다고 주장하였다. 기타 서비스의 경우 기술 노하우 보유 정도에 상당한 영향을 받는 것으로 나타났지만, 이 또한 인적자본과 관련된 요소인 것으로 나타났다. 그리고 이러한 비교우위는 해당 생산요소의 경쟁력에 따라 동태적으로 변화하는 것으로 나타났다.

비교우위에 의거한 분업의 이익이 서비스무역에 관해서도 이론적으로 입증된다고 하면, 서비스무역의 확대를 더욱 촉진하는 무역장벽의 경감 혹은 철폐, 즉 자유화는 지지가 된다. 서비스무역자유화로 수입이 증가되어 경쟁에 처하게 되는 기업이 생기고 노동도 재배치되는 조정비용이 발생한다. 따라서 비교우위이론의 타당성은 많은 가정에서 입증되는 것이기 때문에, 무역자유화가 지지가 되지 않는 경우도 고려해서 서비스무역정책을 세워야 한다.

2. 요소부존 이론

비교우위(comparative advantage)를 통한 국가 간 무역 발생 원인에 관한 연구는 주로 헥셔-올린 모델에서 주장하는 요소부존효과(factor-endowment effect)와 크루그만(Krugman, 1980)에 의해 제시된 자국시장효과(home-market effect) 등의 두 가지 이론을 바탕으로 이뤄지고 있다.[3] 요소부존 이론은 교역 국가 간 상대가격의 차이가 교역을 발생시킨다는 데에 주목한다. 규모에 대한 보수 불변과 완전경쟁 및 제품의 동질성을 기반으로 한 헥셔-올린의 이론에서 국가 간 교역 발생은 그 나라 생산요소의 상대적인 요소부존량(relative factor endowment)과 각 산업 고유의 요소집약도(factor intensity)에 의해 결정된다. 따라서 교역되는 상품들은 요소집약도뿐만 아니라 상대적 요소부존량이 다른 국가들 사이에서 무역이 발생한다고 본다. 헥셔-올린의 이론은 선진국과 후진국 사이의 산업간 무역

3) 박문수·이경희, 산업연구원, 2010, 국가 간 서비스무역패턴 분석 -자국시장 및 요소부존 효과를 중심으로, pp.1-77.

(inter-industry trade)을 잘 설명한다. 하지만 최근의 국제무역은 선진국들 혹은 개도국들 사이 등 생산요소의 상대부존조건 및 요소집약도가 비슷한 국가들 간의 산업 내 무역(intra-industry trade)이 차지하는 비중이 크게 증가하는 추세를 보이고 있어 헥셔-올린의 이론으로는 설명하기 어려운 측면이 있다.

3. 자국시장효과 이론

Krugman(1980)에 의해 처음으로 제시된 자국시장효과(home-market effect)라는 이론은 산업 내 무역 발생의 원인에 대해 설명한다.[4] 이 이론은 규모에 대한 보수 증가(increasing returns to scale), 기업 간의 독점적 경쟁(monopolistic competition) 시장, 제품차별화(product differentiation) 및 운송비용(transport cost) 등의 가정이 핵심적으로 작용한다. 기본적으로 자국시장효과는 수출국과 수입국의 총소득(혹은 경제규모 또는 시장규모)에 대해 수출이 얼마나 민감하게 반응하는지를 나타내는 개념이다. 이러한 자국시장효과는 제품의 차별화 여부, 진입장벽의 존재 여부, 수송비의 존재 여부 등 가정의 변화에 따라 다양한 형태로의 이론적 분화가 이뤄지고 있다.

먼저 규모보수증가 구간에서 생산하는 독점적 경쟁 시장의 특성을 가정하는 기업 수준의 제품차별화(firm-level product differentiation)모형에서는 자국의 경제 규모에 따라 상품 생산의 다양성(number of varieties)의 정도에 차이가 존재한다고 가정한다. 이때 생산된 개별 상품의 가격이 같고 수송비가 존재하면 큰 시장을 가진 국가의 소비자들은 차별화된 상품을 구매할 때 수송비 지급이 필요 없는 자국산 상품을 선택하게 된다. 더불어 기업의 신규진입이 경제 규모가 상대적으로 작은 국가에 비해 큰 시장을 가진 국가에서 더욱 활발하게 이루어져 두 국가 간 시장규모의 비율보다도 더 많은 기업이 시장규모가 큰 국가로 진입하게 된다. 이에 따라 시장규모가 큰 지역에 거점을 둔 기업들이 차별화된 상품을 생산하여 시장규모가 작은 지역으로 수출하게 됨으로써 큰 시장규모를 가진 국가

4) 박문수·이경희, 산업연구원, 2010, 국가 간 서비스무역패턴 분석 -자국시장 및 요소부존 효과를 중심으로, pp.1-77.

가 양국 간 교역에서 순수출국이 되는 자국시장효과가 나타나게 된다.

반면에 아밍턴(Armington)의 생산국별 차별화(national product differentiation) 모형에서는 두 국가 간 생산되는 다양성의 수가 1로 동일하고 진입장벽이 존재한다고 가정한다. 큰 시장규모를 가진 국가에서의 수요의 증가는 지속적인 제품의 수입을 요구하지만, 기업의 그 국가로의 신규진입은 일어나지 않는다. 따라서 생산국별 차별화 모형에서는 경제 규모가 작은 국가가 무역을 통해 이익을 얻게 되어 순수출국이 되는 자국시장효과가 나타난다.

한편, 상호덤핑(reciprocal dumping) 모형으로 알려진 동질재(homeogenous goods)를 생산하는 과점시장의 경우에 자국시장효과는 진입장벽의 유·무에 따라 다른 결과를 나타낸다. 상호덤핑 모형에서는 양국에서 생산되는 상품은 완전 대체재이며 같은 가격에 공급된다고 가정한다. 이때 수송비의 존재는 국내시장에서의 단위 상품당 이윤율이 해외시장에서의 이윤율을 초과하게 만들기 때문에 양국의 기업들은 해외시장보다는 국내시장에 상품을 더 많이 공급하고자 한다. 따라서 시장규모가 큰 국가에서 생산 활동을 하는 기업은 시장규모가 작은 국가에 있는 기업보다 높은 초과이윤을 얻게 된다. 더불어 양국 간 교역에 진입장벽이 없는 경우에는 더욱 많은 초과이윤을 기대하는 신규 기업들의 진출이 시장규모가 큰 국가에서 이뤄진다. 이러한 기업들의 진입은 초과이윤이 발생하지 않는 균형상태에 이를 때까지 계속되며 공급되는 상품의 가격은 지속해서 하락하게 된다. 결국, 균형 상태에서는 양국 간 시장 크기의 차이보다 더 많은 기업이 시장규모가 큰 국가에서 활동하게 되고 시장규모가 더 작은 국가의 기업들이 공급하는 가격보다 더 낮은 가격으로 제품을 공급하게 되어 순수출국의 지위를 얻는다. 이러면 수출은 해외시장의 수요조건보다는 국내시장의 공급조건에 더 크게 좌우되는 자국시장효과가 발생한다. 즉, 수입국 소득에 대한 수출탄력성보다 수출국 자신의 소득에 대한 수출탄력성이 크게 나타난다. 반면 진입장벽이 존재하는 경우에는 시장규모가 큰 국가에서의 시장수요가 더 크기 때문에 시장규모가 작은 국가가 순수출국의 지위를 갖는다. 이때는 상품의 수출이 국내시장의 크기보다는 해외시장의 크기에 좌우되는 역의 자국시장효과가 발생한다.

박문수·이경희(2010)[5]는 서비스 상품의 고유한 무역패턴의 특징을 살펴보고 더불어 자국시장효과 및 요소부존효과의 측면에서 비교우위를 통한 국제 서비스 무역의 특징을 살펴보았다. 이를 위해 1999~2007년까지 9년에 걸쳐 OECD 24개 서비스 수출국과 127개 무역 상대국 간에 이루어진 서비스무역량 자료 및 무역을 결정하는 다양한 변수들을 이용하여 분석하였다. 분석결과를 보면 서비스업 전체, 컴퓨터, 금융, 보험, 개인 서비스업종에서 자국시장효과가 존재하는 것으로 나타났다.

이러한 결과는 차별화된 상품을 생산하는 기업이 시장규모가 큰 지역 혹은 국가로 이동하고 이로 인해 지역 혹은 국가 간 임금격차에 따른 근로자의 이동이 가속화되며, 이는 다시 시장규모가 큰 국가의 시장규모를 더욱 확대하고 기업과 근로자의 이동을 유발하는 등 자기확산과정(self-fulfilling process)이 일어나는 것을 의미한다. 이러한 과정은 다시 소비자들에게는 차별화된 상품에 대한 선택의 폭을 넓게 하는 효과를 가져다주어 최종적으로는 사회 전체적인 후생 증가의 효과를 지속해서 발생시킨다고 할 수 있다. 또한, 서비스 수출국이 서비스 상품을 공급할 때의 업종은 노동집약적인 구조에서 상품을 생산하고 있었고, 수입되는 대부분의 서비스 상품은 서비스 수입국에서 사치재의 성격을 띠면서 소비되는 것으로 나타났다.

서비스무역에서의 자국시장효과가 존재하면 (1) 서비스 상품의 교역을 방해하는 여러 가지 인위적 무역장벽 요소 제거, (2) 자국시장 활성화 정책 시행 등과 같은 정부의 정책적 배려, (3) 기업들의 투자 확대가 동시에 이루어져 자국시장에서의 서비스 산업 시장규모가 확대된다. 그러면 서비스업종 관련 기업이 새로 진입하여 서비스 상품의 수출기회가 늘어나게 된다. 이를 통해 해당 국가 서비스 수지가 개선될 뿐만 아니라 궁극적으로 전체 무역수지에 긍정적인 요인으로 작용할 수 있게 된다.

5) 박문수·이경희, 산업연구원, 2010, 국가 간 서비스무역패턴 분석 -자국시장 및 요소부존 효과를 중심으로, pp.1-77.

제2절 보호무역 이론

1. 신고전파의 산업정책론

신고전파 경제학자들은 정부의 정책 개입은 시장 실패가 명백히 존재하는 경우에 한 해 최소한으로 허용되어야 한다는 정책무용론을 주장한다. 신고전파 경제학은 주어진 제약 아래서 합리적으로 자신의 이익을 추구하는 소비자와 생산자, 그리고 이들이 상호 작용하는 시장 메커니즘을 상정한다.[6] 시장 실패가 존재하지 않는 한, 사회 후생은 개인의 이기심과 시장의 작동을 통해 극대화된다. 이때 정부의 시장 개입은 정부 정책에 대한 개인의 합리적 예측과 대응으로 시장의 왜곡만 초래할 뿐 결국은 사회 후생을 하락시킨다. 즉 주류경제학의 관점에서 볼 때 정부는 시장 실패가 존재하지 않을 때 개인의 선택과 시장 메커니즘에 개입하지 않는 것이 사회 후생 측면에서 최선이 된다.

한편, 시장 실패가 존재하면 주류경제학에서도 이론적(차선의 이론)으로는 정부개입의 필요성을 인정한다. 그러나 실제로 (1) 시장 실패 여부를 파악하기 어렵고, (2) 정부가 어떻게 얼마나 개입해야 하는지 알기 어려우며, (3) 일단 정부의 개입이 허용되면 정책의 오·남용, 정부 실패, 시장 왜곡, 사회 후생 하락 등의 위험이 커지는 문제점이 발생한다. 따라서 주류경제학은 시장 실패가 존재해도 정부개입에 대해 적극적이지 않다.

특히 산업정책은 경제 정책 중에서도 자의성의 여지가 크고 특정 부문에 개입하는 데 따른 왜곡의 우려가 심하다고 보아 주류경제학에서는 더욱 부정적인 견해를 취한다. 주류경제학의 산업정책 비판은 산업정책에 관한 실증 연구로 뒷받침되는데, 대다수의 실증 연구는 산업정책이 경제 발전이나 성과에 효과가 없다는 결론을 내리고 있다. 이들 연구에 의하면 산업정책을 나타내는 다양한 변수들

6) 대니 로드릭(Dani Rodrik)의 산업정책론과 한국 산업정책에 대한 시사점, 김인철, 2007, 산업연구원.

–보호 무역, 정부의 연구·개발 보조금, 일반 보조금, 차별적 금리, 경제체제, 시장 왜곡 등–이 산업생산량이나 생산성을 상승시켰다는 증거를 발견할 수 없었다.

반면, 로드릭(2004)[7]은 산업정책이 "시장을 보완하고 산업구조를 재구성(restructuring)함으로써 경제 발전을 위한 잠재력을 최대화하고 비용을 최소화"하는 것으로 파악한다. 실제적인 관점에서 보면 시장 실패의 결과를 논의의 중심에 두는 주류경제학과 달리 시장 실패를 극복하기 위한 과정을 중시한다. 시장 실패를 극복하는 과정에서 산업정책이 경제 발전을 위한 효과적 정책 수단의 역할을 할 수 있기 때문이다.

로드릭(2007)[8]은 산업정책에 대한 주류경제학의 부정적 시각을 비판하고 경제 발전 수단으로서 산업정책의 유용성을 재평가해야 한다고 주장한다. 그는 교육, 의료, 사회 보장, 거시경제 등 전통적인 경제 정책이 산업정책과 마찬가지로 정부개입에 의한 시장 왜곡과 정책 오·남용의 위험성을 지니고 있는데도 유독 산업정책에 대해 강한 반감이 존재하는 현상을 지적하면서 산업정책에 대한 부정적 시각을 정상적으로 바꿔야 한다는 입장을 펴고 있다. 즉 산업정책의 문제는 관료주의, 이익집단 등으로 인해 정책이 오·남용될 때 야기되는 것이지 산업정책 자체에 내재된 문제가 아니라는 것이다. 따라서 사용 가능한 모든 정책 중에서 산업정책을 다른 경제 정책과 다르게 취급하지 말고 경제 목표를 이루기 위한 수단으로서 투명한 절차를 확립하여 선용할 것을 주장한다.

1.1 산업정책의 기원

고전적 의미의 산업정책은 정부가 미래 유망영역을 선정·육성하는 방식으로, 근세 후발 공업국의 '유치산업 보호론'에 기원한다.[9] 오늘날 영국과 미국은 자유방임과 시장원리를 강조하며 보호무역과 정부개입에 반대하는 자유주의 전통을

---

7) Rodrik, D., September 2004, "Industrial Policies for the Twenty-First Century", John F. Kennedy School of Government, Harvard University.

8) Rodrik, D., August 2007, "Normalizing Industrial Policy", John F. Kennedy School of Government, Harvard University.

9) 전윤종, 2018, G2 무역전쟁이 산업정책의 르네상스 부르나?, 산업연구원.

대표하고 있지만, 역사를 거슬러 올라가면 이들이 바로 근대 유치산업 보호정책의 원조라 할 수 있다. 중세 영국은 수공업의 중심지 플랑드르(벨기에·네덜란드)에 양모를 수출하고 모직물을 수입하던 유럽의 변방국이었다. 그러나 14세기 영국왕 에드워드 3세는 재정수입 확보를 위해 산업을 육성하기로 결정하고 원료(양모)의 수출을 제한하고 완제품(모직물)의 수입을 금지했다. 또한, 1381년부터 수출입 운송을 국적선으로 한정한 '항해조례(Navigation Acts)'를 반포한 이래 1849년까지 영국은 전 세계 제조업을 제패했다.

미국의 초대 재무장관 해밀턴은 1791년 의회에 제조업 육성책을 보고하며, 근대적인 유치산업보호론의 전형을 제시한다. 그는 유럽산 공산품에 관세를 부과해 수입을 억제하며, 전략적으로 중요한 원료의 수출을 제한하고, 발명품의 특허를 보호하며 제품규제와 인프라 투자를 촉구했다. 1930년대 미국 정부는 「스무트홀리법」을 통해 연쇄적인 보복관세를 시행하여 대공황의 악화를 유발했으며, 두 차례의 전쟁을 겪으며 유럽 대륙의 제조업 기반이 붕괴되고 미국의 대기업이 전 세계 산업을 석권하게 된다.

20세기 후반의 산업정책은 제2차 세계대전의 폐허 위에서 경제 건설을 추진한 일본으로 이동한다. 과거 서양은 대부분 원료와 시장을 역내(식민지 포함)에 확보한 상태에서 직접적이고 공식적인 보호 무역조치를 통해 유치산업을 육성했다. 이들에 비해 부존자원이 부족하고 국내시장이 협소한 일본은 더욱 창의적인 산업정책을 추진한다. 성문법규보다는 행정지도에 근거하여 대외지향적 산업발전을 추진함으로써 경쟁국의 반발이나 수입국의 보복 조치를 우회한 것인데, 이는 행정관료와 업계 인사 간의 유대관계라는 독특한 전제를 바탕으로 진행되었다. 관세, 인허가, 보조금, 조세 감면, 자금 공여 등 무역정책, 재정금융정책, 환율정책 및 경쟁정책 등 제반 정책이 총동원되어 성과를 극대화하였다. 그 결과 철강, 조선, 기계, 전자, 전기, 화학, 자동차, 원자력 등 제반 제조업에서 'made in Japan'의 신화가 탄생했고, 일본은 세계 2위의 경제 대국으로 부상한다.

산업시설과 인적 기반이 전혀 없는 상황에서 단기간에 선진공업국으로 비약한 한국, 대만, 홍콩, 싱가포르의 '아시아 4용'은 20세기 후반의 산업정책 역사를 이어갔다. 일본의 성장모델을 참조한 이들은 교육과 인프라에 집중적으로 투자하고 수출 지향적 발전전략을 추진했다.

한편, '사회적 시장경제'라는 독특한 경제모델을 운용하는 유럽 국가는 경제 전반에서 정부의 역할이 컸다. 철도, 통신, 에너지 등 공공성이 강한 네트워크 산업은 정부나 공기업이 직접 서비스를 담당했다. 나아가 금융, 항공, 자동차, 원자력 등 전략산업 부문에서 정부가 공기업을 설립하고 전 세계 챔피언으로 육성하는 방식을 통해 산업발전을 주도했다. 자동차그룹 폴크스바겐(독일), 르노(프랑스), 항공기제조회사 에어버스(독일, 프랑스, 스페인) 등 다수의 글로벌 유럽기업은 아직도 정부가 대주주이다.

1.2 신자유주의 시대의 산업정책

1990년대 공산권의 몰락으로 시장경제체제가 보편화되었다. 이와 맞물린 정보통신기술(ICT)의 비약적 발달과 세계화의 급격한 진전으로 지구촌은 신자유주의의 전성기를 맞는다.[10] 이 시대의 정책합의를 대변한 '워싱턴 컨센서스'는 (1) 재정은 적자를 줄여 균형을 이루고, (2) 보조금은 교육·의료·인프라 부문에만 지출하고, (3) 세원은 넓히되 최고세율은 낮추고, (4) 이자율은 시장이 결정하고, (5) 환율 조작을 삼가고, (6) 국내시장 보호조치를 철폐하고, (7) 외국인투자를 자유화하고, (8) 공기업을 민영화하며, (9) 정부 규제를 완화하고, (10) 지식재산권을 보호하는 것이다.

시대사조에 맞추어 세계무역기구(WTO)가 출범하였고, 정부의 '특정적 지원 금지'는 국제무역규범으로 공고하게 자리 잡았다. 이에 따라 개별산업 육성정책은 퇴조기를 맞는다. 우연히도 산업정책의 적자 일본의 제조업은 위축되었으며, 아시아 신흥국을 휩쓴 외환위기로 한국은 산업구조조정을 겪었으며, 유럽통합에 골몰한 독일과 프랑스는 개별국가의 특정 산업 지원을 '유럽단일시장' 구축의 걸림돌로 여기고 축소해 나갔다.

모든 나라에서 산업정책이 폐지된 것은 아니었다. 특정 기업이나 개별산업 육성을 위한 정부의 직접적인 특혜 지원정책이 무대 위에서 사라졌을 뿐이다. 대신

---

10) 전윤종, 2018, G2 무역전쟁이 산업정책의 르네상스 부르나?, 산업연구원.

그 자리에 맞춤형 산업인력의 양성, 산업금융시장의 활성화, 전략산업 클러스터의 개발, R&D를 통한 이노베이션 촉진과 같은 간접적이고 기능적인 지원정책이 차지했다. 산업정책은 재정금융, 과학기술, 경쟁정책뿐만 아니라 국방, 노동, 환경 등 다른 정부정책과 보완하고 협력하며 융합의 길을 갔다. 영국의 마주카토(Mazzucato)는 새로운 산업정책의 대표 사례로 미국의 아이폰을 꼽는다. 애플의 아이폰은 12가지 핵심기술을 기반으로 2007년 탄생했는데, 그 기술이 모두 미국 정부 R&D 사업의 성과물이었다. 인터넷과 GPS는 미국 국방부가 군사용으로 개발한 기술이고, 리튬배터리와 멀티터치스크린 개발은 미국 에너지부의 R&D 프로그램의 하나였다.

2. 주요국의 산업정책

시장 만능주의의 신자유주의 시대가 되면서 감독 기능이 작동하지 못한 금융시장이 무모한 투기장으로 변질하였다. 이로 인해 2008년 세계금융위기가 발생하자 세계는 시장의 한계와 정부의 역할을 재인식한다.[11] 신자유주의의 중심이었던 영국은 브렉시트(Brexit)라는 고립주의를, 미국은 트럼프의 보호주의를 선택하였고, 이제 세계는 국제무역 흑자 대국인 독일과 중국의 산업정책을 주목한다.

독일 정부는 산업이 일자리와 번영을 좌우한다고 믿고 혁신을 극대화하고, 환경과 기후변화 대응을 선도하며, 유럽과의 공동 번영을 도모한다. '사회적 시장경제'로 불리는 독일 경제체제의 특성을 반영하여, 시장 지향적이고 기술 친화적인 제조업 혁신전략과 기후변화에 대응하고 에너지전환을 촉진하는 지속 가능한 발전전략이 산업정책을 양분하고 있다. 독일 산업정책을 대표하는 주력 제품(flagship) 사업은 '인더스트리(Industrie) 4.0'이다. 생산 공정의 디지털 제어, 스마트 공장, 생산-판매-유통의 네트워크 연결을 촉진하는 실물경제의 디지털화 프로젝트라 할 수 있는데, 이는 다보스 포럼을 통해 4차 산업혁명 붐으로 이어진다.

경제재도약을 도모하던 일본은 '제4차 산업혁명 민관회의'를 설치하고, 세계 최

11) 전윤종, 2018, G2 무역전쟁이 산업정책의 르네상스 부르나?, 산업연구원.

초로 정부 정책에 제4차 산업혁명을 적시하며 '일본 재흥 전략 2016 : 제4차 산업혁명을 찾아서', '신산업구조비전 : 제4차 산업혁명을 선도하는 일본의 전략'을 2016년에 발표했다. 일본은 4차 산업혁명의 본질이 '데이터의 확보와 활용'임을 천명했다. 이에 따라 일본은 제조업에 국한된 독일의 '인더스트리 4.0'에서 나아가 경제성장과 사회 문제 해결을 망라하는 광범위한 정책프로그램을 제시하고 있다.

'인더스트리 4.0'은 중국에도 영향을 미쳤다. 중국 정부는 2015년 '중국제조(made in China) 2025' 전략을 발표하였다. 1단계는 2025년까지 제조업 강국 대열에 진입하고, 2단계는 2035년까지 선진 제조업 강국의 중간 수준에 도달하고, 3단계는 2049년까지 제조업 대국의 지위를 공고히 하는 목표를 제시하고 있다. 여기에는 정보기술, 의료기기, 바이오의약, 로봇, 통신장비, 화학, 항공우주, 헤양엔지니어링, 전기차, 반도체 등 10개 분야가 집중 육성 대상이며, 핵심기술 및 부품·소재를 2020년까지 40%, 2025년까지 70%를 자급화하겠다는 양적 목표도 포함하고 있다.

3. 한국의 산업정책

3.1 한국 제조 산업

한국 경제는 역사 이래 가장 전성기를 맞고 있으며, 이는 1970년대 산업정책이 이바지하는 바가 크다. 산업혁명 이전까지 유럽은 소득이 두 배로 되는데 1,400녀 정도가 걸렸으나 한국은 13년밖에 걸리지 않았다. 이런 놀라운 결과는 산업정책에 기인한다.[12] 한국의 고도성장 배경에는 몇 가지 특징이 있다. 첫째, 해외에 의존하는 방식을 취하였다. 당시 신생 독립국들은 제국주의의 돈을 빌리지 않는다는 암묵적 원칙이 있었지만 한국은 개의치 않았다. 둘째, '슬픈 자본 축적의 역사'이다. 산업화과정에서 독일로 파견된 광부 및 간호사, 월남전의 전사자들, 중동 건설 노동자의 땀으로 한국은 필요한 투자 자금을 얻을 수 있었다. 또 중화학공업 육성정책에는 정부의 강력한 리더십과 민주주의의 희생이라는 측면도 있었다.

---

12) 조용원·김성진, 2014, 제조업 발전과정에서 산업정책의 영향과 경험, 산업연구원.

한국의 산업정책 효시는 제3차 경제개발계획이다. 중화학공업 육성정책에 따라 철강, 조선, 전기, 석유화학 산업 등이 육성되고 큰 성과를 거두었다. 이는 4차, 5차 경제개발계획에도 이어져 과잉 투자라는 비난을 받기도 하였다. 80년대에는 국외파 관료들이 정치에 참여하면서 산업합리화 조치가 이루어졌고, '공정거래법' 등이 탄생하였다. 1997년도에 외환위기를 겪으면서 정부 주도로 기업의 구조조정이 활발히 추진되었다. 민주화 정부가 들어선 후 G7 프로젝트, 21세기 프론티어 사업, 10대 차세대 성장동력 사업, 신성장동력 산업 등 기술 개발을 위한 정책이 많이 추진되었다.

3.2 한국 제조 산업의 특징

한국의 공업화 초기에, 기업들은 높은 진입장벽을 통해 독과점을 형성하여 독점이윤을 남겼다.[13] 하지만 과잉투자로 인해 설비의 가동률은 낮았고, 산업성장에 비해 생산성도 아주 낮았다. 집중 투자한 중화학공업은 규모의 경제가 필요한 산업이었기 때문에, 국내 수요만으로 부족하여 수출을 위해 덤핑 행위를 하였다. 이에 따른 손실은 가격차별, 정부정책 지원으로 보상하였다. 공업화 초기 단계에 해외 자본에 의존하였고 생산성 증가율이 낮았지만, 최근에는 생산성 증가율이 선진국보다 높게 나타난다. 이는 순수한 기술 변화에 의한 것이라기보다 낮은 효율성을 개선했기 때문에 이루어진 면이 크다. 한국은 인적 자본의 투자가 많이 이루어졌으며, 에너지 비용을 싸게 하는 지원이 많이 이루어졌다. 이는 에너지 비용을 저렴하게 함으로써 당시 수출에는 도움이 되었지만, 현재는 지나치게 에너지에 의존하는 사업구조가 형성되었다.

이러한 정부의 규제 및 보호 정책은 한국 재벌 형성의 기초가 되었으며, 특히 내부거래를 통해 기업들이 성장하였다. 이로 인해 낙수효과(trickle down effect)가 소멸해 정책 효과가 국민 경제 전체로 파급되지 않고 재벌 내부에만 머물게 되었다. 제도가 경제성장에 이바지했다는 이론이 있지만, 한국의 경우 제도가 성장을 견인했는지 경제가 성장하면서 제도가 발전했는지 분명하지 않다.

---

13) 조용원·김성진, 2014, 제조업 발전과정에서 산업정책의 영향과 경험, 산업연구원.

글로벌 가치사슬(Global Value Chain: GVC)이란 생산요소가 아닌, 생산단계에 따른 국가별 부가가치 구성을 평가하는 것이다. 한국은 러시아 등의 자원수출국을 제외하면 실질적으로 중국, 독일에 이어 3위 수준의 부가가치 무역수지 흑자국이다. 이는 자본재, 소재, 석유화학과 같은 전통산업의 영향으로 한국의 현재 산업정책은 성공적이라고 볼 수 있다.

3.3 서비스 산업 육성 정책[14)]

한국의 서비스 산업 1인당 생산성은 제조업의 40% 수준에 그치고 지속적으로 적자를 기록하고 있다. 한국은 주로 운송, 사업서비스, 여행, 건설 등 4대 서비스 수출이 전체 서비스 수출의 약 80%를 차지하고, 전체 서비스 수입의 80%는 사업지원서비스, 여행, 운송, 지재권사용료 부문에서 발생하여 서비스수지 적자를 주도하고 있다. 이에 정부는 서비스 산업 경쟁력 강화정책을 시행했지만 아직 높은 지식 기반과 기술 기반의 서비스 산업은 취약한 편이다.

---

14) 한국의 서비스 산업 정책은 10장에서 자세히 다룬다.

제5장 GATT의 서비스무역 협상

제1절 무역자유화협상

1. 상품무역 자유화

GATT 규정은 수량제한의 금지와 내국민대우를 일반적 의무로 규정하고 있다. 일반적 의무(general obligation)라는 것은 모든 국가, 모든 상품에 대하여 예외없이 일률적으로 적용되는 의무라는 뜻이다. 따라서 GATT의 다른 조항에 따라 특별히 허용되는 경우를 제외하고는 외국상품 수입에 대한 수량제한을 할 수 없으며, 관세를 지불하고 국경을 통과한 외국상품에 대하여 모든 면에 있어서 동종의 내국상품과 동등한 대우를 하여야 한다. 여기에서 수량제한의 금지라는 것은 쿼터뿐만 아니라 수입금지조차도 포함하는 개념으로 한 나라의 국경을 통과하는 시장 접근이 의무로 규정되어 있는 것이다.

관세부과는 GATT에서 인정된 합법적인 국내보호수단으로서 각 체약국은 이론상으로 100%든 500%든 자유롭게 관세를 부과할 수 있다. 그러나 각 체약국이 마음대로 관세를 부과하거나 갑자기 변경할 경우 국제무역이 큰 방해를 받게 될 것이므로 각 체약국의 관세를 일정 수준 이상으로 올리지 못하도록 양허협상을 하게 된다. 즉, 국제무역의 안정성과 예측 가능성 증대를 위하여 협상을 통하여 각 체약국이 관세를 양허하고 이를 각국의 양허표에 명시함으로써 구속되는 것이다.

이와 같이 양허는 본래 각 체약국의 자유재량에 속하는 사항을 협상을 통하여 각국의 양허표에 명시하여 구속시키는 것을 의미한다. 즉, 양허는 양보 및 허용에 의하여 각국의 자유를 구속하는 것이다.

2. 서비스무역 협상

2.1 자유화의 기본 원칙 및 범위

무차별주의, 공개주의, 분쟁해결절차 등 제도적 규정들은 서비스 협정 발효와 동시에 모든 서비스에 대하여 일률적으로 예외 없이 적용되는 일반적 의무사항이라는 데 대하여는 협상 초기부터 참가국 간 이견이 없었다. 그러나 시장접근과 내국민대우에 대하여는 이를 의무사항으로 규정하려 하는 선진국의 입장과 장기적으로 달성해야 할 목표로 규정하려는 개도국의 입장이 첨예하게 대립하였다.

1) 개도국의 입장

개도국들은 서비스무역에는 관세부과가 불가능하므로 시장접근과 내국민대우를 의무사항으로 규정할 경우 이는 무관세무역을 의미한다는 점에서 서비스무역에 있어서도 상품무역의 관세에 해당하는 합법적 보호수단(국경조치: border measures)이 마련되어야 한다고 주장하였다. 즉, 외국 서비스 공급자의 시장에 진입할 때 시장접근조건이 부과되어야 한다는 것이다.

여기서 시장접근조건이란 시장 진입에 대한 조건과 진입 이후 국내 영업활동에 대한 제한조건을 모두 포함하는 개념으로 사용되었다. 왜냐하면 시장접근과 내국민대우를 구분하기 어려운 경우가 많을 뿐만 아니라 외국 서비스 공급자의 시장 진입 허용에 관한 협상 시 위의 두 가지 조건이 함께 협상되기 때문이다.

개도국의 주장에 따라 자유화 추진 방식은 포지티브 방식(positive approach)으로 이루어지게 된다. 즉, 시장접근조건은 상품무역의 과세와 같이 합법적인 보호수단이므로 각국이 자국의 양허표에 약속한 분야에 대해서만 자유화 의무를 부담하게 되며 자유화의 확대는 어떤 형태로든 시장접근이 허용되는 서비스 분야 및 업종수의 증가와 양허된 시장접근조건의 추가 완화를 통하여 이루어지게 된다. 상품에 비유하면 양허품목수의 증가와 양허세율의 인하를 통한 자유화 달성에 해당하는 것이다.

2) 선진국 입장

선진국들은 시장접근과 내국민대우를 의무로 규정하더라도 각국의 유보가 허용되고 서비스무역 자유화가 점진적으로 추진될 것이기 때문에 이를 의무로 규정하자고 주장하였다. 즉, 시장접근과 내국민대우는 시작부터 모든 서비스에 일률적으로 적용되는 일반적 의무가 아니라 나라별로 서비스 분야별로 결정되는 구체적인 의무이므로 점진적 자유화에 어긋나는 것이 아니라고 주장한다.

개도국들이 상품무역의 관세에 해당하는 개념으로 주장하는 시장접근조건에 대해서는 외국 서비스 공급자의 시장진출 시에 국경에서 부과되고 끝나는 것이 아니라 동 공급자의 시장진출 이후에도 계속하여 국내 영업활동을 제약하게 되므로 국내 규제제도라는 논리를 전개하였다.

선진국의 주장에 따른 자유화 추진방식은 네거티브 방식(negative approach)이 된다. 시장접근과 내국민대우가 의무사항이므로 당연한 논리적 귀결로서 각국은 모든 서비스 분야에 대해 자유화 추진의무를 부담하게 되며, 자국의 양허표에 모든 서비스 분야를 대상으로 시장접근과 내국민대우에 대한 제한조치를 유보하게 되며, 자유화의 확대는 이러한 유보목록의 축소를 통하여 이루어지게 되는 것이다.

이와 같은 선진국과 개도국의 주장은 나름대로 설득력이 있고 자국의 견해를 대변하고 있으나 다음과 같은 문제점도 있다.

선진국 주장과 같이 시장접근과 내국민대우를 의무로 규정하여 이에 대한 제한

조치만 네거티브방식으로 각국의 양허표에 기재하고 그 외의 분야는 완전히 자유화되는 것으로 간주할 경우 잘못하여 제한조치가 빠지게 되면 자동으로 구속되어 버린다는 위험이 있다. 사실 상품 분야와 달리 서비스 분야는 구제체계가 복잡하고 여러 부서에 분산되어 있어서 제한조치를 완전히 정확하게 파악하기 어려운 점도 있다. 또한, 시장접근과 내국민대우가 의무로 규정된다는 것은 이에 대한 제한조치를 비록 유보할 수 있다 하더라도 이는 곧 제거되어야 한다는 의미를 함축하므로 후속 자유화협상에 대한 개도국의 불안감을 불식시킬 수 없는 형편이었다.

반면 개도국의 주장대로 시장접근과 내국민대우를 둘 다 의무사항으로 규정하지 않으면 실질적 의무는 무차별주의와 공개주의 등에 불과하여 약한 국제협정이 된다는 문제점이 있다. 또한, 국가 간의 권리·의무를 확정하기 위한 원칙과 규칙을 규정하고자 하는 국제협정에 '시장접근조건'이라는 개념을 법적인 용어로 체화하는 것도 기술적으로 쉽지 않다.

이와 같은 자유화 추진방식에 관한 논의는 1989년 하반기부터 1990년 중반까지 서비스 협상의 핵심을 이루었으나 1990년 9월에 와서 혼합방식(hybrid system)으로 대타협을 보게 되었다. 즉, 시장 접근 및 내국민대우는 의무가 아니라 '구체적 약속(specific commitments)'이라고 함으로써 각국이 약속하는 범위 내에서만 적용되는 것임을 분명히 하는 한편, 시장접근 및 내국민대우에 관한 약속을 일부라도 한 분야만 각국의 양허표에 기재하도록 함으로써 양허대상 서비스 분야 및 업종에 관한 한 포지티브 방식을 택하였다.

그러나 어떤 서비스 분야나 업종이 일단 그 나라의 양허표에 기재되게 되면 시장접근 및 내국민대우에 대한 제한조치는 모두 기재되어야 하며 기재되지 않은 제한조치는 부과할 수 없도록 함으로써 이에 관한 한 네거티브방식을 택하였다. 따라서 이를 포지티브 방식과 네거티브 방식이 혼합된 혼합방식이라고 한다.

2.2 서비스무역 자유화 협상경과

앞에서 살펴본 서비스무역 자유화구조는 혼합방식으로 결정되어 1990년 12월 브뤼셀 각료회의에 제출되었다. 동 각료회의 이후 UR 협상 종료 시까지 이와 같은 혼합방식의 기본 골격에는 변함이 없었다. 그러나 각료회의 기간 또는 그 후 1991년 초에 제출된 각국의 양허표 초안을 비교해 본 결과 다음과 같은 심각한 문제점이 발견되었다.

(1) 양허표에 기재할 필요가 없는 국내 규제와 기재되어야 할 만한 시장접근 및 내국민대우에 대한 조치의 구분이 불분명하였다.
(2) 시장접근과 내국민대우의 개념구분이 불명확하여 어떤 제한조치가 시장접근사항인지 내국민대우 사항인지 불분명하였다.
(3) 4개 서비스 공급형태의 개념이 모호하여 형태별 구분이 불명확하고 나라마다 이에 대한 이해가 달랐다.
(4) 나라마다 서비스 분야의 분류체계가 달라 각국이 제공한 서비스 분야의 정의 및 범위가 무엇인지 상호비교가 어려웠다.
(5) Standstill, Bound, Unbound, Not Bound 등 나라마다 사용하는 용이가 다르고 그 의미가 달랐다.

위 문제들을 해결하기 위하여 1991년 한 해 동안 집중적인 협상이 전개되었으며, 일부 아주 기술적인 문제들은 1993년 말까지도 계속 논의되었다. 브뤼셀 각료회의에서 시장접근은 국내시장에의 진입을 의미하는 것으로 내국민대우는 시장진입 이후에 국내 영업활동에 관한 대우를 의미하는 것으로 각국이 이해하였다.

그러나 각료회의에 제출된 초안의 제16조(시장접근)에는 이와 같은 개념을 명시하는 규정이 없었다. 즉, 시장접근에 대한 정의 규정이 없이 단순히 "시장접근에 있어서 협상을 통해 합의되어 양허표에 기재된 조건대로 외국 서비스 공급자를 대우하여 한다."라고 되어 있다.

이에 따라 내·외국인 간에 차별이 없는 무차별 조치의 처리가 문제가 되었다. 내·외국인 간 차별조치는 외국 서비스나 외국 서비스 공급자에 대한 제한조치임이 분명하므로 이를 시장접근으로 분류하느냐 내국민대우로 분류하느냐가 문제다. 그러나 내·외국인에 공히 적용되는 어떤 서비스 분야의 독점, 회사 수 제한, 매장면적 제한, 상업적 주재 설립형태의 제한, 서비스 가격 통제, 영업지역 또는 영업범위 제한 등이 합법적인 국내 규제인지 시장접근에 대한 제한인지는 매우 중요한 문제다.

내·외국인 간 무차별적 조치는 모두 국내 규제로 간주하고 차별적 조치만 시장접근과 내국민대우로 구분하는 접근방법도 제시되었으나 이는 선진국들이 받아들일 수 없는 사항이었다. 그리하여 1990년 10월부터 법률전문가그룹[1]이 제기하였던 분류방식이 서비스협상그룹(Group of Negotiations on Services: GNS)에 수용되게 되었다. 즉, 규제조치를 양적 규제와 질적 규제로 대별하여 양적 규제는 차별 여부를 불문하고 시장접근에 대한 제한으로 규정하고, 질적 규제는 차별적 규제에 한하여 내국민대우에 대한 제한으로 규정하며, 무차별적인 질적 규제는 국내 규제로 간주하는 것이다.

이는 GATT 규정상의 '수량제한의 금지'를 서비스무역에 있어서 '시장접근' 개념으로 차용한 것이라고 할 수 있다. 즉, 과거의 모호한 '진입'이라는 개념을 버리고 보다 확실한 '양적 제한'이라는 개념을 선택한 것이다. 그리하여 서비스 공급자 수에 대한 제한과 공급되는 서비스의 양과 금액에 대한 제한은 내·외국인 간 차별 여부에 불구하고 시장접근에 대한 제한으로 규정하였다. 그러나 서비스 공급자 수와 공급되는 서비스의 금액에 대한 제한은 그 개념이 비교적 명확하나 서비스의 양이 과연 무엇이냐 하는 문제가 제기되었다.

이에 따라 이를 보다 구체화하는 작업이 시작되어, 서비스의 양에 대한 개념을 명확히 하는 데 그치지 않고 각국이 자국의 관심 사항들을 들고나와 추가시킴으로써 결국 시장접근 제한의 유형에 대한 목록(menu)이 만들어지게 되었다. 이 목록에는 결국 양적인 규제뿐만 아니라 질적인 규제도 포함되었으나 기본적으로는 양적인 규제는 시장접근에 대한 제한이라는 개념에 기초하고 있다.

---

1) 법률전문가그룹: 브뤼셀회의에 제출되는 협정 초안의 법률적 검토·수정을 위하여 GATT 사무국 법률국 직원과 각국의 변호사로 구성되고 활동은 비공식적이며 어떤 결정권을 가진 것이 아니라 GNS에 법률적 자문을 담당한다.

3. 서비스무역의 형태

생산요소의 국경 간 이동 즉, 자본이 국경을 넘어간다는 것은 곧 외국인 투자를 의미하며 노동의 국경 간 이동은 곧 자연인의 입국을 의미한다. 따라서 서비스 협정이 추구하는 자유화 추진대상은 서비스 산업의 외국인 투자와 자연인의 국경 간 이동과서비스 제품 자체의 국경 간 이동과 서비스 소비자의 국경 간 이동이다.

그래서 서비스 협정의 적용대상이 되는 서비스무역은 상품의 국경 간 수출입과 같은 서비스재의 국경 간 이동뿐만 아니라 소비자의 이동과 생산요소의 이동을 수반하는 무역을 포함한다. GATT의 서비스 협정 제1조 3항은 서비스무역을 다음과 같은 서비스의 공급(수출)으로 정의하고 있다.

(1) 국경 간 공급: 한 회원국의 영토로부터 다른 회원국 영토 내로의 서비스 공급
(2) 해외 소비: 한 회원국의 영토 내에서 다른 회원국의 서비스 소비자에 대한 서비스 공급
(3) 상업적 주재: 한 회원국의 서비스 공급자에 의한 다른 회원국 영토 내에서의 상업적 주재를 통한 서비스 공급
(4) 자연인의 주재: 한 회원국의 서비스 공급자에 의한 다른 회원국 영토 내에서의 자연인의 주재를 통한 서비스 공급

GATT의 양허표 작성지침은 서비스 공급자 및 소비자의 원산지와 서비스가 공급되는 시점에서의 이들 공급자 및 소비자의 주재지를 기준으로 서비스무역을 분류하고 정의하고 있다. 보다 구체적으로 서비스무역 형태별 그 내용을 다음 절에서 살펴본다.

표 5-1 국가 간 서비스무역방식

Mode 구분		이동의 대상	사례
Mode 1	국경 간 공급	서비스 자체의 이동	온라인게임의 해외판매
Mode 2	소비자 이동	서비스 소비자의 이동	의료관광
Mode 3	상업적 주재	서비스 현지 생산 및 제공(자본의 이동)	은행의 해외지점
Mode 4	자연인 주재[1]	서비스 현지 생산 및 제공(노동의 이동)	해외에서의 컨설팅

주: 1) 상업적 주재와의 관련 여부 불문

제2절 GATT의 서비스무역 방식

1. 국경 간 서비스 공급

1.1 국경 간 서비스 공급의 개념

서비스의 국경 간 공급(cross-border supply of services)이란 서비스 공급자가 서비스 수입국 내에 있지 않는 상태에서 제공하는 서비스를 의미한다. 즉, 서비스 공급자가 서비스 수출국 내에 있으면서 서비스를 생산하여 생산된 서비스 제품을 수출하는 경우로서 자본이나 노동과 같은 생산요소의 이동이 수반되지 않는 경우를 말한다.

이와 같은 공급형태의 전형적인 예로는 통신수단에 의한 서비스 공급과 상품에 체화된 서비스 공급을 들 수 있다. 통신수단에 의한 서비스 공급의 예로는 CNN과 같은 위성에 의한 국가 간 케이블 방송, 통신사와 신문사 간의 뉴스 전송, 방송국 간의 뉴스 또는 방송 프로그램 전송, 전자 우편에 의한 법률자문 등 각종 자문 서비스의 공급 등을 들 수 있다. 금융 서비스의 경우도 통신수단에 의한 국경 간 서비스 공급의 비중이 큰 중요한 분야이나 개념적으로 매우 복잡하다.

상품에 체화된(embodied) 서비스 공급의 예로는 컴퓨터 하드에 내장된 각종 프로그램 서비스, 서류 또는 도면에 체화된 설계 서비스 등을 들 수 있다. 이처럼 소프트웨어를 내장하고 있는 상품의 경우에 수입업자가 수입하고자 하는 목적물은 내장된 소프트웨어이지 컴퓨터나 사용 설명서 그 자체가 아니다. 즉, 컴퓨터나 사용 설명서는 소프트웨어를 운반하는 전달 매체에 불과하다.

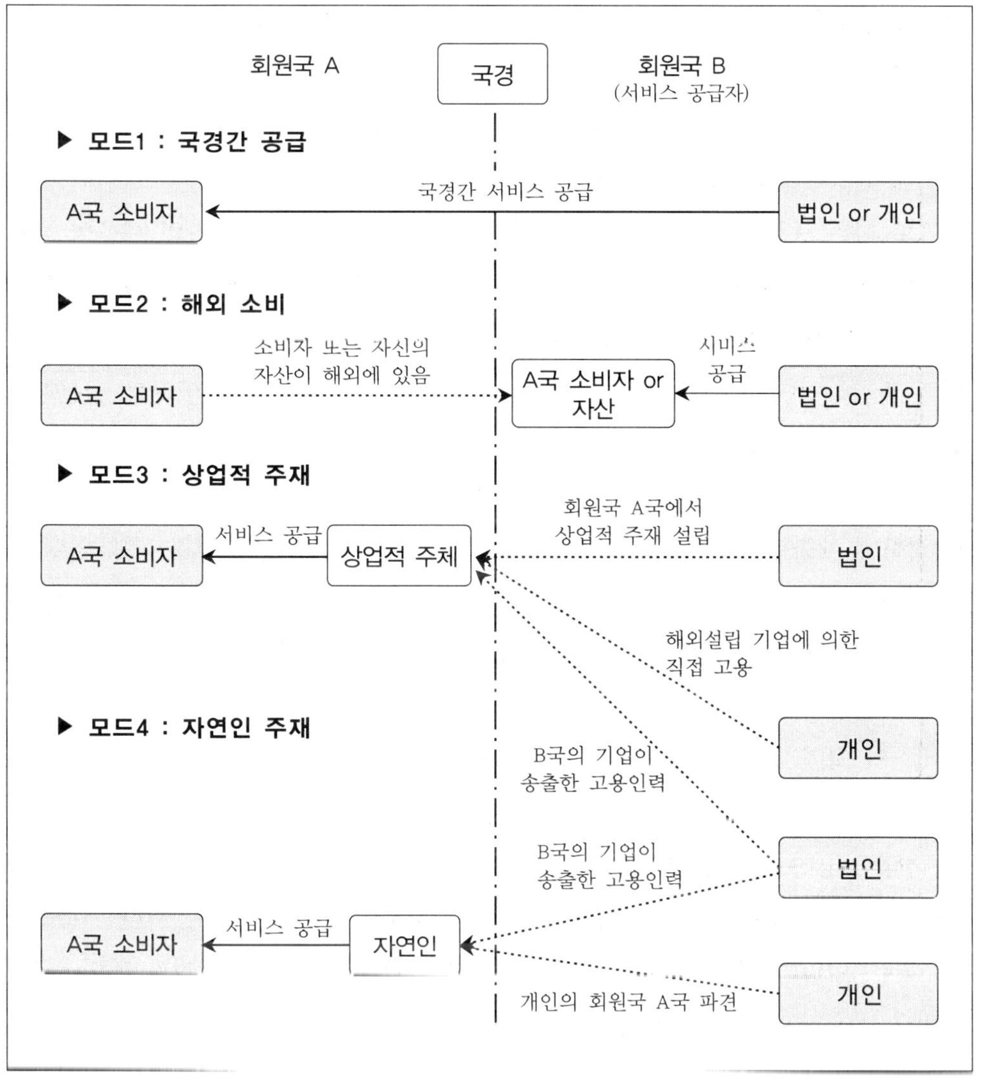

출처: UN DESA, 2012, Manual on Statistics of International Trade in Services 2010 (MSITS 2010), p.15.

〈그림 5-1〉 서비스 공급 방식 체계도 종합

상업 활동을 목적으로 아무 내용도 기록되지 않은 빈 USB나 백지를 수입하는 경우 당연히 관세부과대상이 되고 있으나 위와 같은 전달 매체에 기록된 소프트웨어에 대한 관세부과는 나라마다 다르다. 예로는, 한국, 홍콩, 노르웨이 등은 소프트웨어 가격을 기준으로 관세를 부과하고 있으며, 미국, EU, 일본, 캐나다, 오스트레일리아, 뉴질랜드, 스웨덴, 핀란드 등은 관세를 부과하지 않고 있다.

영화 필름의 경우는 대부분의 나라가 필름 길이를 기준으로 종량세를 부과하고 있으며, 공필름과 영화가 촬영된 필름 간의 세율이 다르다. 오디오 테이프나 비디오테이프의 경우 역시 종량세 또는 종가세를 부과하고 있는데 필름 길이를 기준으로 하는 종량세의 경우 공테이프와 내용이 기록된 테이프 간의 세율이 다르며, 종가세의 경우 내용이 기록된 테이프에 대하여는 내용물에 대한 가격을 포함한 총 수입가를 기준으로 관세를 부과하고 있다. 관세부과를 기준으로 판단한다면 영화필름이나 오디오 테이프, 비디오테이프는 내용의 기록 여부를 불문하고 상품으로 취급하고 있다.

그러나 영화 상영이나 방송 송출과 같은 것을 경제적 활동과 관련시키면 이들도 상품에 체화된 서비스라고 말할 수 있다. 스크린 쿼터(연간 영화 상영 일수 중 일정 비율을 자국산 영화 상영에 할당하는 조치)와 방송 시간 중 일정 비율을 자국산 프로그램을 방송하도록 하는 조치를 예로 들어 보자. 이와 같은 조치로 인하여 외국산 영화와 외국산 방송 프로그램의 국내 공급이 제한되므로 결과적으로 서비스의 국경 간 공급에 영향을 미치게 되는 것이다.

물론 여기에도 문제가 없는 것은 아니다. 왜냐하면, 결국 영화를 상영하는 자는 국내 극장이고 방송 프로그램을 내보내는 것도 국내 방송국이니까 이 경우 영화상영서비스, 방송 서비스의 공급자는 내국인이라고 할 수 있다. 서비스 공급자가 내국인이라면 국경 간 서비스거래는 발생하지 않았다는 이야기가 된다. 국내 서비스 공급자가 외국에서 완성된 상품, 즉 영화필름이나 비디오테이프와 같은 상품을 수입해 와서 국내매체를 통하여 자기 자신이 서비스를 공급한 것이라고 주장할 수 있다.

앞서 컴퓨터 디스켓이나 설계도면의 경우에는 대개 프로그래밍 서비스나 건축설계 서비스의 최종 소비자가 외국의 컴퓨터 회사, 기술 회사 등에 용역을 의뢰하여 공급된다. 즉 서비스 공급자와 소비자 간 계약으로 서비스를 사게 되므로 외국에 소재하는 서비스 공급자와 국내에 소재하는 서비스 소비자로 구분이 되나 영화필름이나 방송 프로그램의 경우에는 외국의 서비스 생산자와 국내의 최종 서비스 소비자 사이에 국내 서비스 공급자가 존재하여 서비스의 생산, 공급, 구매, 소비의 메커니즘이 서로 다르다.

1.2 운송 서비스의 국경 간 공급

항공, 해운, 육운, 내수로 운송 등 운송 서비스는 국경 간 서비스 공급의 비중이 큰 분야이다. 이들 분야는 서비스 공급자가 이동하지 않고 자국에 머물면서 항공기, 선박, 차량 등의 운송수단을 이용하여 자국의 A지점으로부터 외국의 B지점까지 여객이나 화물을 운송하는 서비스 공급이 가능하다.

그러나 사실 운송 서비스의 국경 간 공급에는 자연인의 이동도 함께 이동된다. 즉 항공기, 선박, 차량 등의 운송수단과 함께 승무원도 서비스 수입국 내에 일시적으로 주재하게 되므로 노동이라는 생산요소의 일시적 이동이 발생한다. 따라서 운송 서비스의 국경 간 공급에 관한 각국의 양허가 온전한 것이 되려면 국경 간 공급형태뿐만 아니라 자연인의 주재에 승무원의 입국·체류에 관한 양허가 함께 이루어져야 한다. 그러나 실제 서비스무역에서는 운송 서비스의 국경 간 공급과 관련한 자연인의 주재에 대한 양허는 큰 의미가 없게 된다.

운송서비스별로 실제 이루어지는 국경 간 서비스 공급실태와 자연인의 주재에 대한 양허와의 관계에 대하여 더욱 상세하게 살펴보자.

먼저 항공운송서비스의 경우 동 서비스는 대부분 국경 간 서비스 공급형태로 이루어진다. 서울에 소재하고 있는 대한항공이 항공기로 뉴욕, 도쿄 등 세계 각지로 여객과 화물을 운송할 수 있어서 한국~미국 간 또한 한국~일본 간 항공운송서비스 공급을 위하여 현지에 자회사 등은 필요하다.

해운 서비스 역시 국경 간 서비스 공급의 비중이 큰 분야이다. 한국의 선박회사가 독일이나 프랑스에 자회사를 설립하지 않고도 부산~뉴욕 간 또는 부산~함부르크 간 선박 운항에 의하여 해운 서비스 공급이 가능하다. 자유로운 해운 서비스의 국경 간 공급을 제한하는 전형적인 조치는 자국선 이용 의무화와 수출입 국가 간에 5:5 등의 비율로 화물을 나누어 제3국 선사의 접근을 막는 조치이다. 해운 분야의 국경 간 서비스 공급 자유화 협상 대상은 이들 조치에 집중된다. 한국의 선박이 함부르크에 화물을 싣고 입항할 때는 선원들도 함께 독일에 입국하게 되지만 이들에 대해서는 단기간의 상륙허가로 충분하며 보안, 위생 등의 특별한 사유가 없는 한 단기간의 상륙허가를 거부할 나라도 실제 없다.

그래서 해운 서비스의 국경 간 공급의 자유화를 위하여 자연인의 주재와 관련 선원이 입국에 관한 양허를 받아내는 것이 별 의미가 없다는 뜻이 되며, 비교적 장기간이든 단기간이든 선원의 입국·체류에 관한 양허를 선뜻 받아들일 나라도 없을 것이다.

육상 운송과 내수로 운송도 국경 간 서비스 공급과 자연인의 주재 사이의 관계는 해운과 동일한 메커니즘을 가지고 있다. 서비스의 국경 간 공급의 자유화를 위하며 자연인의 주재와 관련 선박 및 차량 승무원의 입국·체류에 관한 양허를 할 나라도 없을 것이며, 그러한 양허를 확보할 경제적 가치도 별로 없다. 그러나 해상운송과 다른 점은 육상운송과 같은 내수로 운송의 국경 간 공급은 주로 인접 국가 간에만 이루어진다는 지리적 제약을 받는다는 점이다. 태평양을 사이에 두고 있는 한국과 미국 사이에 도로 운송, 내수로 운송은 불가능하다. 대부분 양자협정 또는 복수국간협정을 맺어 국경 간 운송 선박 차량의 톤수, 연간 운항횟수 등을 상호규제하고 있다. 이들 국가는 인접 국가에 허용하고 있는 이러한 국경 간 서비스 공급을 다른 나라에 허용하지 않기 위해서 대거 최혜국대우 조항(most favored nation) 면제를 신청하였다.

이들이 최혜국대우 조항 면제를 허용받는다고 하더라도 바다 건너 있는 한국과는 별다른 경제적 이해관계가 없다고 생각할 수 있으나 절대 그렇지 않다. 서비스 협정상의 최혜국대우 원칙에 의하여 한국도 유럽 국가들의 내수로 운항권 또는 도로 운송권을 부여받는다면 한국 화물선이 함부르크까지만 가고 그치는 게 아니라 라인강을 따라 또는 독일 아우토반을 달려 스위스, 오스트리아 등 유럽 내륙의 최종 지점까지 화물의 일괄운송이 가능하게 되므로 경제적 이해관계가 없다고 할 수 없는 것이다. 물론 내수로 운송의 경우 운항 가능한 선박 흘수 제한 등의 요건이 있을 것이다.

연안 항해, 즉 국경 간 공급의 경우에도 이해관계가 크다고 할 수 있다. 운송 서비스의 국경 간 공급이란 A국의 X지점으로부터 B국의 Y지점까지의 운송만을 의미하는 것은 아니다. 운송 서비스는 운송수단의 이동성이라는 특성 때문에 국경 내 운송 서비스의 국경 간 공급이 가능하다. 즉 A국의 운송회사가 B국 내에 자회사 등을 설립하지 않고도 B국 국경 내의 Y지점과 Z지점 간 항공기 운항, 선박 운항, 차량 운행이 가능하다는 이야기이다.

그러나 항공운송 분야의 국내운송은 협정적용이 배제되므로 말할 필요도 없지만, 내수로 운송, 육상 운송의 경우도 경제적으로 의미 있는 국내운송이 개방되기 위해서는 선박, 차량 승무원의 장기 주재가 필요하다는 문제가 있다. 이러한 국내운송은 각국이 안보 등을 이유로 개방하지 않고 있으며 서비스 협상의 장기 과제라고 할 수 있다.

2. 서비스의 해외 소비

2.1 서비스 해외 소비의 의미

서비스의 해외 소비(consumption abroad of services)란 서비스의 소비자가 자국 영토 밖에서, 즉 서비스 수출국 영토 내에서 서비스를 구매·소비하는 경우를 말한다. 여기에서 서비스 소비자란 꼭 자연인만을 의미하는 것은 아니며 자연인은 이동하지 않더라도 자연인이 소유하고 있는 소유물이 해외로 이동하여 서비스를 구매·소비하는 경우를 포함한다.

자연인이 이동하는 전형적인 예는 관광, 교육, 의료 등의 분야에서 찾아볼 수 있다. 즉, 관광객이 해외에 나가 사는 각종 관광 서비스, 유학생의 교육 서비스의 해외 소비, 환자가 외국의 병원에 가서 수술을 받거나 치료받는 의료서비스의 해외 소비 등이 이에 해당한다.

서비스 소비자의 소유물이 이동하는 예는 주로 운송 분야에서도 찾아볼 수 있다. 즉, 항공기, 선박, 차량 등이 해외에서 운행하는 도중에 현지에서 수리·유지

관리 서비스를 받는 경우가 이에 해당한다. 이외에도 시계, 전자제품 등을 해외에 보내서 수리하도록 하는 경우도 이에 해당한다.

2.2 국경 간 서비스 공급과 해외 소비의 관계

A국 거주자가 A국내에 소재하고 있지 않은 외국 금융기관에 예금에 가입하거나 외국 보험회사에 보험을 가입하는 경우 이러한 서비스무역 형태가 국경 간 서비스 공급과 해외소비 중 어디에 해당하는지의 구분이 문제가 된다. 1991년도 양허 협상 초기에 이 문제를 둘러싸고 많은 혼란이 발생하였는데 많은 나라가 서비스 소비자가 물리적으로 자국 국경 밖으로 이동하여 서비스를 구매하는 경우로 이해하였으나 미국의 일부 협상 대표는 서비스를 공급하고 구매하는 주도권을 누가 취하였느냐를 기준으로 하여야 한다는 견해를 가지고 있었다. 즉, 서비스를 생산하고 공급하는 자가 주도권을 취한 경우에는 국경 간 서비스 공급에 해당하고, 서비스 소비자가 주도권을 가질 경우에는 서비스의 해외 소비에 해당한다는 것이다.

그러나 서비스를 생산하고 공급하는 자가 아무리 마케팅 활동을 잘하고 소비자의 의사 결정에 많은 영향을 미친다고 하더라도 결국 모든 구매 행위의 최종의사 결정은 구매자의 판단에 따르게 되는 것이므로 서비스 공급자의 주도권에 의한 서비스가 구매된다는 것은 성립하기 어렵다고 할 수 있다.

1992년도에 합의된 해외 소비의 판별기준은 서비스 소비자의 본국 이외의 영토에서 서비스가 공급되어야 하는 것으로 규정하고 있다. 그러나 금융·보험 분야의 경우 서비스 제공의 정의, 즉 서비스 소비의 정의가 간단치만은 않다. 보험 서비스의 경우를 예로 들어보자.

보험 서비스 제공(소비)이란 보험 가입행위 그 자체, 즉 보험계약 체결행위를 의미하는가? 보험계약의 체결이 일련의 보험 서비스 제공과정 중에서 제일 중요한 법률 행위이며 보험계약 체결로 가입자가 심리적 위안을 얻는다는 관점에서 이러한 견해를 취할 수 있다. 이에 의한다면 보험계약 체결지점에 따라 국경 간 서비스 공급과 해외 소비가 구분될 것이다. 즉, A국의 거주자가 A국 내에 거주하면서 전자우편, 팩스 등 통신수단에 의하여 외국 소재 보험회사에 보험에 가입하였으면 국경 간 서비스 공급에 해당할 것이며, A국 거주자가 B국에서 B국 소재 보험회사와 보험계약을 체결하였으면 해외소비에 해당할 것이다.

그러나 보험 서비스 제공은 보험계약 체결로 완결되는 것이 아니고 보험계약 기간 동안 가입자가 계속 보험료를 내야 한다. 따라서 가입자가 보험 서비스를 구입함으로써 보험계약 기간 동안 심리적 위안을 얻는다는 관점에서 또는 보험료란 것이 보험 서비스에 대한 대가이므로 보험료를 내는 기간은 모두 보험 서비스 공급 기간에 해당한다는 관점에서 보험계약 기간 동안 보험 가입자의 소재지를 기준으로 구분하는 견해가 성립할 수 있을 것이다. 즉, 보험계약 기간 동안 가입자가 자국에 계속 거주하고 있으면 국경 간 서비스 공급에 해당하고 자국 영토 이외에 거주하고 있으면 해외 소비에 해당한다고 할 수 있다.

이외에도 보험 가입자가 보험에 가입하는 목적은 불확실성의 대가인 보험금 수령이므로 보험금의 지급이 보험 서비스 제공(소비)에 해당하며 보험금 지급지에 따라 국경 간 공급과 해외 소비를 구분하여야 한다는 견해도 있을 수 있다.

'금융 서비스 자유화 약속에 관한 양해' 4항에서 금융 서비스의 해외 소비를 일반적으로 자유화하는 조항으로서 "각국은 자국 거주자가 타회원국 영토 내에서 아래의 금융 서비스를 사도록 허용하여야 한다."라고 규정하고 있다. 이를 근거로 해석해 보면 위의 여러 가지 구분 기준 중에서 보험 가입 시점부터 종료 시점까지, 즉 보험계약 기간 동안 가입자가 자국 영토 밖에 거주하는 경우는 서비스 협정과 무관하게 된다고 볼 수 있다. 왜냐하면, 각국이 대부분 외환 관계법규, 조세 법규, 금융 관계 법규에서 거주자에 대한 정의를 내리고 있는데 6개월 또는 1년 이상 해외에 거주하는 자는 이미 당해국의 거주자가 아니므로 당해국의 조치 범위에서 벗어나기 때문이다.

따라서 금융·보험 서비스의 경우 보험 가입 등 계약 체결행위가 서비스 제공의 정의로서 제일 타당한 해석 기준이라고 할 수 있으며, 이에 따르면 A국 거주자가 A국에 그대로 거주하면서 외국 소재 금융기관이나 보험회사에 예금 가입이나 보험 가입을 하는 경우는 어떤 방식으로 가입하였든지 모두 국경 간 공급에 해당하므로 해외 소비는 A국 거주자가 해외여행 등 일시적으로 해외에 체재하는 도중에 B국 금융기관이나 보험회사에 예금·보험 가입을 하고 A국에 돌아오는 극히 한정된 경우를 의미하고 있다고 할 수 있다.

그러나 한 회원국의 외환 관계법규, 금융 관계법규의 적용이라는 관점에서 보면 두 가지 공급형태의 구분이 큰 의미가 없다고 할 수 있다. 왜냐하면, 만약 A국이 자국 거주자가 외국 소재 금융기관에 예금 가입을 하지 못하도록 하는 외환통제규정을 운영하고 있다면, 동 조치는 거주자가 통신수단 등에 의하여 외국 소재 금융기관에 예금하는 것뿐만 아니라 현찰을 소지하고 해외에 나가 예금하는 행위에도 똑같이 적용될 것이기 때문이다. 따라서 해외 소비라는 서비스의 공급형태는 관광, 교육, 의료 등에 있어서 소비자가 서비스 수출국으로 물리적 이동을 하는 것을 대상으로 하는 개념으로 사용된다.

3. 상업적 주재

상업적 주재[2)](commercial presence)란 모든 형태의 사업체의 현지 설립을 의미한다(제28조 d항). 사업체는 크게 나누어 법률상 독립된 법적 실체인 법인과 다른 사업체에 종속된 지사 또는 대표사무소로 구분된다. 그러나 서비스 협정상의 법인은 각국의 국내법에 의하여 법인격이 부여되는 법인체만을 의미하는 것이 아니고 주식회사, 신탁회사, 합명회사, 합작투자기업, 개인기업, 조합 등 그 형태 여하를 불문하고 적법한 절차에 의해서 구성되는 모든 법적 실체를 의미하게 된다(제28조 1항).

또한, 서비스 협정에 있어 상업적 주재란 외국 기업이 위와 같은 사업체를 서비스 수입국 내에 설립하여 영업활동을 영위하는 경우뿐만 아니라 기존 국내기업을 인수하는 때도 포함하며, 인수방법도 가리지 아니한다. 다시 말하면 외국인 직접투자에 의한 기업의 설립뿐만 아니라 기존 국내기업의 직접매입, 외국인 간접투자(시장에서의 주식 매입 등)를 통한 기존 국내기업의 인수 등 모든 형태의 서비스 공급업체 설립, 인수, 운영이 상업적 주재에 해당한다(제28조 d, i항).

한편 지사 또는 대표사무소는 독립된 실체가 아니므로 당연히 기존 국내 업체

2) 서비스 공급주체의 주재: 상업적 주재를 통한 공급자 이동.

를 인수할 수 없으며 외국 기업에 의한 국내 지사, 대표사무소의 신규 설치, 운영만이 서비스 협정의 적용 대상이 된다(제28조 d, ii항).

4. 자연인의 주재

자연인의 주재(presence of natural persons)란 서비스 수입국 영토 내에 외국 서비스 공급 인력이 위치하는 것을 말한다. 서비스는 그 특성상 서비스 공급 인력에 의하여 현장에서 생산·판매되는 경우가 대부분이므로 서비스 협정 상 자연인의 주재는 상업적 주재와 아울러 중요한 비중을 점하고 있다. 그러나 자연인의 위치(입국, 체류, 취업) 문제는 경제적 의미뿐만 아니라 정치·사회·문화적으로도 중대한 의미가 있기 때문에 대부분의 나라가 엄격한 통제를 가하고 있다.

서비스 협정과 관련한 자연인의 주재 형태는 다음과 같이 구분할 수 있으며, 각국이 약속하는 범위는 인력의 종류에 따라 또는 서비스 분야에 따라 달라진다.

4.1 국경 간 서비스 공급과 자연인의 주재와의 관계

서비스 수입국 내에 서비스 공급 기업이나 지사 등을 설립하는 상업적 주재와 이러한 설립 없이 서비스 수입국 국경 밖에서 서비스 자체를 공급하는 국경 간 공급은 명확히 구분되어있으나 자연인의 주재와의 관계에 대해서는 국가 간 양허 협상 초기에 많은 혼란이 초래되었다.

예를 들면, 변호사, 회계사, 엔지니어 등 개별적인 전문직 서비스 공급자가 일시적으로 입국하여 법률 상담, 회계 상담, 설계 자문 등의 서비스를 제공하고 귀국하는 경우 이것이 국경 간 서비스 공급에 해당하느냐 아니면 자연인의 주재에 해당하느냐 하는 문제이다. 이 문제는 1992년 초에 GATT 사무국의 양허표 작성 지침에서 국경 간 서비스 공급은 엄밀하게 서비스 생산물 자체만 이동하는 것을 의미한다고 설명하고 있어서 해결되었다.

또한, 이 지침은 건축 설계 서비스를 예로 들어 어느 나라가 건축 설계 서비스의 국경 간 공급에 양허하였을 경우 이는 외국의 건축사가 자국 내에서 건축 설계를 완성하여 설계도면을 우송하거나 통신망을 통하여 이를 전송하는 경우에만 한정하여 약속한 것이며, 건축사가 일시적으로 방문하여 설계 서비스를 제공하는 것은 자연인의 주재 형태에 건축사의 입국, 체류에 관한 별도의 약속이 있어야만 유효하다는 것이다.

그러나 이러한 것은 개념상의 구분이고 현실 세계에서 발생하는 서비스 거래는 자연인의 주재, 즉 전문직업인의 일시적 입국, 체류에 관한 양허 여부보다는 전문적 서비스 공급자의 자격 인정 여부에 의하여 좌우된다. 즉, 어떤 나라가 변호사, 회계사, 엔지니어 등의 일시적 입국, 체류에 관한 양허를 하지 않았다 하더라도 사실상 관광비자나 방문 비자 등을 받아 일시적으로 입국하여 사업 활동을 하는 것은 아무 어려움이 없는 것이 보통이다.

그러나 문제는 국내 변호사 자격이 없는 외국 변호사가 일시적으로 입국하여 작성·서명하거나 공증한 법률서류들이 법원·등기소 등 관계 당국에 의하여 적법한 서류로 인정되느냐 하는 문제이다. 회계나 엔지니어링 등의 경우도 똑같다. 국내 회계사 자격이 없는 외국 회계사가 감사하고 서명한 기업의 결산서류가 상법상의 적법서류로 인정이 될 것인지 또는 세무 당국에 의하여 인정이 될 것인지, 국내 건축사 자격이 없는 외국 엔지니어가 설계·서명한 설계도면에 따라 건축허가가 나올 수 있느냐 하는 것이다.

따라서 개별적인 전문직업 서비스 공급자의 일시적 입국으로 이루어지는 서비스 공급은 자격의 인정문제가 뒤따르게 된다. 이는 독립된 개별 전문직업 서비스 공급자뿐만 아니라 외국의 법률회사, 회계법인, 엔지니어링 회사에 고용된 변호사, 회계사, 엔지니어 등도 같다.

4.2 상업적 주재와 자연인의 주재와의 관계

상업적 주재라는 서비스 공급형태의 핵심은 외국 자본의 이동문제이다. 그러나 자회사나 합작투자 또는 지사나 대표사무소의 설립은 자본의 이동만으로 완결될 수 없다. 구체적인 설립형태를 불문하고 어떤 영업조직을 결성하는 데에는 자본의 투입뿐만 아니라 인력, 시설과 장비, 기술 그리고 경영 노하우 등의 종합적인 조직화가 필요하게 된다.

상업적 주재의 성립에는 자본뿐만 아니라 노동, 기타의 생산요소가 함께 결합하여야 하지만 서비스 협정은 자본의 이동과 노동의 이동을 분리하여 취급하고 있다. 따라서 외국 서비스 공급인력의 이동에 대한 양허는 '자연인 주재' 형태에서 이루어지게 되며, 각국은 자연인 주재에 약속한 범위 내에서만 허용된다.

예를 들어 X 회원국이 은행지점의 경우 자연인의 주재와 관련 지점장만 양허하였다면 동 국가는 Y, Z 국가의 은행 지점장만 입국·체류·취업을 허용할 의무를 지게 되나 그 이하 직급인력에 대해서는 X 회원국의 자유재량에 속하므로 별도로 허용되지 않으면 Y, Z 국가의 은행 지점들이 X 회원국 국민으로 영업 인력을 충원하는 데 대하여 X국이 어떤 제한을 가한다면 동 제한조치는 상업적 주재 형태에 제한조치로 기재되어야 한다.

한편, 영업에 필요한 장비, 기술 및 경영 노하우 등의 이동에 대하여 서비스 협정은 침묵하고 있다. 먼저 장비 이동문제를 보면 장비는 기본적으로 상품이므로 상품 무역을 담당하는 GATT의 규율을 받게 된다. GATT는 상품 수입에 있어서 특별한 예외조항에 따라 허용된 경우를 제외하고는 수입금지조치나 수량제한을 금하고 있으므로 정상적인 상품무역방법을 통하여 필요한 장비를 반입하는 데 따른 별다른 문제는 없다.

만약 어떤 회원국이 서비스 공급기업의 영업에 필요한 장비의 도입을 제한하는 조치를 하게 된다면 상대국은 GATT의 관련 규정을 원용하여 이의를 제기하거나 서비스 협정 하에서 시장 접근에 관한 양허이익을 침해 또는 무효로 했다는 점을 들어 이의를 제기할 수 있다(이러한 경우를 'non-violation case'라고 한다. 즉, 서비스 협정상의 의무를 위반하지는 않았지만, 자국이 약속한 사항의 기대효과를 무너뜨렸을 때 제기되는 분쟁이다).

기술 및 경영 노하우 등의 경우 서비스의 특성상 이들은 대부분 자본이나 서비스 공급 인력의 이동에 수반하여 함께 이동하게 된다. 또한, 기술도입계약 때문에 이전되는 지식재산권도 있을 것이니 이 문제는 일차적으로 지식재산권 협정의 규율을 받게 된다. 물론 이와 같은 소프트웨어도 시장접근에 관한 양허 효과를 침해하고 무효로 하는 특정 제한조치가 있을 때는 서비스 협정 하에서 Non-violation case의 분쟁이 가능하다.

제6장 WTO의 서비스무역협정

제1절 서비스무역규칙의 형성

1. OECD

1970년에 들어, 선진국 경제의 서비스 경제화의 진전과 서비스무역 확대를 맞이하여 다양한 국제기관과 민간단체가 서비스무역의 규칙을 설정하고자 노력하였다. OECD가 그 중심 역할을 하였다. OECD에서 서비스무역에 관해 '경상 무역외 거래의 자유화에 관한 코드'와 '자본 이동의 자유화에 관한 코드'의 수정보칙(修正補則) 등 규칙을 개발했다. OECD 위원회에서의 최초 채택은 1961년 12월로 거슬러 올라갈 수 있다. OECD는 이 두 가지 코드를 중심으로 회원국 간의 자본이동과 경상 무역외 거래, 즉 서비스무역의 자유화를 다루었다. 이밖에 OECD의 무역위원회는 1978년부터 주요 부문별 무역장벽의 현황을 검토하기 시작했다. 검토 후 보험(1983년), 은행(1984년), 관광(1984년), 오디오 영상(1986년), 해운(1987년), 증권(1987년)에 관해 부문별 보고서를 잇따라 공표했다.

OECD는 1987년에 '서비스무역을 위한 개념적 틀'을 발표하면서 자유화 원칙을 제시했다. 이 자유화 원칙은 GATT 내에서의 서비스무역 자유화에 대한 지침을 만드는 기초가 되었다.

OECD에서 먼저, '서비스 시장에의 접근'이라는 개념을 제시하였다. 서비스무역은 생산자의 이동을 수반하는 국제거래를 포함한다. 따라서 기업의 설립, 자본의 이동, 노동의 이동과 서비스 공급에 불가분하게 결부되는 재화의 이동에 대한 장벽이 서비스 시장으로의 진입을 방해하는 경우가 많이 있다. 특히 금융·보험과 같은 분야에서는 기업의 설립, 즉 해외직접투자가 외국의 소비자에게 서비스 공급을 원활히 하기 위한 전제가 되는 경우가 많다. 그 때문에 서비스무역의 시장진입 개념은 외국 기업이 국내기업과 같은 경쟁조건 아래에서 서비스 공급을 한다고 해석할 수 있다.

외국 기업과 국내기업이 같은 조건으로 경쟁을 한다고 하는 것은, GATT 원칙의 하나인 '내국민대우의 원칙'에 해당한다. GATT는 재화의 자유화에서 내국세와 국내 규제에 관해 국산품과 수입품의 경쟁조건이 같아지길 요구해 왔다. 내국민대우의 원칙은 재화의 무역에 있어서 비관세장벽의 경감·철폐에서 중요한 역할을 하였다.

서비스무역에서는 정부에 의한 규제가 진입장벽이 되는 경우가 많다. 금융서비스를 예로 들면, 일본에서는 고도 경제성장기의 기간산업에 저리의 장기 자금을 원활하게 공급하기 위해 일반은행에게 신탁 업무를 부탁해 왔다. 신탁 업무를 할 수 있는 것은 제한된 수의 신탁은행이었다. 여기서 외국은행이 신탁 서비스를 공급하고자 하면 일본의 분리제도가 장벽이 된다.

서비스 분야가 금융을 위시해 교통·통신과 같은 공공성이 강하고, 그 때문에 공적 독점이 이루어지고 있는 분야를 포함하는 것도 규제완화와 무차별 원칙 및 상호존중의 원칙과의 관계를 복잡하게 하고 있다. 예컨대 1985년에 새로운 전기·통신사업법이 시행되기까지 일본의 전신·전화에 관한 서비스의 공급은 일본 전신전화공사와 국제전신전화회사 두 회사가 맡았다. 이러한 공적독점은 국내기업뿐만 아니라 외국기업의 진입을 막는다. 그 후 새로운 전기·통신사업법을 통해서 일본의 전기·통신사업의 자유화는 대폭 진행되었다.

국제통신 서비스(국제 VAN 사업자)의 제공 혹은 불특정 다수의 고객을 대상으로 서비스를 제공하는 특별 제2종 전기·통신 사업자는 우정대신(郵政大臣)에게 등록할 것이 요구되지만 외자규제는 없다. 그러나 통신의 공공성을 보존하고, 채산에 맞지 않아도 모든 국내지역에 통신서비스를 제공하지 않으면 안 되는 제1종 전기·통신 사업자에게는 요금 규제와 총지분의 3분의 1 이상의 외자는 진입을 인정하지 않는다는 규제가 있다.

정보·통신 서비스가 지니는 공공적인 성격 이외에 국가안전보장상의 고려도 각국이 외국기업의 진입규제를 두고 있는 이유이다. 정보·통신 분야의 자유화가 가장 잘 진행되고 있다는 미국에서도 안전보장상의 이유에서 일부 정보에 대한 접근이 제한되고 있다는 지적이 있다.

외국기업의 영업활동에 무차별 원칙이 확보되면, 다음에 발생하는 문제는 투명성의 확보이다. OECD는 서비스무역에 관한 법률, 규칙 및 관행에서의 투명성은 재화의 무역과 똑같이 서비스무역의 국제협조 필요조건이고 본질적인 요소인 것을 인정한다. 각종 규제가 진입장벽인 서비스 거래는, 이러한 규제가 행해지고 있는 이유와 관행이 불투명하여서 외국 기업이 피해를 보고 있다는 클레임을 제기하는 경우가 많다.

2. UNCTAD

개발도상국의 개발촉진과 무역 확대를 추진하는 UNCTAD(UN 무역개발회의)도, 국제기관으로서 일찍부터 서비스무역 문제를 다루어 왔다. 1964년 제1회 총회에서 '해운위원회'와 '무역외 융자위원회'가 설치되었다. 그 후 1979년 제5회 총회에서 서비스 분야에서 선진국의 차별적이고 불공평한 관행을 척결할 것을 결의하였다. UNCTAD는 개발도상국의 경제발전을 진행하기 위해서는 서비스무역의 확대는 불가결하지만, 선진국을 중심으로 서비스무역의 규칙창설이 추진되는 것에 대한 우려를 나타내고 있다. 특히 선진국이 재화의 분야에서 개발도상국의 주요 수출품목인 섬유와 같은 경공업 제품에 계속하여 새로운 장벽을 두는 것처럼, 서비스에서도 양보를 강요하는 것이 아닌가 하여 반발을 보인다. 예컨대 1987년 UNCTAD는 재화의 무역에 관해 다국 간에 합의된 결정의 준수는 다른 분야에서 양허를 조건으로 해서는 안 된다고 주장하였다. 이러한 UNCTAD의 개발도상국 서비스무역에 관한 주장은 GATT의 우루과이 라운드 서비스무역 교섭에 다양한 영향을 미쳤다.

3. 우루과이 라운드

1986년 9월에 시작한 GATT의 우루과이 라운드에서 재화에 관한 교섭 그룹(Group of Negotiation on Goods)에서 비관세 조치, 천연자원산품, MTN제 협정[1], 보조금 상쇄조치, GATT 조문, 무역 관련 투자조치, 열대산품, 관세, GATT 기능의 강화, 분쟁처리, 농업, 세이프 가드, 섬유, 지식재산권의 14분야가 논의되었다. 그리고 같은 무역 교섭위원회(Trade Negotiating Group)이기는 하나 별개로 서비스에 관한 교섭 그룹(Group of Negotiation on Services : GNS)이 서비스무역의 규칙을 작성하기 시작하였다.

서비스무역이 우루과이 라운드의 교섭 항목으로서 추가되는가, 아닌가는 미국을 위시한 선진국과 개발도상국 간의 심각한 쟁점의 하나였다. 그리고 교섭 개시 후도 앞서 논한 UNCTAD의 입장으로 대표되는 개발도상국의 의견과 서비스무역 자유화에 가장 적극적인 미국의 주장 사이에 의견 격차가 컸으며, 조정은 극히 곤란했다. 개발도상국은 자국의 서비스 산업이 지체되었기에 보호 육성이 필요하다는 사고방식에 따라 통일적인 규칙 작성에 강하게 반대했다. 이에 대해 미국은 국제적인 규칙 작성이 자유화의 전제가 된다고 주장했다.

4. 미국

서비스무역을 GATT가 채택하면서 주도권을 잡은 나라는 미국이었다.[2] 미국은 이미 도쿄라운드에서의 관세·비관세장벽 교섭의 권한을 대통령에게 부여하는 1974년 통상법상에 '국제무역'이 물품뿐만 아니라 서비스까지도 포함하는 것을

1) 반덤핑 보조금, 상계관세, 기술장벽 등 도쿄 라운드의 다자협정.

2) 성일석, 2011, 국제서비스통상론, 도서출판 두남.

규정하고 있었다. 이 통상법 제102조에 '비관세장벽 및 기타 무역왜곡 요인에 우선 대상이 되는 분야를 다음과 같이 지정하고 있다. 농업, 공업, 광업 및 상업의 제품에 대한 해외시장의 성장을 억제하고 있는 것, 호혜적 무역 양허의 의도된 상호이익을 감소시키고 있는 것, 미국 경제에 악영향을 미치고 있는 것, 공정한 공급의 접근을 방해하고 있는 것, 여러 국가 간의 개방적이고 차별이 없는 무역의 발전을 방해하는 것이다. 즉, 1974년 통상법 제102조에 따라 미국 대통령은 사람과 재화의 수송, 보험, 기타 무역에 부수하는 중요한 상업 서비스에 관해 상호주의에 입각한 시장접근을 교섭의 대상으로 할 수 있다.

미국의 서비스무역 자유화에 대한 적극적인 자세는 1984년 통상관세법에서 더욱 선명해지게 된다. 이 법은 제305조에 서비스, 투자 및 고도 기술 산업의 국제무역에 관한 교섭목적을 규정한다. 그 하나가 서비스무역의 장벽제거, 왜곡의 시정 및 분쟁처리 절차를 포함하는 국제규칙의 개발이다. 더욱이 제306조에 서비스무역에 관한 규정을 설치하여 미국의 서비스 산업의 경쟁력을 높이는 정책을 개발하는 것과 그 정책의 타당성을 검토하기 위한 데이터베이스의 개발과 분석을 지시하고 있다.

제2절 WTO와 서비스무역협정

1994년에 종결된 우루과이 라운드(UR)에서 서비스무역의 자유화를 위해서 기존 GATT에서 한 걸음 더 나아가서 '서비스무역에 관한 일반협정(General Agreement on Trade in Services: GATS)'이라는 공식적 다자간 규범을 제정하였다.

1. 서비스무역 협정의 정의와 구성

WTO의 서비스무역협정(GATS)[3]은 WTO 설립 정의 부속서 1B에 규정되어 있으며, 총 6부 29조의 본문, 부속서 및 결정, 양해사항의 3부분으로 구성되어 있다. 서비스무역에 관한 일반협정은 일차적으로 정부가 구매하거나 제공하는 서비스를 제외한 모든 서비스를 규율하는 일반 원칙 및 규정을 명시한 기본협정(framework convention)이다. 제2부에는 1부의 원칙에 따른 일반 의무를 명시하고 있다. 제3부는 WTO의 각 회원이 양허계획서에 규정된 한도 내에서만 적용되는 구체적 약속을 규정하고 있다.[4)]

WTO는 WTO 설립협정 부속서에 첨부된 협정들과 기타 관련 법적 문서와 관계되는 회원국 간 무역 문제에 대하여 공통된 제도적 틀을 제공하는 역할을 담당하게 되었다. 즉 WTO와 관할하게 되는 부속협정들은 다음과 같이 요약할 수 있다.

(1) Annex 1A: 상품무역에 관한 우루과이 라운드 협정(13개 협정)(GATT '94[5)], 농산물, 위생 및 검역 규제, 섬유, 기술 장벽, 무역 관련 투자 조치, 반덤핑, 관세 평가, 선적 전 검사, 원산지 규정, 수입허가절차, 보조금 및 상계관세, 세이프가드)
(2) Annex 1B: 서비스무역에 관한 일반협정(GATS)
(3) Annex 1C: 무역 관련 지식재산권에 관한 협정
(4) Annex 2: 분쟁해결 규칙 및 절차에 관한 양해사항
(5) Annex 3: 무역정책 검토제도
(6) Annex 4: 민간항공기 무역에 관한 협정, 정부 조달 협정, 국제 낙농협정, 쇠고기 협정

위 부속협정 중 Annex 1(1A, 1B, 1C), 2, 3의 다자간 협정은 모든 WTO 회원국을 구속하는 협정 내용이다. 과거에 체약국과 회원국이 서로 다르고 법률적으

---

3) GATS의 특징은 최초로 서비스무역을 규율하기 위한 다자간무역협정이고, 상품무역협정(GATT)과 달리 최혜국대우의 범위를 광범위하게 인정하였으며, 자유화 방식에도 positive와 negative 방식을 혼합하여 사용하고 있다. 이는 상품거래와 달리 통관 등의 절차가 없으므로 관세를 획일적으로 낮추기 위한 일괄타결방식이나 선형방식 등이 적용되지 않기 때문이다.

4) 이재영, 2012, FTA에 있어 서비스무역의 활성화 방안에 관한 연구, 통상정보연구 제14권 3호, PP.407~428.

5) GATT '94: GATT '94란 UR 결과 얻어진 GATT 협정문 및 그 부속문서 등 여러 가지 개별협약으로 구성되어 있다.

로도 구분되었던 9개 동경 다자간 무역협상(Multilateral Trade Negotiations Code: MTN 코드) 중 기술장벽, 반덤핑, 관세평가, 수입허가 절차, 보조금·상계관세 협정 등 5개 협정은 UR 협상 결과의 일괄 수락 원칙에 따라 GATT에서 법률적으로 일체를 이루게 되었다.[6)]

그러나 Annex 4에 수록된 정부조달협정 등 4개 협정은 모든 WTO 회원국을 구속하는 것이 아니라 이 협정들을 수락한 회원국에 대해서만 WTO 설립협정의 일부로 작용하게 되면 이를 수락하지 않는 기타 WTO 회원국에 대해서는 권리·의무에 아무런 영향을 미치지 않는다. 이들 협정은 UR 협상 과정에서도 별도로 기존 회원국 간에만 협상이 이루어져 왔으며, 다른 모든 WTO 회원국에 대하여 동 협정에 가입하도록 하는 것도 사실상 어려운 점이 많으므로 도쿄라운드 경우와 마찬가지로 복수국 간 협정(Plurilateral Agreements)으로 남게 된 것이다. 따라서 이들 복수국 간 협정의 수락, 가입, 발표, 탈퇴, 개정 등 협정의 운영은 WTO 협정 규정이 아닌 개별 협정규정에 따르게 된다.

WTO 체제에서 의사결정과 관련된 기구체제는 〈그림 6-1〉에서 보는 바와 같다. WTO의 최고 의사결정기구는 각료 회의(Ministerial Conference)이다. 이는 일반 회사로 말하면 주주총회에 해당하는 기구라고 할 수 있다. WTO 협정 제4조에 의하면 각료회의는 적어도 2년에 한 번씩 회의를 가지며, 부속서 1, 2, 3의 모든 다자간 협정에 관계되는 사안에 관하여 결정을 내리는 권한을 가진다.

각료회의의 하부기구로는 총괄이사회와 상품이사회, 서비스 이사회, 지식재산권 이사회가 있다. 총괄이사회(General Council)는 각료 회의의 회기 중간에 각료회의의 기능을 수행하게 되며, 또한 WTO 협정에 따라 총괄이사회에 부여된 임무를 수행하게 된다. 일반 상사법인의 주주총회가 연중 열릴 수 없으므로 평소에는 이사회가 수권 범위 내에서 주주총회의 역할을 대신한다. 따라서 총괄이사회는 정해진 회기 없이 필요할 때는 수시로 만나서 회의를 하게 된다.

6) 성일석, 2011, 국제서비스통상론, 도서출판 두남.

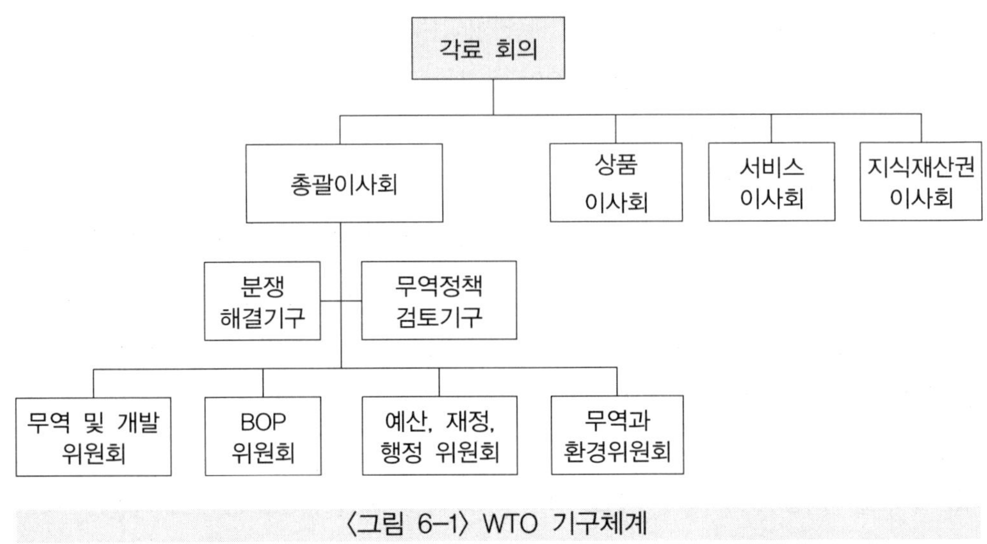

〈그림 6-1〉 WTO 기구체계

GATT '94 및 상품무역 관련 UR 협정에 관해서는 상품이사회(Council for Trade in Goods), 서비스 협정에 관해서는 서비스 이사회(Council for Trade in Services), 지식재산권 협정에 관해서는 지식재산권 이사회(Council for TRIPs)가 각각 담당 협정의 운영을 감독하고, 각 협정규정에 따라 개별 이사회에 부여된 임무를 수행하게 된다. 이처럼 개별 이사회는 총괄이사회가 부여한 임무를 수행하고, 총괄이사회의 총괄적 지휘(general guidance)를 받게 된다.

분쟁해결기구(Dispute Settlement Body; DSB)와 무역정책검토기구(Trade Policy Review Body; TPRB)는 총괄이사회가 이름만 달리하여 동 기구의 임무를 수행한다. 즉, 이명 동체라고 할 수 있는 것이다. WTO 협정 제4조 3항과 4항은 필요하면 분쟁해결기구와 무역정책검토기구가 이 기구 자체의 의장을 둘 수도 있다고 규정하고 있으므로 총괄이사회의 의장이 아닌 다른 사람이 DSB와 TPRB의 의장을 맡을 수도 있을 것이다.

WTO 협정 제4조 7항은 각료회의가 무역·개발 위원회(Committee on Trade and Development)와 국제수지 위원회(Committee on Balance of Payments Restrictions), 예산행정 위원회(Committee on Budget, Finance and Administration)를 설치하도록 하고 있다. 이러한 기구들은 WTO 협정과 개별 다자간 협정, 그리고 총괄이사회가 부여한 임무를 수행하게 된다. 그러나 이 기

구들이 WTO 설립으로 인하여 새로 생긴 것은 아니며, GATT 체제하에서도 이와 같은 기구들이 설치되어 활동해 왔다.

무역 및 개발위원회, 국제수지위원회, 예산·재정·행정위원회, 무역과 환경위원회 이외에도 각료회의 결정에 따라 또 다른 위원회를 설치할 수도 있으며, 마라케시 각료회의에서는 무역·환경위원회(Committee on Trade and Environment)를 설치하기로 하였다.

한편, 상품이사회, 서비스 이사회, 지식재산권 이사회는 WTO 협정 제4조 6항에 의하여 각료회의 결정 등에 따라 보조기구(subsidiary body)를 설치하게 되는데 금융서비스 위원회가 그 대표적인 예이다.

WTO의 주요 기능은 (1) 다자간, 복수 간 무역협정(multilateral and plurilateral trade agreements)의 관리 및 이행, (2) 다자간 무역협상의 주도, (3) 회원국 간 무역분쟁 해결 (4) 각 회원국의 무역정책의 감독 등으로 요약할 수 있다.

WTO 협정문의 부속서 중 하나인 서비스무역에 관한 일반협정은 UR 협상의 주요 성과물 중 하나로, 서비스무역에 대해 구속력을 갖는 최초의 다자간 협정이다. GATS 상의 서비스는 정부의 권한을 행사하여 공급되는 서비스는 제외하고 있는데, 상업적 기반으로 공급되거나 동시에 다른 서비스 공급자와 경쟁하지 않고 공급되는 모든 서비스는 제외된다.[7] GATS는 크게 4가지 형태의 공급방식으로 서비스를 정의하고 있다.[8] GATS는 서비스 공급의 각 형태에 대한 무역장벽의 완화 및 철폐를 통해 시장 자유화를 목표로 한다.

2. WTO의 DDA 서비스무역협상[9]

서비스무역 분야에 대한 다자협상은 GATS 제19조[10]에 따라 2000년 11월 WTO DDA(도하개발어젠다) 협상의 출범과 함께 개시되었다. GATS 제19조에

7) GATS Art.I.3.(b), (c).

8) 남상열·고혜진·김성웅·박승종, 2012, OECD 통신서비스 무역장벽지수(STRI) 분석과 무역투자자유화에의 시사점, 정보통신정책연구원.

9) 정보통신정책학회, 2017. 12, 새로운 산업·무역에 대응하기 위한 통상전략 수립.

10) GATS 제19조(구체적 양허에 관한 협상)는 WTO 협정 발효일로부터 5년 이내에 서비스 분야에 대한 후속협상을 시작하도록 명기하고 있음.

의거하면 회원국들은 2000년 이후 서비스 분야 협상을 재개하여 우루과이 라운드 협상에서 완료되지 못한 서비스 시장 자유화 논의를 재개해야 하며 GATS의 규범 대상을 더욱 확대하여 서비스무역의 자유화 수준을 높이도록 명시되어 있다. 이후 도하 각료선언에 따라 회원국들은 2002년 6월 주요 교역상대국과 구체적인 개방 약속을 요청하는 1차 양허요청서(initial requests)를 교환하고, 2003년 3월 1차 양허안(initial offers)을 제출하도록 결정하였다.[11]

그러나 2003년 칸쿤 각료회의 이후 회원국들의 정치적 의지 부족으로 서비스 분야에서의 상대국의 양허 개선 요구와 양허안 제시(Request and Offer, R/O) 방식의 협상은 더는 진전을 보지 못하였다. 2004년까지도 진행되지 않았던 서비스 협상은 2004년 소위 '7월 패키지(July 2004 Package)[12]가 채택되면서 새로운 전기를 맞게 되었다. 서비스 분야 협상과 관련하여 회원국들은 2005년 5월까지 1차 양허안을 제출하도록 하였으며, 서비스 위원회 특별회의에서 합의된 권고안을 채택하였다. 이 권고안은 제출하지 않은 1차 양허안을 최대한 이른 시기에 제출하도록 권고하고 있으며, 개도국들이 관심있는 부문의 수출 확대를 위해 최대한 높은 수준의 양허안을 제시하고, 규범 분야 협상을 조속히 타결하도록 노력하며, 개도국을 대상으로 지원대상을 명확하게 정하여 기술적 지원이 이루어지도록 권고하였다.

2005년 12월 홍콩 각료회의에서 채택된 각료선언문은 서비스 협상의 주요 원칙과 목표를 재확인하고 선언문의 부속서 C에 명시되어 있는 협상의 목표, 협상 방식 및 일정에 따라 회원국들에게 협상에 더욱 박차를 가하도록 주문하였다. 특히 각국이 제출하는 양허의 적용 범위를 더욱 넓혀 시장개방을 더욱 확대하도록 하고, 개도국의 수출품목 관심 사항을 반영하도록 요청하였다. 홍콩 각료선언문의 부속서 C는 서비스 협상 출범 이후 가장 구체적이며 야심에 찬 내용을 담고 있는데, 일반적인 의무로서 (1) 각 서비스 모드별 새로운 또는 개선된 양허안 제출, (2) 최혜국대우(MFN) 예외 적용, (3) 양허 일정 및 분류 작업 등을 명시하였

---

11) 정보통신정책학회, 2017. 12, 새로운 산업·무역에 대응하기 위한 통상전략 수립.

12) Doha Work Program - Decision adopted by the General Council on 1 August 2004, WT/L/579 (2 August 2004).

다. 특히 회원국들이 DDA 협상 종료 이전에 GATS 제6조 제4항에 명시되어 있는 국내 규제(domestic regulations)에 대한 규범 제정을 위한 협상에 박차를 가하도록 독려하고 있으며, 서비스 양허 수준의 향상을 위해 기존의 양자간 요청/양허(Request/Offer; R/O) 협상 방식과 더불어 복수국이 상대국의 특정 서비스 분야의 개방을 집단으로 요청하는 복수 R/O 방식을 보완적으로 도입하기로 하였다. 또한, 개도국에 대해서는 일반적 의무에 대한 유연성(flexibility)을 인정하도록 하였으며, 최빈개도국 특별대우를 위한 세부원칙(modalities)의 효과적 이행방안을 마련하도록 명기하였다.

2006년 7월 이후 서비스 관련 다자협상은 유예되었는데, 대신 서비스 관련 복수국 간 협상이 2006년 여러 차례 개최되었다. 분야별 21개의 집단적 요청(collective request)이 회람되었으며 비공식 협상 그룹을 통해 논의가 이루어졌다. 그러나 비농산물 시장접근(Non-Agriculture Market Approach; NAMA) 협상이 교착상태에 빠지게 되자 2006년 7월까지 제출하기로 되었던 서비스 최종 양허안도 결국 시한을 넘기게 되었다. 결국 2007년 2월 서비스 다자협상이 재개되었는데, 분야별 전문적 의견 교환을 위해 소규모 회의 형식으로 진행되었다.

2008년 5월 서비스 협상 의장은 "서비스 협상의 성과 도출을 위한 요소"라는 제목의 보고서를 WTO 서비스 위원회에 제출하였는데, 이 보고서에는 서비스 규범 제정을 위해 고려되어야 하는 내용이 정리되어 있다. 특히, 기존의 양허/요청(R/O) 방식을 지속해서 사용할 뿐 아니라 양자 및 복수국 간 방식을 동시에 추진하고, 모든 서비스 분야 및 서비스 공급 모드를 포괄하여 자유화 협상을 진행하며, 국내 규제에 대한 규범 제정을 위한 협상의 채택을 위해 더욱 노력할 것을 독려하였다. 또한, 개도국에 대한 특별대우 및 특화된 기술적 지원을 제공할 것을 명기하였다.

그러나 세부원칙(modalities) 수립을 위한 비농산물 시장접근에 관한 협상이 결렬되면서 서비스 분야 협상 역시 동력을 잃게 되었고, 2010년 3월 파스칼 라미 WTO 사무총장은 제7차 각료회의 개최를 앞두고 2008년 7월 이후 논의되었던 주요 내용에 대한 보고서를 작성하여 서비스 위원회에 제출하였다. 이 보고서는 시장접근, 국내 규제, GATS 규범, 개도국 예외(Least Developed Countries waiver; LDC waiver)에 관한 내용으로 구성되어 있으며, 서비스 분야 협상이 DDA 협상의 주요 요소로서 성공적인 타결이 중요하다는 점을 재확인하고 FTA 등을 통해 서비스 부문 자유화를 위한 규범이 제정되고 있는 현상에 대해 궁극적으로 다자화에 기여할 것을 염두에 두고 대체로 환영하는 견해를 밝히었다. 서비스 협상 분야 중 국내 규제 및 개도국 예외인정 분야에서는 진전이 있었지만, GATS 규범 분야에서는 보조금에 대한 정보 교환 진전에도 불구하고 회원국 간 견해차가 좁혀지지 않고 있음을 지적하며, DDA 협상 결과의 '일괄타결(single undertaking)'을 위해서는 모든 서비스 분야의 협상에서 균형된 진전이 중요하다는 점을 상기하였다.

2011년 제8차 각료회의에서는 개도국 서비스 및 서비스 공급자에 대한 특혜대우(LDC waiver)가 채택되었는데, 이는 개도국 회원국이 제공하는 서비스에 대하여 GATS 협정상의 최혜국대우(MFN) 의무(GATS 제2.1조)에 대한 면제를 15년간 인정해 주는 방안이다. 이 합의에 따라 향후 WTO 서비스 이사회를 통해 개도국에 상업적으로 의미 있는 서비스 분야에 특혜를 제공하기 위한 구체적 방안을 검토하게 되며, 개도국은 수출 관심 분야에 대한 '공동요구사항(collective request)'을 제출하게 되면 6개월 후 고위급 회의를 개최하여 검토하게 된다.

2015년 나이로비에서 개최된 제10차 WTO 각료회의에서는 회원국들이 '개도국에 대한 서비스 자유화 예외 적용'(LDC service waiver)에 합의하여 서비스 자유화 협상에서의 일부 진전이 이루어지기도 하였다. 이를 통해 최빈 개도국에 대하여 특정 서비스 분야 및 서비스 형태만 특혜를 부여하여 자유화 의무에서 면제하기로 하였다.

2016년 5월 개최된 서비스 위원회 특별회의에서 대부분의 회원국은 서비스 분야 협상의 진전에 대해 긍정적인 메시지를 전하였다. 특히 경제 성장과 개발을 위한 서비스 분야의 중요성에 대한 회원국들의 인식 제고, GATS 협정상 서비스 분야의 협상 진전에 대한 명백한 위임사항(mandate), 나이로비 각료회의에서의 농업 분야 성과에 맞춘 서비스 분야의 협상 진전 필요성 등이 그 이유로 제기되었다. 논의 과정에서 회원국들은 기존의 견해에서 벗어나 새로운 구상과 이니셔티브의 필요성을 제기하며 제안서를 제출하는 회원국들이 주도권을 갖고 논의를 이끌어나가는 방안을 제안하기도 하였다. 또한, 국내 규제 분야에서 회원국들은 국내 규제 작업반을 중심으로 이루어진 논의 작업에 대한 만족감을 표시하며 향후 지속적인 진전을 기대했지만, 시장접근 분야에서는 리더십의 부족 등을 성과 부진의 이유로 지목하였다. 회원국들은 최근 전자상거래에서 서비스가 차지하는 비중 등을 근거로 전자상거래에 대한 서비스 규범의 도입 필요성을 역설하고 서비스 관련 무역원활화에 대한 규범 또한 가능성 차원에서 언급하였다.

3. 국내 규제 규정의 논의

현재 서비스무역 분야 다자협상에서는 국내 규제(domestic regulation)에 대한 규범 관련 논의가 활발하게 이루어지고 있다.[13] 2016년 6월 국내 규제 작업반(WPDR) 회의에서는 국내 규제 관련 각국의 목표와 우선순위에 대한 의견 교환이 이루어졌다. 특히 전문직 서비스 교역을 위한 면허 요건과 절차(licensing requirements and procedures), 기술표준(technical standards) 및 자격 요건(qualification requirements)과 관련하여 국내 규제가 불필요한 장애가 되지 않도록 GATS 제6조 제4항에 의거한 국내 규제 규범 제정을 위해 필요한 내용에 대한 의견들이 제시되었다. 이외에도 각국의 국내 규제 도입시 정보제공 및 투명성 의무, 개도국 특별대우에 관한 내용도 포함되었다.

이후 지속적인 국내 규제 작업반 회의를 통해 제출된 회원국들의 제안 내용을 종합하여 2017년 9월 서비스 국내 규제 규범(Disciplines on Domestic Regulation)에 관한 통합된 협정문 초안이 회람되었다.

3.1 국내 규제 규정

서비스 국내 규제 규범에 대한 협정문안 주요 내용은 〈표 6-1〉와 같이 구성되어 있다. 우선 일반 규정에는 개도국의 서비스 공급자에 대해 인허가 취득을 위한

13) 서비스 분야 국내 규제에 대한 규범은 1999년 WTO 서비스무역위원회(CTS)에 의해 국내 규제작업반(Working Party on Domestic Regulation, WPDR)이 처음 설립되면서 논의되기 시작함(S/C/W/96, 1 March 1999).

기준 충족의 어려움을 인정하고 있으며 회원국의 정책 목표 달성을 위한 국내 규제의 권한을 인정하고 있다. 적용범위와 관련 규범은 시장개방 양허를 한 분야에 대한 서비스무역에 영향을 미치는 면허 요건 및 절차, 자격 요건 및 절차, 기술표준과 관련된 조치가 규율 대상임을 명시하고 있다. 또한 인허가(authorization)의 정의 규정도 마련하고 있는데, "면허요건, 자격요건 및 기술표준의 충족 여부를 입증하기 위해 준수해야 하는 절차에 따라 해당 개인에게 서비스 공급을 위한 허가를 부여하는 것"을 의미한다고 정의하고 있다.

국내 규제 조치의 관리(administration)에 관한 여러 조항을 마련하여 규범의 적용을 받는 회원국들이 타 회원국의 서비스 공급자의 인허가 취득을 위한 신청서의 제출, 처리기간, 처리절차, 수수료 및 심사에 관한 규정을 마련하고 있다. 특히 신청서의 처리와 관련하여 신청자에게 신청서의 예상 처리기간 통보, 신청서의 완결 여부에 대한 확인 통보, 완결된 신청서에 대하여 '합리적인 기간' 내에 처리를 완료하여 신청자에게 서면으로 결과 통보, 요청시 신청서의 처리 단계에 대한 통보, 불완결한(incomplete) 신청서에 대해서는 '합리적인 기간'(reasonable period of time) 내에 신청자에게 신청서의 불완결성에 대해 통보하고 있다.

표 6-1 WTO 서비스 국내 규제 규범 협정안 내용

구분	세부 내용
일반 규정 (General Provisions)	- 개도국 서비스 공급자에 대한 면허 요건/절차, 자격 요건/절차, 기술표준에 대한 기준 충족의 어려움 인정 - 각국의 정책 목표에 따라 새로운 규제의 도입 권한 인정 - 다른 회원국의 권리와 의무의 저해 금지
	- (적용범위) 시장개방을 약속한 분야에 대한 면허 요건/절차, 자격 요건/절차, 기술표준 관련 조치에 적용됨 - (정의) 인허가(authoriztion)의 정의 규정
국내 규제 조치의 관리 (Administration of Measures)	- 신청서 제출 창구 - 신청서 제출 관련 시간규정 - 전자수단을 통한 제출 - 신청서 처리 규정 - 수수료 - 심사의 주기 및 기간

구분	세부 내용
독립성 (Independence)	– 독립적 심사결정
투명성 (Transparency)	– 인허가 신청 관련 정보의 공개 – 문의 창구 – 인허가 취득 전 정보 및 문의절차
기술표준 (Technical Standards)	– 투명한 기술표준 도입 절차
조치의 마련 (Development of Measures)	– 인허가 관련 조치 도입 시 준수 기준 및 절차
개도국 예외 (Development)	– 개도국 예외조항 – 선진국 기술지원 및 역량개발 지원
기타	– 성에 기반한 차별금지(gender equality) – 필요성 심사(necessity test)

3.2 투명성 규정

투명성(transparency) 조항도 여러 규정으로 구성되어 있는데, 서비스 공급자에 대하여 인허가를 요청하는 경우 해당 회원국은 인허가의 요건 및 절차, 해당 당국의 연락처, 수수료, 기술표준, 신청 결과에 대한 항소절차, 면허 및 자격 요건의 충족 여부에 대한 점검 및 집행 절차, 공청회 등 의견수렴 여부, 신청서의 처리 기간 등에 대한 정보를 즉시 공개해야 한다. 또한, 국내 규제 조치를 도입하기 전에 각 회원국은 사전에 관련 법규정을 공표해야 하며 새로운 법규정에 대한 충분한 설명자료를 사전에 제공하도록 해야 하는데, 이 의무는 각 회원국의 국내 법제도의 범위를 벗어나지 않는 방법과 관행에 따라 이루어지도록 규정하고 있다. 또한, 새롭게 도입하는 조치에 대한 자료 제공 및 제출된 의견을 검토하는 때도 각 회원국의 국내 법제도의 범위와 재량 내에서 이루어지도록 제한 규정을 두고 있다. 서비스의 공급을 위한 인허가 관련 조치를 도입 또는 유지하는 경우 각 회원국은 해당 조치가 객관적이며 투명한 기준을 준수해야 한다. 또한, 인허가 절차는 비차별적이며 신청자의 요건 충족 여부를 입증할 수 있도록 적합해야 하며, 신청자의 요건 충족을 불필요하게 방해하지 않는 합리적인 절차를 마련하도록 규정하고 있다.

개도국 예외조항은 국내 규제 규범 협정문 안에 추가된 조항으로, 이 협정에 따라 개도국이 국내 규제 규범을 이행하는 경우 해당 부속서에 따른 유예기간을 부여하도록 규정하고 있으며, 유예기간이 완료되기 전에 해당 개도국이 요청하는 경우 서비스 위원회는 해당국의 개발수준, 경제규모 및 제도적 역량을 고려하여 유예기간을 연장해주도록 규정하고 있다.

최빈개도국에 대해서는 협정문의 규범이 적용되지 않음을 명시하고 있으며, 최빈개도국 지위를 졸업하는 경우 해당 개도국이 서비스 위원회에 이행 유예기간을 통보하도록 규정하고 있다. 또한, 역량을 갖춘 개도국 및 선진국은 이 규범을 이행할 수 있도록 개도국 및 최빈개도국 회원국에게 기술지원 및 역량개발 지원을 제공하도록 권고하고 있다.

이외에도 칠레, 홍콩, 페루, 뉴질랜드, 스위스 등은 회원국이 서비스 공급을 위한 인허가 관련 조치를 도입 및 유지하는 경우 해당 조치가 서비스의 품질을 보장하기 위한 필요보다 부담스럽지 않도록 '필요성 심사(necessity test)' 규정을 마련할 것을 제안하고 있다. 호주, 캐나다, 아르헨티나, EU 등은 서비스 공급을 위한 인허가 관련 조치를 도입 및 유지하는 경우 해당 조치가 성(gender)에 따라 개인을 차별하지 않도록 의무 규정을 포함하도록 제안하고 있다.

제7장 GATS

제1절 GATS의 주요 내용

1. GATS의 구성

UR 협상의 일괄타결로 결정된 서비스무역에 관한 일반협정은 서문, 1~6부까지의 서비스 협정 본문(framework)과 총 8개의 부속서로 구성된다.

1.1 서문

서비스 협정문의 서문(preamble)은 6개 문장으로 되어있으며, 이 중 4개는 개도국에 관한 것으로 개도국의 참여를 중요시하여 많은 참여가 필수적임을 시사하고 있다.

첫째 문장은 서비스무역이 세계 경제의 발전과 성장에 이바지해야 한다는 것을 강조하고 있다. 이유는 서비스무역의 규모가 일반 상품무역보다 급성장하고 상대적 규모 또한 일반상품의 무역에 비견되고 있기 때문이다.

둘째 문장은 서비스무역을 위한 원칙과 규범의 다자간 틀을 공개주의와 점진적

자유화에 따라 추진한다는 것이다. 이 「공개주의(transparency)와 점진적 자유화」의 내용은 서비스 본문에 명시하고 있다.

셋째 문장은 점진적으로 더 높은 차원의 서비스무역의 자유화(progressive liberalization)를 위하여 지속해서 협상이 진행되어야 한다고 지적하고 있다. 협상의 목적은 모든 회원국의 상호이익을 실현하고, 회원국들의 권리와 의무가 조화롭게 규정되는 동시에 회원국의 정책목표가 적절히 고려되는 것이다.

넷째 문장은 국가 간 다르게 시행되고 있는 서비스 공급에 관한 규제의 비대칭성을 인정하고, 특별히 개도국의 규제에 대해서는 격차를 인정한다. 각국은 정책목표수행을 위해서 그들의 영토 내에서 서비스 공급의 규제를 할 수가 있고, 새로운 규제조치도 도입할 수 있게 하고 있다.

다섯째 문장은 개도국들의 서비스무역의 참여 확대와 서비스 수출의 신장을 촉진하고 이를 위해 그들의 국내 서비스의 공급능력 강화와 경쟁력이 높아지어야 하는 것을 명시하고 있다.

마지막 문장에서는 최빈국들의 경제상황이나 발전 정도, 재정상황을 고려해야 함을 명시하고 있다.

1.2 협정본문

1) 제1부: 정의와 범위

제1부에서 서비스무역 형태의 정의와 서비스 협정의 적용대상과 범위를 규정하고 국가 간 실질 자유화 협상의 범위를 설정하였다.

2) 제2부: 일반적 의무와 규율

제2부는 지구상에 존재하는 모든 서비스 분야에 적용되는 일반적 의무를 규정한 것이다. 일반적 의무로는 국가 간 차별을 금지하는 최혜국대우, 모든 서비스무역 관련 법규를 공표하도록 하는 공개주의, 서비스 공급 대가의 지급을 제한하지 못하도록 하는 지급과 이전, 기타 개도국우대, 경제통합, 국내 규제, 인정, 독점과 지배적 사업자, 영업 관행, 긴급수입제한, 국제수지균형을 이유로 한 제한,

정부 조달, 예외, 보조금 등이 있다.

3) 제3부: 구체적 약속

제3부는 제2부와는 반대로 협정상의 조문 자체가 의무를 발생시키지 않으며, 각국이 자국 양허표에 약속한 범위 내에서만 의무를 부담하는 시장접근 및 내국민대우에 대한 구체적 약속의 근거 규정이다. 따라서 제3부는 나라별로 자국 양허표에 등재한 분야만 효력을 갖는다.

4) 제4부: 점진적 자유화

제4부는 제3부의 구체적 약속에 대한 양허 협상 방식과 이 협상 결과의 양허표에의 기재, 양허표의 수정절차 등 자유화 추진을 위한 운영규정이다.

5) 제5부, 제6부: 제도적 규정

제5부와 제6부는 협정의 운영과 기구에 관한 규정으로 분쟁해결에 관한 절차, 서비스 이사회, 기술적 협력, 타 국제기구와의 관계, 협정혜택 거부, 용어의 정의, 부속서의 지위에 관한 규정 등으로 되어있다.

1.3 부속서

부속서도 서비스 협정의 일부로서 협정 본문과 동일과 효력을 가진다. 일반적 의무인 최혜국대우 의무면제에 관한 부속서, 인력이동 부속서, 금융 서비스 부속서, 통신부속서, 항공서비스 부속서 등 본래 의미의 부속서 5개와 금융, 해운, 기본 통신 분야에 있어서 UR 이후 추가 협상을 추진하게 됨에 따라 무차별원칙 문제 등을 해결하기 위하여 제정된 3개 부속서를 합하여 총 8개의 부속서가 있다. 각국의 양허표 역시 서비스 협정의 부속서로서 협정 본문의 일부가 된다.

1.4 결정, 양해 등

결정, 양해 등은 서비스 협정의 운영 면에서는 협정 본문과 같은 법률적 효과를 가진다. 하지만 법률적 의미의 서비스 협정은 아니므로 규정의 개정절차도 서비스 협정과는 서로 다르게 된다. 서비스 협정 운영기구에 관한 각료들의 결정(ministerial decision), 분쟁해결절차에 관한 각료들의 결정 등 2개의 각료급 결정사항과 서비스 협정 제14조 예외 중 환경과 서비스무역의 관계에 관한 검토 작업반 설치결정, 금융 서비스 자유화방식에 관해 양해, 우루과이 라운드 기간 중 자유화 협상에 대한 실질적 지침(UR 종료와 동시에 소멸) 등이 있다.

이 외에도 기본통신, 금융, 전문직 서비스, 인력 이동, 해운 서비스 등 5개 분야의 UR 이후 계속하여 이어질 추가 협상을 선언한 각료 결정이 있다.

2. GATS 본문의 주요 내용

2.1 제1부 정의와 범위

제1부는 같은 제목의 제 1조로 구성되며 서비스무역의 정의, 서비스 협정의 적용 대상과 범위 그리고 서비스무역의 형태를 규정한 것이다. 본 조항이 어떤 의무를 발생시키는 것은 아니지만 각 협정 회원국에게 앞으로 의무가 발생할 수 있는 범위를 설정하고 있다.

서비스 협정의 대상은 서비스무역에 영향을 미치는 회원국의 조치(measures)이다(제1조 1항). 서비스협정은 국경 간에 이동하는 서비스 제품의 국내외 서비스 공급자에 의한 제공에 관해 어떤 영향력도 행사할 수 없다. 그러나 서비스의 흐름에 영향을 미치거나 서비스 공급자의 행위에 영향을 미치는 회원국 정부 등 규제 당국의 조치는 서비스 협정의 규율을 받게 된다. 이때 회원국의 조치란 법률, 시행령뿐만 아니라 규칙, 절차, 결정, 행정행위 등 그 형태 여하를 불문하고 모든 조치가 협정 적용대상이 된다.

서비스 협정은 회원국 중앙정부의 조치뿐만 아니라 지방정부, 비정부기관의 조치도 그 적용대상으로 한다(제1조 3항 a). 서비스 산업에 대한 규제는 중앙정부,

지방정부뿐만 아니라, 기타 변호사 협회, 회계사 협회 등의 사업자단체나 증권감독원, 증권 거래소와 같은 비정부기관 등에서도 이루어진다. 서비스 협정이 중앙정부만을 대상으로 한다면 그 효력이 극히 제한받게 되기 때문이다. 따라서 지방정부도 중앙정부와 똑같이 서비스 협정상의 의무를 부담하게 되며 비정부기관도 중앙정부나 지방정부로부터 위임된 권한을 행사할 때는 협정상의 의무 적용대상이 된다. 즉, 어떤 기관이 서비스 협정 적용대상인지 아닌지는 이 기관이 사적 기관이냐 공적 기관이냐에 따라 결정되는 것이 아니라 중앙정부 또는 지방정부 고유 권한의 일부를 위임받아 행사하는지에 따라 결정된다.

서비스 협상 대상 서비스 분야는 정부의 권한(governmental authority)을 행사과정에서 공급되는 서비스를 제외하고는 지구상에 존재하는 모든 서비스 분야를 그 대상으로 한다(제1조 3항 b).

GATT 사무국에서 작성한 서비스분야 참고목록(MTN, GNS/W/120)은 있으나 법적으로 구속력 있는 서비스분야 목록이 없으므로 한 회원국이 서비스 협정으로 이익이 침해받고 있다고 생각하는 분야가 서비스협상 대상인지 아닌지는 최종적으로 분쟁해결과정에서 사례별로 결정된다.

한편 정부 권한의 행사로 공급되는 서비스는 서비스 협정 모든 조항의 적용이 배제된다. 예를 들면 운전면허시험 서비스, 중앙은행이 통화정책의 하나로 하는 활동 등이 이에 해당한다. 그러나 정부 기관이 공급하는 서비스라 하더라도 상업적 목적으로 제공되는 서비스는 협정적용대상에 포함된다. 예를 들면 한국의 철도청이 운영하는 철도운수사업이 대표적인 예다

협정대상 서비스무역은 4개 형태의 서비스무역을 모두 포괄한다(제1조 2항). 서비스 협정에는 '서비스' 자체의 정의나 '서비스무역'에 대한 이론적 정의는 없으며, 다만 서비스무역은 서비스 공급이 국경 간 공급, 해외소비(소비자 이동), 서비스 공급체의 상업적 주재, 서비스 공급을 위한 자연인의 주재 등에 의해 이루어진 것으로 정의하고 협정 적용대상이 된다고 열거하고 있다.

2.2 제2부: 일반원칙 및 규범

1) 제2조: 최혜국대우

최혜국대우의 원칙은 어느 회원국이든 다른 회원국의 서비스와 서비스 공급자를 자국의 서비스나 서비스 공급자보다 불리하게 대우해서는 안 된다는 것이다. 이러한 최혜국대우 원칙은 다자간 협정의 기본원칙으로서 양허표에 등재되지 않은 분야라 하더라도 협정 전체에 걸쳐 적용된다. 자국은 어떤 회원국을 다른 나라보다도 불리하게 대우해서는 안 되며, 한 국가에 부여한 대우는 그보다 불리하지 않게 즉시 그리고 무조건 모든 다른 회원국에 부여되어야 한다. 따라서 다른 한 나라에 개방한 분야가 있으면, 이 서비스 분야가 자국의 양허표에 등재되지 않았다 하더라도 개방 혜택이 모든 회원국에 주어져야 한다.

최혜국대우는 각국 양허표에 등재 여부와는 관계없이 모든 분야에 대하여 예외없이 적용되기 때문에 서비스 분야에 관한 다자간협정이 최초로 제정되는 시점부터 모든 나라가 이를 일률적으로 적용하는 데는 현실적 어려움이 있게 마련이다. 그 이유는 역사적 이유, 지리적 근접성 등의 사유로 인접 국가 간 인력 이동에 관한 협정을 맺었다거나 양국을 통과하는 강을 이용하는 내수로 운송에 관한 협정을 맺었는데 어느 날 갑자기 서비스협정이 제정됨으로써 양자협정상의 혜택을 다자화하여야 하는 경우 등의 어려움 때문이다. 따라서 나라별로 최혜국대우 적용면제 기간 등을 기재한 목록을 제출하여 시장접근 및 내국민대우에 관한 양허협상과 병행하여 국가 간 평가 및 협상을 거쳐 최혜국대우 면제부속서를 작성하여 서비스협정에 포함할 수 있다.

2) 제3조: 공개주의(Transparency)

모든 체약국은 서비스 일반협정의 운영과 관련된 제반 조치를 의무적으로 공표해야 한다. 공표대상은 모든 관계 법률, 규정, 행정지침뿐만 아니라 결정, 판정 등 일반적 적용효력을 가진 조치는 모두 공표대상이 된다.

또한, 회원국은 자국 양허표에 기재된 서비스 분야에 중요한 영향을 미치는 조치를 변경하거나 새로 도입할 때 즉시 또는 적어도 1년에 한 번씩 서비스 이사회에 통지하여야 한다. 또한, 회원국은 일반협정의 발표 후 2년 이내에 조회처(inquiry points)를 설치하여 회원국의 질문에 답변하여야 한다.

3) 제4조: 개도국의 무역비중 증대(Increasing Participation of Developing Countries)

세계 전체 서비스무역에 있어서 개도국이 차지하는 점유율을 높이기 위해 고려하여야 할 사항을 제시하고 있으나 접촉 처(Contact Points)를 제외하고는 사실상 개도국 우대에 관한 적극적 권리·의무 조항은 없다. 개도국의 무역비중 증대는 다음 사항에 관하여 국가 간 양허협상을 통하여 촉진되어야 한다고 규정하고 있다.

(1) 개도국 기업의 기술접근 등을 통한 개도국 서비스 산업 기반, 효율성, 경쟁력 강화, 유통망, 정보망에 대한 개도국의 접근 개선, 개도국 수출 및 공급형태에 있어서 시장접근 자유화
(2) 서비스 공급의 상업적, 기술적 측면, 전문직업 서비스 공급 자격의 취득, 등록, 인정 관련 정보, 서비스 관련 기술의 이용 가능성 등

4) 제5조: 경제통합(Economic Integration)

경제통합은 회원국 간에는 차별 대우를 제거하고 비회원국과는 차별 대우를 하는 것으로 최혜국대우원칙의 중요한 예외로서 일부 회원국 간에 더욱 진척된 수준의 자유화를 추진할 수 있도록 허용하는 조항이다. 즉, 유럽연합(EU)와 같은 형태의 경제통합뿐만 아니라 보다 소극적인 형태인 자유무역협정(FTA)도 포괄하는 개념이다.

경제통합협정은 실질적으로 상당한 서비스 분야를 포괄하고 있어야 하며, 경제통합협정 체약국(회원국) 간에 체결된 내용은 실질적으로 모든 차별조치를 철폐하고 있어야 한다.

경제통합협정이나 무역자유화협정이 모든 서비스 분야뿐만 아니라 상품까지 포

함하는 광범위한 것이면 구성요건 합치 여부를 검토하여야 한다. 즉, 더욱 적은 서비스 분야를 협정대상으로 하거나 차별조치가 존재해도 제5조에 합치하는 것으로 인정될 수 있다. 또한, 개도국 상호 간에 경제통합협정을 맺을 때도 구성요건의 충족 여부와 관련된 신축성이 부여된다.

5) 제6조: 국내 규제(Domestic Regulation)

회원국들의 국내 규제에 관한 내용이 이 조항에 명시되어 있다. 회원국들은 구체적인 약속이 행해진 서비스 분야에 서비스무역에 영향을 미치는 조치가 합리적이고 객관적이며 공평한 방식으로 시행되도록 보장하여야 하며, 서비스 공급자들의 요청에 따라 서비스무역에 영향을 미치는 행정 결정을 신속하게 검토하여야 한다.

또한, 서비스 공급에 인가가 필요한 경우 신청서 제출 이후 합리적인 기간 내 결정사항들을 신청자에게 통보하여야 하며, 신청자의 요청이 있을 때는 부당하게 지연하지 않고 그 신청의 처리 현황에 대한 정보를 제공하여야 한다.

또한 자격요건과 절차, 기술표준 및 허가요건과 관련된 조치들이 서비스무역상의 불필요한 장벽이 되지 않도록 서비스 이사회가 적절한 기구를 설치하도록 하여, 다음과 같은 조건을 충족시켜야 한다.

(1) 서비스제공 자격이나 능력과 같은 객관적이고 명료한 기준에 기초하며,
(2) 서비스의 질을 보장하는 데 필요한 정도 이상의 부담을 지우지 않으며,
(3) 허가 절차 그 자체가 서비스 공급을 제한하는 조치여서는 안 된다.

또한, 구체적인 약속이 행해진 서비스부문에 있어서 각국은 그러한 약속을 무효로 하거나 침해하는 허가조건, 자격요건, 기술표준을 적용해서는 안 된다. 마지막으로 전문직 서비스와 관련하여 구체적인 약속이 이루어진 서비스 분야는 회원국 전문가의 자격을 입증할 절차를 제공해야 한다.

6) 제7조: 인정(Recognition)

협정문 제7조는 회원국의 서비스 공급자에 대한 인정제도의 운용규칙들을 명시

하고 있다. 즉 인가나 면허, 증명의 적용에 대한 공평한 원칙을 제시하고 있다. 각 회원국은 허가 기준이나 서비스 공급자의 자격요건 등과 관련하여 특정 국가에서 취득한 학력, 경력, 면허, 자격 등을 인정할 수 있다. 이러한 인정은 그 기준이나 요건의 적용에 있어서 국가 간의 차별 수단이 되거나, 서비스무역에 대한 위장된 제한이 되는 방식이 되지 않아야 한다.[1] 이 조항은 최혜국대우의 원칙에도 불구하고, 허가하는 기관이 일부 회원의 학력이나 경력만을 인정할 수 있음을 규정하고 있다.

회원들이 상호인증협정을 체결할 때는 이해관계가 있는 다른 회원들에게도 협상을 거쳐 이 협정에 가입하거나, 혹은 이에 상응한 협정의 교섭을 할 수 있도록 충분한 기회를 보장하여야 한다. 만일, 어떤 회원이 자동으로 그러한 인정을 하면 다른 회원들에게도 학력, 경력, 면허, 자격도 인정받을 수 있는 것임을 입증할 충분한 기회가 보장되어야 한다.

서비스에 있어 내국민대우는 실질적으로 차별조치가 되는 경우가 많다. 예를 들면 변호사나 회계사의 경우를 보면 국내법상 자격시험을 치르게 되어있으므로 이는 외국인 사업자에게 내국민대우의 차별적 조치가 된다. 그러므로 이를 해결하기 위한 상호인정의 협정이나 협약은 다자간의 동의에 기초를 두도록 하고 있다.

7) 제8조: 독점 및 지배적 서비스 공급자(Monopolies and Exclusive Service Suppliers)

통신, 항공과 같은 서비스 분야에서는 많은 나라가 독과점체제를 유지하고 있다. 협정 제8조는 이와 같은 독과점 서비스 공급자가 다른 서비스 분야에 미칠 수 있는 영향력을 고려하여 다음과 같은 의무를 규정하였다.

각 회원국은 자국 영토 내의 독과점 서비스 공급자가 해당 독과점 서비스를 공급하기 위하여서는 최혜국대우 원칙이나 자국의 구체적 약속에 어긋나지 않도록 하여야 한다. 또한, 독과점 서비스 공급자가 직접 또는 제휴기업을 통하여 경쟁 상태에서 해당 독과점 서비스 이외의 서비스를 공급하는 경우, 이 독과점 서비스

1) GATS 제7조 1, 3항.

공급자가 지위를 남용하여 해당 회원국의 구체적 약속에 어긋나는 행위를 하지 않도록 하여야 한다.

8) 제9조: 영업 관행(Business Practices)

본 협정 제9조는 서비스 공급자의 특정 영업 관행이 경쟁을 제한함으로써 서비스무역을 제한할 수 있어서 과거의 국제협정과는 다른 협의 및 정보제공 의무 등을 규정하고 있다.

각 회원국은 타 회원국의 요청이 있는 때에 제한적 영업 관행을 제거하기 위한 목적의 협의에 응하여야 한다. 또한, 회원국은 해당 사안과 관련된 정보 중에서 비밀이 아닌 정보를 제공하여야 하며 정보 요청국과 비밀보장을 위한 만족할 만한 합의가 도출될 때는 국내법규가 허용하는 범위 내에서 비밀정보도 제공하여야 한다.

9) 제10조: 긴급수입제한(Emergency Safeguard Measures)

회원국은 특정 상품이 동종 또는 직접 경쟁하는 상품을 생산하는 국내 산업에 심각한 피해를 초래하거나 초래할 우려가 있을 정도로 국내 생산과 비교해 절대적 또는 상대적으로 증가된 물량과 조건에 자기나라 영토 내로 수입되고 있다고 판정한 경우에만 그 상품에 대하여 긴급수입제한조치를 취할 수 있다는 조항이다. 하지만 서비스무역의 특성상 기술적 어려움뿐만 아니라 시간 부족으로 세이프가드(safeguard)조항은 마련되지 못하고 있다.

10) 제11조: 지급과 이전(Payments and Transfers)

이 조항은 서비스 거래에 수반되는 서비스 거래 성립의 전제조건으로써 필요한 자금의 이동에 대한 의무를 규정한 조항이다. 구체적 약속을 한 서비스 분야에서는 이 분야의 서비스 거래와 기업설립 등에 필요한 자금의 이동을 제한하지 못하게 하는 조항으로서 경상거래에 대한 지급의 제한금지와 이동의 허용으로 크게 나뉜다.

(1) 경상거래에 대한 지급의 제한 금지 : 각 회원국은 구체적 약속을 한 분야에서 발생하는 서비스 대가 지급, 급료 송금, 영업수익 송금 등 경상거래에 대한 지급을 제한해서는 안 된다.
(2) 구체적 약속과 관련되는 자본이동의 허용 : 각 회원국은 구체적 약속을 한 분야의 자회사, 지사 설립 등에 필요한 자본금 반입, 기업 청산에 따른 자본금 반출 등의 자본이동을 허용하여야 한다.

하지만 이 제한은 잠정적이어야 하며, 상황이 개선됨에 따라 점차 철폐되어야 한다.[2)]

11) 제12조: 국제수지상의 긴급수입제한(Restrictions to Safeguard Balance of Payments)

한 회원국이 국제수지상 문제가 발생하였을 경우, 자국의 양허표에 이미 양허한 서비스무역이나 이 무역에 대한 대가 지급을 제한할 수 있도록 허용하는 수권조항으로서 다음 사항들을 규정하고 있다.

(1) 발동요건 : 국제수지 및 대외 자금 사정의 심각한 어려움이나 위협
(2) 발동대상 : 모든 형태의 서비스무역의 지급 및 이전
(3) 운용조건 : 제한조치는 일시적이고 필요 최소한에 그쳐야 하고 IMF 협정의 규정과도 일치하여야 하며, 국제수지 및 대외 자금 사정의 호전 정도에 따라 점진적으로 폐지되어야 한다.

12) 제13조: 정부 조달(Government Procurement)

본 협정 제13조는 서비스의 정부 구매 관련 법률, 규제 등에 최혜국대우, 시장접근, 내국민대우 적용을 배제하고 있다. 이는 정부 조달 협정 회원국(대부분 선진국)들이 정부 조달 협정에서 양허하는 사항을 모든 서비스협정 회원국에도 제공하여야 하는 점을 꺼렸고, 개도국들도 정부 조달 서비스를 개방할 의사가 없기

2) GATS 제12조 2항 (e).

때문이다.

그러나 정부 조달 서비스가 서비스협정으로부터 확정적으로 배제된 것은 아니며, 공개주의 등의 다른 의무는 적용될 뿐만 아니라 추가적 자유화 약속 대상이 될 수도 있으며, 서비스협정 발표 후 2년 이내 재협상의 대상이 된다.

13) 제14조: 일반적 예외(General Exception)

어느 회원이든지 국가 간의 자의적이거나 부당한 차별의 수단이나 서비스무역에 대한 위장된 제한이 되지 않는 한, 공중도덕의 보호나 공공질서의 유지, 사람이나 동·식물 건강의 보호, 사기 및 기만행위의 방지, 개인정보 보호 등을 위하여 필요한 조치를 할 수 있다.[3] 국가안보상의 이유도 마찬가지이다.[4]

상품무역에 있어서 비교우위론에 근거한 자유무역시대라 하더라도 국민의 공중도덕, 사회의 공공질서 및 국가안보 등과 상충하는 의미에서의 무역자유화는 허용되지 않는다는 것이 세계 각국의 공통적인 시각이다. 국가안보 등을 침해하면서까지 무역자유화를 허용할 의무를 지우는 것은 곤란하기 때문이다.[5] 이러한 취지에서 GATT(1994) 제20조와 제21조(Public Morals, Public Order)의 규정을 GATS 제14조와 제14조 1에서 규정하고 있다.

'예외'라는 용어는 협정의 모든 규정에 선행한다는 의미이다. 이 조항이 의미가 있는 것은 규정된 목적달성을 위하여 자국이 약속한 시장접근과 내국민대우 의무를 침해할 수도 있다는 것이다. 그러나 이러한 예외 조치가 위장된 무역 제한조치로 남용되어서는 안 되며, 또한 결과적으로 최혜국대우의 침해가 자의적이거나 차별적이어서는 안 된다는 것이다. 일반적으로 허용되는 예외 사유는 다음과 같다.

(1) 비무역적 예외 사유 : 공중도덕, 공공질서, 인간·동식물의 생명과 건강의 보호

(2) 서비스협정의 규정(특히 최혜국대우, 내국민대우, 시장접근)에 어긋나지 않는 국내법규의 이행을 위하여 필요한 조치, 소비자 보호(기만적 영업행위의

---

3) GATS 제14조 (a), (b), (c)항.

4) GATS 제14조 1항.

5) Jackson, John H., and Davery, William J., 1986, 『Legal of International Economics Relations』, West Publishing Co., p.911.

방지, 서비스 공급제약 불이행에 대한 대응조치), 개인정보보호(개인정보의 처리·보급 관련 사생활 보호, 개인기록 및 비밀 유지), 안전

(3) 조세 문제

· 내국민대우에 대한 예외 : 타 회원국의 서비스 또는 서비스 공급자의 소득에 대한 직접 조세의 부과징수가 내·외국인 간 차별적이라 하더라도 동 조치가 공평한 또는 효율적인 조세 부과·징수를 위한 것일 경우

· 최혜국대우에 대한 예외 : 이중과세방지협정 또는 기타 협정 중 이중과세방지조항에 따른 조치

(4) 안보상의 예외(제14조의 2: security exceptions)

14) 제15조: 보조금(Subsidies)

보조금의 지급을 규제하는 의무규정은 없다. 서비스 산업에서 보조금은 기술적으로 매우 복잡한 문제이기 때문에 시간 부족뿐만 아니라 정보 부족으로 UR에서는 구체적 규정을 마련하지 못하였다. 단, 실질적 의무규정은 없으나 국가 간 협상을 통하여 구체적 약속대상이 될 수 있으며, 서비스 협정 하의 분쟁 제기도 가능하다.

제15조 1항은 보조금이 서비스무역을 왜곡하는 효과를 가질 수도 있다는 것을 명시하고 있다. 제15조 2항은 한 회원국의 보조금 지급으로 인하여 불이익을 당한 회원국은 보조금 지급 회원국에 협의를 요청할 수 있다고 규정하고 있어서 이 협의에서 만족할 만한 합의가 도출되지 않으면 분쟁의 제기도 가능하다.

2.3 제3부: 구체적인 약속(Special Commitment)

서비스무역이 국제적으로 이루어지는 것이기는 하지만, 상품무역에서와는 달리 주로 국내적 규제를 통하여 규율된다. 그 이유는 서비스무역이 서비스 자체의 국가 간 이동이 아니라, 관광과 같이 한 회원국 영역 내에서 다른 회원국의 소비자에게 서비스 공급, 외국인 건설 근로자, 외국계 은행에 의한 금융 서비스와 같이 외국인에 의해서 서비스가 이루어지기 때문이다. 이처럼 서비스, 사람, 자본의

국제적 이동이 서로 밀접하게 연계된 데다, 서비스무역에 관한 다자간 법규에는 비관세 장벽의 일반적 금지 및 개별적인 국내 규제 전반에 관한 금지규정이 아직 없으므로 서비스무역에 관한 국제 규제와 자유화가 상품무역보다 훨씬 복잡해지게 된 것이다.

제3부의 3개 조항은 본 협정에 첨부된 국별 계획서에 규정된 한도 내에서만 적용 된다. 서비스무역에 대한 두 번째 단계의 법적 규제는 국별 계획서에 기재된 시장접근의 약속(market-access commitments), 내국민대우의 약속(nations treatment commitments), 기타 추가적인 약속(additional commitments) 최혜국대우의 면제가 기재된 국별 목록에 의하여 이루어진다.

1) 시장접근(Market-Access)

각 회원국 정부의 국별 양허계획서(schedule)에는 자국 시장에의 접근을 보장한 서비스 분야나 업종, 시장접근에 대한 제한 및 조건, 추가적 자유화 약속과 관련된 제반 조치, 그리고 그 약속의 이행을 위한 일정 등이 기재되어 있다.

각 회원국은 시장접근에 있어서 다른 회원국들의 서비스 공급자에게 자국의 양허 계획서에 규정된 조건 및 제한보다 불리한 대우를 해서는 안 된다.[6] 시장접근이 양허된 분야에 대해 양허계획서에 달리 규정되어 있지 않은 이상, 각 회원은 다음의 조처를 하거나 유지하지 말아야 한다. 서비스 공급자의 수에 대한 제한, 서비스 총 거래액 및 총자산에 대한 제한조치, 숫자 단위로 표시된 총 영업 횟수 및 총 산출액에 대한 제한조치, 특정 서비스 분야에 고용되거나 서비스 공급자가 공급하는 총 산출액에 한 제한조치, 특정 종류의 법인이나 합작회사의 형태를 취하도록 제한하는 조치, 그리고 외국인의 지분이나 투자총액에 대한 제한 등이다.[7]

2) 내국민대우(National Treatment)

각 회원국은 양허계획서에 기재된 분야에서 그 조건 및 자격요건에 따라 다른 회원국의 서비스 및 서비스 공급자에 대해 자국의 동종 서비스나 서비스 공급자

---

6) GATS 제16조 1항.

7) GATS 제16조 2항.

에게 부여하는 대우보다 불리하지 않은 대우를 하여야 한다. 내국민대우를 위해 국내의 서비스나 서비스 공급자에게 취해지는 조치와 형식으로 다른 조처를 할 수 있으나, 자국의 서비스 및 서비스 공급자에게 유리하게 경쟁의 조건을 바꾸게 되면 내국민대우에 어긋나는 것으로 간주한다.[8)]

서비스무역에서는 형식적으로 같은 조치라 할지라도 결과적으로 차별이 될 수 있다. 반면에 형식으로는 다른 조치라도 동등한 대우가 될 수 있다. 이 조항은 그 적용범위에 있어서 각 회원의 양허계획서에 기재된 분야와 그 조건 및 자격요건이 부가되어 있어서 GATT에서 일반적으로 인정되었던 내국민대우에 비해서는 종합적으로 보장되는 것은 아니다.[9)]

3) 추가적인 약속(Additional Commitments)

회원국들은 시장접근과 내국민대우에 한 사항 이외에 자격요건, 표준 또는 허가에 관련된 문제를 포함하는 서비스무역에 영향을 미치는 제반 조치에 관한 협상을 할 수 있으며, 이러한 약속은 각 회원국의 양허계획서에 명기되어야 한다.

4) 양허의 수정(Modification of Schedules)

양허 발효일로부터 3년이 지나면 언제라도 수정이나 철회할 수 있다. 이 경우, 피해당사자의 요청이 있으면, 관계 당사자는 보상을 위한 협상을 개시하여야 한다. 관계 당사자들 간의 합의가 이루어지지 않을 때는 피해당사자는 당해 사안을 중재에 부탁할 수 있다.[10)]

2.4 제4부: 점진적 자유화(Progressive Liberalization)

제4부는 앞으로 진행되는 양허는 점진적인 자유화에 따라 이루어져야 한다고 규정하고, 점진적 자유화의 내용이 무엇인지를 설명하고 양허표의 기재 내용, 양허표의 수정원칙을 제시하고 있다.

---

8) GATS 제17조.

9) 장효상, 1996, 『국제경제법』, 법영사, pp.315~323.

10) GATS 제21조 1항(a), 제2항(a), 제3항(a).

2.5 제5부: 제도 규정(Institutional Provisions)

제5부는 협의, 분쟁 해결과 시행, 서비스 이사회의 기능, 기술협력 그리고 다른 국제기구와의 관계를 명시하고 있다.

2.6 제6부: 최종 조항(Final Provision):

제6부는 서비스 협정의 혜택을 거부할 수 있는 조건과 주요 용어들의 개념에 대해 정의를 내리고 있다.

3. 부속서

GATS 협정문 마지막 부분은 6개 부속서로 구성되어 있는데 제2조, 즉 최혜국대우의 면제에 관한 것, 협정문에서의 서비스 공급, 자연인의 이동, 항공운송 서비스, 금융 서비스, 해운 서비스, 기본통신에 관한 협정 등에 관한 것들로 구성되어 있다.

이 부속서는 협정 본문 규정을 해석하거나 효율적인 적용을 위한 것이다. 즉, 협정 본문 각 규정을 서비스 분야별로 적용하는 데 있어서 필요한 해석(Interpretation), 명료화(Clarification), 보완발전(Elaboration), 수정(Modification), 적용 배재(Non-Application) 등 협정 본문의 보완 역할을 하는 것이지 분야별 부속서 그 자체가 어떤 서비스 공급활동을 개방하도록 하는 것은 아니다. 또한, 부속서는 '서비스무역에 관한 일반협정(GATS)'의 한 부분이기 때문에 모든 GATS 회원국에 부속서 규정이 적용된다.

3.1 최혜국대우 면제에 관한 부속서(Annex on Article II Exemptions)

협정 본문의 특정 조항 적용을 배제하는 것을 규정한 부속서이다. 개별 국가에 대한 최혜국대우 의무면제의 조건, 동 면제의 재검토 및 종료 등을 규정하고는 있으나, 각국 간의 첨예한 이해대립으로 인하여 구체적인 규율이 정립되지 못하였다. 즉, UR 협상 기간에 (GATS 발효 전) 각국의 최혜국대우 면제에 관한 합의 절차, 주어진 최혜국대우 면제의 향후 폐지 방식 등 중요한 사항이 빠져 있다.

본 부속서에 따르면 서비스 이사회는 면제 기간의 5년 이상인 사항은 모두 검토해야 하여, 협정 발효 후 5년 이내에 첫 번째 검토가 이루어져야 한다고 규정되어 있다. 이사회는 면제 사유가 계속 존재하는지와 추가 검토 일정을 정해야 한다. 원칙적으로 최혜국대우 면제는 10년을 초과해서는 안 되며 어느 경우에든 후속 라운드에서 재협상 대상이 되어야 한다.

3.2 자연인의 이동에 관한 부속서(Annex on Movement of Natural Persons Supplying Services under the Agreement)

서비스 협정에서 서비스 공급에 종사하는 자연인의 국경 간 이동에 관해서 협정 본문 규정(제1조: 정의 및 범위, 제28조: 용어의 정의)을 명료화하고 보완 발전시킨 부속서이다. 따라서 본 부속서가 그 자체의 규정에 따라 각국의 인력이동 허용범위에 관하여 일정한 의무를 설정하는 것은 아니며, 서비스 협정의 운용을 위하여 다음 사항을 규정하고 있다.

1) 서비스 협정 적용대상 인력의 범위

서비스 협정 회원국 국민으로서 그 자신이 서비스 공급자이거나 서비스 공급자에게 고용된 자연인을 대상으로 하며, 개별적인 구직자나 이민희망자는 제외된다.

2) 국가별 자연인의 입국·체류에 관한 적용 범위

국가별 인력이동의 허용범위는 국가 간 양허협상에 의하며, 모든 종류의 인력이 양허 협상대상이 된다. 따라서 국가별 약속내용은 서로 다르게 된다.

3) 각국의 정상적인 출입국관리 규제 권한 인정

자연인의 입국·체재를 규제하는 정상적인 조치(비자 발급 등)는 계속 허용된다. 단, 인력이동에 관한 그 나라의 시장접근 약속을 무효로 하거나 침해하지 않을 것을 조건으로 한다.

3.3 금융 서비스 부속서(Annex on Financial Services)

금융 서비스 부속서는 협정 본문 조문의 명료화, 보완발전뿐만 아니라 금융 서비스의 특성을 반영하기 위하여 특정 조문의 수정 및 적용배제와 추가사항도 규정하고 있다.

1) 협정조문의 명료화, 보완사항

협정 제1조(범위 및 정의) 3항 b)는 정부 권한 행사를 목적으로 공급되는 서비스는 협정적용 배제대상으로 규정하고 있다. 금융 서비스 부속서 1항(범위 및 정의)은 이를 더 자세하게 다음과 같이 규정하고 있다.

(1) 중앙은행이나 통화 당국 혹은 기타 공공기관이 통화 또는 환율정책 추진을 위하여 수행하는 제반 활동
(2) 공공 퇴직연금제 또는 법정 사회보장제도의 일부를 구성하는 제반 활동
(3) 공공기관이 정부 계정을 위하여 또는 정부가 보증하고 정부의 재원을 사용하여 수행하는 활동은 협정적용 대상 서비스에 포함되지 아니한다. 그러나 금융 서비스 공급자가 공공기관이나 다른 서비스 공급자와 경쟁 상태에서 활동을 수행할 때는 협정적용 대상 서비스에 포함된다.

2) 협정조문의 수정사항

금융 서비스 부속서 제2항(국내 규제)은 투자자, 예탁자, 보험가입자 등의 보호나 금융제도의 안정성을 확보하기 위한 금융감독규제(Prudential Regulation)에 대하여 협정 본문과는 달리 광범위한 예외를 허용하고 있다. 즉, 협정 제6조 상의 국내 규제는 시장접근 및 내국민대우에 대한 구체적 약속과 최혜국대우 의무를 준수하는 가운데 시행되어야 하나 금융 분야의 감독 목적의 규제는 필요한 경우 자국의 구체적 약속과 최혜국대우 의무를 침해할 수도 있다.

그러나 그러한 조치가 당해 회원국의 구체적 약속이나 일반 의무를 회피할 목적이 아니며 금융감독 때문이라는 것을 증명해야 한다.

3) 협정조문의 수정 및 적용배제 사항

협정 제7조(인정)는 인정조치의 대상으로서 외국 서비스 공급자가 외국에서 취득한 자격증, 면허, 학력, 경험 등을 규정하고 있다. 즉 변호사, 회계사 등의 외국 전문직업인의 자격을 국내에서 동등하게 인정해 주기 위한 것이다. 금융 서비스 부속서 제3항(인정)은 협정과는 달리 인정조치의 대상으로서 다른 나라의 금융감독 규제를 규정하고 있다. 이는 한 회원국 내에서 영업하고 있는 외국 금융기관이 자회사, 지사 등에 대하여 본국의 규제제도를 적용토록 허용함으로써 본·지점 간 또는 모기업과 자회사간 각종 영업방식, 회계기준 및 서류, 보고서 제출의무 등이 통일되어 영업상의 편의가 증신되도록 하기 위한 것이다.

한편, 금융 서비스 부속서는 협정 제7조 4항 b)의 적용을 배제하고 있다. 이 조항은 국가 간 상호인정에 관한 협정을 개시하기 전 사전통지 의무 등을 규정하고 있는데, 금융 분야의 경우 금융감독 규제의 인정에 관한 협상은 비밀을 유지할 필요가 있다는 이유로 적용이 제외된 것이다.

4) 협정조문에 추가사항

금융 서비스 부속서 제4항(분쟁해결)은 금융 분야의 분쟁패널에는 분쟁이 되는 사안에 대한 전문지식을 갖춘 자가 반드시 참석하여야 한다는 사항을 추가로 규정하고 있다. 또한, 부속서 제5항(정의)은 금융 서비스의 종류를 추가로 예시하고 있다. 다만, 이 정의는 예시적이기 때문에 목록에 제시되지 않은 서비스도 금융서비스의 성격이며 이 부속서의 적용대상이 된다.

3.4 통신 부속서(Annex on Telecommunications)

통신 부속서는 통신서비스 부속서가 아니다. 왜냐하면, 기본통신이나 부가가치 통신과 같은 통신서비스 공급활동과 관련하여 협정규정을 구체화하는 부속서가 아니기 때문이다.

통신서비스는 서비스 거래와 관련하여 이중적 역할을 가지고 있다. 즉 기본통신사업, 부가가치 통신사업 등 기업활동의 대상으로서 하나의 서비스 분야임과 동시에 다른 서비스의 공급 수단으로서의 역할도 가지고 있다.

예를 들면, 금융 분야의 경우 은행 본·지점 간 또는 지점 간 온라인 업무를 위해서는 공중통신망(전화망)을 통하여 각 지점의 컴퓨터 단말기가 서로 연결되어야 하며, 항공분야의 컴퓨터 예약서비스도 공중통신망을 통하여 각 여행사의 컴퓨터 단말기가 서로 연결되어야 한다. 이 외에도 서비스의 원활한 공급을 위해서 공중통신망을 사용하는 서비스 분야는 수없이 많다. 통신 부속서는 기본적으로 이와 같은 다른 서비스의 공급수단으로서의 통신의 역할이 잘 발휘될 수 있도록 하기 위한 다자간 규율을 정한 것으로서 '통신망 이용에 관한 부속서'라고 말할 수 있다. 부속서의 주요 내용은 다음과 같다.

1) 공중통신전송망 및 공중 통신 전송 서비스의 접근 및 이용(협정 제1조 2항 및 제28조 C, ii)의 명료화 및 보완발전

어느 회원국이 자국의 서비스 공급자라면 자국의 정부는 타 서비스 공급자가 자국 양허표에 포함된 서비스 공급을 위하여 무차별적인 조건으로 공중 통신 전송망(Public Telecommunications Transport Networks: PTTN) 및 공중 통신 전송서비스(Public Telecommunications Transport Services: PTTS)에 접근하고 이용할 수 있도록 보장해야 한다. 보다 구체적으로는 다음 사항들을 보장해야 한다.

(1) 서비스 공급에 필요한 망(network)과의 접속을 위한 단말장치 또는 관련 장비의 구입, 임차 및 부착
(2) 시설전용 또는 소유 회선과 다른 서비스 공급자의 회선이나 공중통신 전송망(PTTN) 및 공중 통신 전송 서비스(PTTS)와의 상호접속
(3) 서비스 공급자가 선택한 프로토콜의 사용

2) 기타 협정조문의 구체화

협정 제4조(개도국의 참여증대), 제25조(기술협력), 제26조(타국제기구와의 관계)와 관련, 국제통신연합(International Telecommunications Union : ITU)의 역할, 인정 및 협력 등을 규정하고 있다.

3.5 항공운송 서비스에 관한 부속서(Annex on Air Transport Services)

항공운송 서비스 부속서는 협정규정의 적용을 배제하기 위한 대표적 부속서이다. 항공운수권 및 이와 직접 관련되는 서비스(지상조업 등)는 상호주의를 원칙으로 양자 협정체제 하에 운영되고 있어 다자협정을 적용하는 것이 불가능하므로 항공운송 서비스 부속서에 의하여 서비스협정 적용이 배제되고 있다. 이 부속서의 주요 내용은 다음과 같다.

1) 서비스협정 적용배제 대상 서비스의 규정

항공 운수권과 항공 운수권의 행세에 영향을 미치는 직접 관련 서비스에 대하여는 서비스협정의 모든 규정의 적용이 제외된다. 따라서 운항권 및 직접 관련 서비스에 대하여는 서비스 협정상의 분쟁 해결도 제외되며, 다만 한 회원국이 구체적 약속을 한 서비스에 대해서는 양자 간 항공협정이나 시카고 협정상의 분쟁 해결 절차를 모두 거친 이후에 서비스협정 상의 분쟁 해결 의뢰가 가능하다.

2) 서비스협정 적용대상

항공기수선·유지 서비스, 항공운수서비스 판매와 마케팅, 컴퓨터 예약서비스 등 항공 보조 서비스만 서비스협정이 적용된다.

4. 각료회의 결정 및 양해각서

서비스무역에 관한 8개의 각료회의 결정과 1개의 양해각서가 있다. 이들은 서비스 일반협정을 위한 기구 구성에 관한 결정, 서비스 일반협정을 위한 특정분쟁해결절차에 관한 결정, 서비스무역과 환경에 관한 결정, 자연인의 이동에 대한 협상에 관한 결정, 금융 서비스에 관한 결정, 해운 서비스 협상에 대한 결정, 기본통신협상에 관한 결정, 전문서비스에 관한 결정, 금융 서비스 양허에 관한 양해각서가 있다.

제2절 서비스 산업 규제

GATS 회원국들의 서비스 산업 규제 정도는 서로 상이하나 규제의 기본 골격은 대체로 유사하다고 할 수 있다.

1. 상업적 주재에 관한 규제

1.1 상업적 주재

회원국들은 외국기업의 자회사 설립, 합작투자, 지사·대표 사무소 설립 등에 관하여 서비스 분야별 구분을 하지 않고 공통으로 적용되는 법규를 운영한다. 한국의 외자도입법 및 외국환거래법과 관련 규정·규칙 등이 이에 해당한다.

또한, 각국은 공급되는 서비스의 질이나 서비스 공급자의 자격을 규제할 목적으로 통신, 금융, 건설 등 개별 산업별로 각종 인·허가, 면허, 등록, 신고 등 신규사업 개시에 관한 규제와 각종 영업활동에 관한 규제를 하고 이러한 규제들은 대부분 내·외국인에게 적용되며 분야별 개별법령에 기초하고 있다. 한국은 전기통신기본법, 은행법, 건설업법, 해운산업육성법 등 수많은 개별법령을 운영하고 있다.

1.2 규제의 범위 및 대상

다양한 서비스 산업을 규제(regulations)하는 다양한 법규가 모두 서비스 협정에 기초한 자유화 대상이 되는 것은 아니다. 개별법령에 의한 규제 중 내·외국간 차별이 없는 규제, 즉 각종 인·허가, 등록기준 중 내·외국인에게 똑같이 적용되는 최소자본금 요건, 시설기준, 기술인력 보유기준 등은 합법적인 국내 규제로 인정되기 때문에 구체적 약속(specific commitments) 대상에서 제외된다. 그러나 개별법령에 따른 규제라 하더라도 내·외국인 간 차별적인 규제는 시장접근이나 내국민대우에 대한 제한(restrictions) 조치로서 자유화 협상 대상이 된다. 왜냐하면, 이 법규상의 규제들은 국내에 투자하고자 하는 외국인 또는 외국 기업에 대하여만 적용되는 조치들이기 때문이다. 어떤 서비스 분야의 외국인 투자를 아예 금지한다든지 외국인 지분을 상한을 규정한다든지 또는 순수 내국기업을 설립할 때는 적용되지 않는 별도의 인허가 기준을 운영한다든지 하는 것들이 이에 해당한다.

2. 서비스 공급인력 주재에 관한 규제

2.1 서비스 공급인력[11] 주재

서비스 공급인력의 주재를 규제하는 법규도 서비스 분야와는 관계없이 공통으로 적용되는 출입국 관련 법규 및 고용·근로 관계 법규와 서비스 분야별 개별법령으로 크게 나눌 수 있다. 서비스 공급인력의 주재를 단계별로 구분해 보면 입국(entry), 체류(stay), 취업(work) 등 3단계로 구분할 수 있다. 대부분의 나라가 3단계 별로 각각 별도의 법령을 운영하고 있어서 실제 외국인에 대한 허가과정은 나라에 따라 달라서 이 세 가지에 대한 허가를 일괄해서 처리하기도 하고 각기 구분하기도 한다. 그러나 문제가 되는 것은 입국·체류·취업을 자동으로 허가할 의무를 지느냐 하는 것이다.

또한, 각국의 서비스 분야별 개별법령 중 서비스 공급인력의 주재와 관련되는 부분은 주로 전문직업인의 자격에 관한 규제라고 할 수 있다. 어느 국가든지 변호사, 회계사, 의사, 엔지니어 등과 같은 전문직업에는 아무나 종사할 수 있는 것이 아니라 그 나라에서 인정하는 자격을 보유한 사람이 당해 서비스를 공급할 수 있도록 규정하고 있다.

2.2 규제의 범위 및 대상

서비스 분야별 개별법령에 따른 규제 중에서 서비스 공급자의 자격에 대한 규제는 양허표에 기재될 필요가 없는 합법적 국내 규제이다. 즉, 국내에서 법률서

11) 자연인의 주재.

비스, 회계 서비스, 건축설계 서비스 등의 전문서비스를 공급하기 위해서는 국내 변호사, 회계사, 건축사 자격을 취득하도록 하는 것은 제한조치가 아니다. 따라서 외국 변호사, 회계사, 건축사 자격증을 소지하고 있는 자라 하더라도 내국인과 같은 시험을 치르도록 하는 것은 문제가 되지 않는다. 시험 과정에서 통역 서비스를 제공하지 않고 한국어로 응시하도록 하는 것도 제한조치가 아니다.

그러나 응시 자격을 국내인에 한정하는 국적 요건, 응시 전 일정 기간 또는 자격취득 후 서비스 공급 기간 국내에 거주하도록 하는 거주 요건, 대졸·고졸 등의 일반적인 학력 요건이 아닌 국내 학교 졸업요건 등은 외국인에 대하여 차별적인 조치로서 내국민대우에 대한 제한이므로 양허표에 기재되어야 한다.

한편 출입국 관련 법규 및 고용·근로 관계 법규에 따른 규제에 있어서 입국, 체류, 취업에 대한 허가제도 자체는 서비스 협정상의 제한조치가 아니다. 그러나 생산과 소비가 동시에 이루어져야만 하는 서비스의 특성상 서비스 공급인력의 주재가 안정적이지 않으면 서비스협정의 목적인 서비스무역 자유화를 달성할 수 없게 되므로 각국이 일정 범주의 인력에 대하여 구체적 약속을 하고 동 범주에 해당하는 외국의 서비스 공급인력에 대하여는 자동으로 입국, 체류, 취업을 허가하게 된다. 물론 각국이 약속하는 인력의 범위는 서로 다를 수 있다.

3. 국경 간 서비스 공급과 서비스의 해외소비에 대한 규제

3.1 국경 간 서비스 공급과 서비스의 해외소비

서비스의 국경 간 공급과 해외소비를 분야별 구분 없이 수평적으로 규제하는 대표적 법규로는 외환 통제 관련 법규, 조세 관계 법규, 통신 관계 법규 등을 들 수 있다. 서비스 분야별 개별법령으로는 금융·보험 분야의 국경 간 서비스 공급 또는 해외소비를 직접 금지하거나 제한하는 조치, 기타 운송 서비스, 영상·음향 서비스 분야 등에서 서비스무역을 제한하는 조치가 많다.

3.2 규제의 범위 및 대상

현재 실물경제에서 실제 발생하는 서비스 제품 자체의 국경 간 공급은 국제수지 통계상 경상 무역 외 거래로 파악되는 거래로서 외국 선사에 대한 화물운임 지급, 화물운송 보험료 지급, 외국 항공사에 지급되는 여객운임 지급, 기타 용역 구입 등을 대표적인 예로 들 수 있다. 정부가 외환 통제 관련 법규나 개별법령에 따라 이들 거래의 일부를 금지하거나 정부의 자유재량에 의하여 사례별로 허가할 때는 자유화 협상 대상이 된다. 해운의 경우, 특정 화물의 운송을 국내 해운업자만이 할 수 있도록 조치함으로써 무역업자들이 수출입화물 운송 의뢰 시 자유로이 상업적 고려로 제일 경제적인 해운업자를 선택할 수 없도록 하는 조치가 여기에 속한다. 또 금융의 경우, 국내에 영업점포를 가지고 있지 않은 외국은행에는 예금 가입을 할 수 없도록 하는 조치들이 이에 해당한다.

국가가 특정 거래를 직접 금지·제한하는 조치뿐만 아니라 간접적으로 외국 서비스 공급자로부터의 서비스 구매를 억제하는 조치도 자유화 대상이 된다. 예를 들면 외국 보험회사에 가입한 보험에 대하여는 국내 보험과는 달리 소득세 등 조세 감면 혜택을 주지 않는 조세 법규상의 조치가 이에 해당한다.

서비스의 해외소비는 주로 관광, 교육, 의료 분야에서 많이 발생하는 거래로서 내국인이 해외에서 지출하는 관광경비, 유학생의 해외 유학 경비, 외국에서 지출되는 의료경비 등이 이에 해당한다. 외환 통제법규에 따른 해외여행 경비 제한, 유학 경비 송금 제한, 여권법 등 개별법령에 따른 관광객의 출국 제한, 관광객의 출국 시 일정액의 세금징수조치 등이 자유화 협상 대상이다.

이처럼 국경 간 서비스 공급이나 서비스의 해외소비에 대한 규제조치는 관계되는 분야가 많지는 않으나 조치 자체가 대부분 서비스무역을 직·간접적으로 제한하는 효과가 있어서 자유화 협상 대상이다.

제8장 FTA와 서비스무역

제1절 서비스무역 자유화 방식

1. GATS의 최혜국대우 예외

1.1 최혜국대우 예외 요건

서비스무역에 대한 일반협정인 GATS 제5조[1]는 WTO 회원국들이 양자 간 또는 여러 당사자 간 서비스무역을 자유화하는 협정을 체결하는 것을 허용한다.[2]

---

1) Article V Economic Integration

1. This Agreement shall not prevent any of its Members from being a party to or entering into an agreement liberalizing trade in services between or among the parties to such an agreement, provided that such an agreement: (a) has substantial sectoral coverage, and (b) provides for the absence or elimination of substantially all discrimination, in the sense of Article XVII, between or among the parties, in the sectors covered under subparagraph (a), through: (i) elimination of existing discriminatory measures, and/or (ii) prohibition of new or more discriminatory measures, either at the entry into force of that agreement or on the basis of a reasonable time-frame, except for measures permitted under Articles XI, XII, XIV and XIV bis.

2) 최혜선, 2017, 지역무역협정에서의 서비스무역의 규율 -우리나라 기체결 지역무역협정을 중심으로-,

이는 상품무역에 관한 일반협정 제24조에 대응하는 조항인데, 일정한 요건 하에 협정 제2조에 따른 최혜국대우 원칙에 대한 예외를 인정하는 것이다. 이러한 예외를 인정하는 근거는 자유무역협정이 무역자유화를 추구하는 GATT나 GATS의 기본 목적과 부합하며, 자유무역협정이 확대될 경우 궁극적으로 세계 무역 장벽의 철폐로 이어져 세계 자유 무역을 확대시킬 것이라는 데 있다.[3)]

GATS 제5조에 따른 서비스무역을 자유화하기 위한 자유무역협정이 최혜국대우 원칙에 대한 예외로서 허용되기 위해서는 동조에 규정된 일정한 요건을 충족하여야 한다. 이는 GATT 제24조의 요건을 기초로 하고 있지만 같지는 않다.[4)] GATS 제5조에서 규정하고 있는 요건을 분석해 보면 첫째, 자유무역협정이 분야별 상당한 대상 범위를 가져야 한다(제5조 제1항 (a)). 이는 대상 서비스 분야의 수, 무역량, 공급 형태 등 모든 면에서 실질적으로 상당한 서비스 분야를 대상으로 무역 자유화를 실현해야 한다는 의미이다(동조 제1항 (a)의 각주).

둘째, 자유무역협정은 협정 당사국 간에 서비스 분야에 대한 모든 차별조치를 실질적으로 철폐하여야 한다. 이는 기존의 차별조치와 신규 혹은 더욱 차별적인 조치를 금지하는 것이다. 협정 당사국은 모든 차별조치를 협정의 발효 시 또는 합의된 계획에 따라 없애거나 폐지하여야 한다. 다만, 제11조(지급 및 이전), 제12조(국제수지방어를 위한 수입제한), 제14조(일반적 예외), 제14조의 2(국가안보 예외)에 따라 허용되는 조치는 예외로 한다(제5조 제1항 b).[5)] 두 번째 요건에 따라 자유무역협정의 당사국은 타방 당사국의 서비스 및 서비스 공급자에게 자국 서비스 및 서비스 공급자에게 부여하는 대우보다 불리하지 아니한 대우를 부여하여야 한다. 셋째, 자유무역협정은 양 당사자 간의 무역을 촉진하기 위한 것이어야 하며, 협정의 당사국이 아닌 회원국에 대해서 협정체결 이전에 적용 가능한 수준과 비교하여 서비스무역에 대한 전반적인 장벽의 수준을 높여서는 안된다(제5조 제4항).[6)] 앞의 첫 번째와 두 번째 요건이 자유무역협정 당사국 내부적으로

전남대학교 법학연구소 법학연구, 제37권 제2호, pp.267-286.

3) 박노형 외 공저, 2013, 신국제경제법, 박영사, p.569.

4) 박노형 외 공저, 앞의 책, p.569.

5) 법무부, 2000, GATS 해설서, p.147.

6) 4. Any agreement referred to in paragraph 1 shall be designed to facilitate trade between the

적용되는 역내 요건이라면 세 번째 요건은 비당사국과의 관계에서 적용되는 역외 요건이라 할 수 있다.[7]

GATS 제5조는 GATT 제24조와 달리 개발도상국에 대한 특례를 규정하고 있는데, 개발도상국이 자유무역협정의 당사국이면 전반적이고 개별적인 서비스 분야 및 업종에서 관련 국가의 발전수준에 따라 위의 요건 중 두 번째 요건의 적용에 있어 융통성을 부여하고 있다.[8]

1.2 서비스무역 자유화의 전개

자유무역협정에서 서비스무역의 자유화 작업은 상품무역에 대한 협정과 별도의 조항에 근거하고 있다. 이 조항에 따르면 협정의 당사국은 이러한 협정의 체결 등에 대하여 WTO의 서비스 이사회에 별도의 통보를 해야 한다.[9] 즉 자유무역협정 협상에 있어 반드시 상품무역과 서비스무역 분야를 동시에 진행하거나 또는, 하나의 협정에 담아야 하는 것은 아니다.[10]

그런데 많은 국가가 자유무역협정 협상 때 대체로 상품무역과 서비스무역에 대한 협상을 함께 진행하기 때문에 대다수의 자유무역협정에서 두 분야의 협상 결과가 단일한 협정문 안에 규정되고 있다.[11] 실제로 많은 자유무역협정 협상때 상품무역, 서비스무역 이외에도 지식재산권, 위생 및 식물위생(SPS), 정부조달, 노동, 환경 등 다양한 분야에 대하여 분과를 나누어 동시에 협상을 진행하며 분과별 협상 결과를 별도의 챕터에 담아 단일한 협정문으로 만들었다. 한국의 기체결 자유무역협정 중 대표적인 한-미 FTA의 경우에도 하나의 협정문 안에 제2장에서는 상품무역을, 제12장에서는 서비스무역에 대하여 규율하고 있다.[12]

---

parties to the agreement and shall not in respect of any Member outside the agreement raise the overall level of barriers to trade in services within the respective sectors or subsectors compared to the level applicable prior to such an agreement.

7) 박노형 외 공저, 앞의 책, p.571.

8) GATS 제5조 제3항 (a).

9) GATS 제5조 제7항 (a).

10) 박노형 외 공저, 앞의 책, p.572.

11) 박노형 외 공저, 앞의 책, p.573.

12) 최혜선, 2017, 자유무역협정에서의 서비스무역의 규율 -우리나라 기체결 자유무역협정을 중심으

그러나 드물기는 하지만 상품무역에 관한 자유무역협정과 서비스무역에 관한 지역 무역협정을 별도로 체결하는 때도 있다. 한국이 이미 체결한 자유무역협정 중 한-아세안 FTA는 상품무역에 대한 협상 개시 및 협정 체결을 먼저 진행하였고, 상품무역에 대한 협상 쟁점이 상당 부분 합의를 이룬 이후 서비스무역에 대한 협상이 개시되어 후에 협정이 체결되었다.[13]

자유무역협정 협상에서 서비스무역 분야의 협상은 당사국간 서비스무역 거래에 준수하여야 할 규범을 정하는 협정문 협상과 당사국의 자유화 정도를 정하는 양허안(또는 유보안) 협상으로 나누어 진행된다. 서비스무역 협상 분과를 두 개로 나누어 진행하는 것은 아니며, 하나의 분과에서 두 개의 큰 주제를 구별하여 다루는 것이다.[14]

또한, 서비스 분야 중 다른 서비스 분야와 특별히 구별되는 고유성을 지닌 일부 서비스 분야의 경우 일반적인 서비스무역에 적용되는 협정문이 아니라 별도의 협정문이 적용되도록 협상을 체결할 수도 있다. 이러한 별도의 협정문은 일반 서비스무역 협정문과 분리되어 규정된다. 한·미 FTA의 경우 금융 서비스, 통신 서비스, 전자상거래에 관한 규범이 별도로 마련되었다.[15]

2. 서비스무역 자유화의 방식

자유무역협정을 통하여 서비스무역을 자유화한다는 것의 의미는 일차적으로는 협정 상대국의 서비스 공급자가 자국의 소비자에게 서비스를 공급하도록 허락한다는 의미이다. 이차적으로는 개방한 서비스 분야의 공급자에게 부여하는 대우를 자국 내 동종 서비스 공급자와 동등하게 하는 등 협정 상대국 서비스 공급자에게 기타 추가적인 의무를 부과하지 아니하는 것이다.[16]

자유무역협정에서 서비스무역 자유화의 방식은 여러 가지가 존재할 수 있으나,

로-, 전남대학교 법학연구소 법학연구, 제37권 제2호, pp.267-286.

13) 한-아세안 FTA 일지 참조(http://fta.go.kr/main/situation/kfta/lov5/asean/1/2/).

14) 서비스 양허안은 서비스 협정문의 부속서(Annex)로서 자유무역협정의 일부를 구성하게 된다.

15) 한-미 FTA 협정문 참조(http://fta.go.kr/us/doc/1/).

16) 박노형 외 공저, 앞의 책, p.573.

기본적으로 두 가지 정도로 분류할 수 있다. 하나는 포지티브 리스트 방식(positive list approach)라 하여 각 당사국이 개방하고자 하는 서비스 분야에 대해서 리스트를 작성하는 방식이다. 이러한 방식에 따라 작성된 자유화 계획표를 양허표(schedule of specific commitment)라 한다. 다른 하나는 네거티브 리스트 방식(negative list approach)이다. 이는 각 당사국이 개방하지 않고자 하는 서비스 분야에 대해서 리스트를 작성하는 방식이다. 이러한 방식에 따라 작성된 자유화 계획표는 유보 리스트(Reservation list)라고 불린다.[17]

2.1 포지티브 리스트 방식에 따른 자유화

포지티브 리스트 방식은 자유무역협정의 상대국에게 개방할 서비스 분야, 하위 분야, 업종을 기재하고, 해당 분야에 대하여 서비스의 무역 형태별[18] 가지고 있는 제한사항을 시장접근 분야와 내국민대우 분야로 나누어 기재하는 방식이다. 이 방식에 따르면 양허안에 기재하지 않은 그 밖의 서비스 분야, 하위 분야, 업종은 상대국에게 개방되지 않는다.

포지티브 리스트 방식을 채택한 자유무역협정의 서비스 협정문은 시장접근과 내국민대우 등 관련 의무 조항에서 '자국의 양허표상에 합의되고 명시된 조건·제한 및 요건에서' 또는 '자국의 양허표 안에 기재된 분야에 있어' 등과 같이 양허표에서 개방하기로 한 분야에 대해서만 서비스 협정문 상의 의무가 적용된다는 점을 명시하는 문구를 둔다.[19]

개방대상인 서비스 분야에 대해 포지티브 리스트 방식을 채택하는 자유무역협정의 경우 상대국에게 개방할 서비스 분야에 대해서는 기재하여야 개방되는 방식을 취하지만, 반대로 개방하고자 하는 서비스 분야에 부과되는 제한 즉 시장접근

17) 고준성, 2008, "FTA의 서비스무역규정 조문별 유형분석 : 한국의 협상 가이드라인의 모색", KIET 산입연구원, pp.79-80.

18) GATS는 서비스의 무역형태를 ① 국경간 공급, ② 해외소비, ③ 상업적 주재, ④ 자연인의 주재 이렇게 네 가지로 분류하고 있는데, 자유무역협정에서 포지티브 리스트 방식에 따른 자유화를 하는 경우 이러한 분류에 따라 양허안을 작성하고 있다. 한철수, 1994, 서비스 산업 개방과 WTO, 다산출판사, p.72.

19) 박노형 외 공저, 앞의 책, p.574

제한, 내국민대우 제한 등에 대해서는 각 당사국이 자국 양허표에 서비스 분야, 하위 분야, 업종별로 기재한 조치에만 유지할 수 있다. 즉, 엄밀히 말해서 개방대상 서비스 분야에 대해서는 포지티브 리스트 방식을, 그 분야에 부과할 제한사항에 대해서는 네거티브 리스트 방식을 채택한다고 할 수 있다.[20]

포지티브 리스트 방식에 따라 작성된 당사국의 서비스 양허표는 크게 수평적 양허 부분(horizontal commitment)과 분야별 구체적 약속 부분(sector specific commitment)으로 구성된다. 수평적 양허란 양허표에 포함된 모든 분야에 대하여 공통적으로 적용되는 사항으로 양허표 작성국이 유지하고자 하는 서비스무역에 대한 제한인데, 시장접근에 대한 제한과 내국민대우에 대한 제한으로 나누어 서비스무역 공급형태별로 기재한다.[21] 구체적 약속이란 개방을 약속한 서비스 분야, 하위 분야, 업종을 기재하고 그 분야에 대한 제한사항을 시장접근에 대한 제한과 내국민대우에 대한 제한으로 나누어 서비스무역 공급형태별로 기재한 것이다.

2.2 네거티브 리스트 방식에 따른 자유화

네거티브 리스트 방식은 자유무역협정의 당사국이 개방하지 않고자 하는 서비스 분야를 유보 리스트에 기재하는 방식이다. 이 방식은 기본적으로 모든 서비스 분야의 자유화를 전제로 해서 기재하지 않으면 개방하는 것으로 간주하여 포지티브 리스트 방식보다 자유화 비율이 높아진다. 따라서 유보 리스트를 작성할 때 더욱 주의가 필요하다다. 일반적으로 유보 리스트는 현재 외국 서비스 및 서비스 공급자에 대하여 개방하지 않을 분야와 그 분야에 대한 비합치조치(non conforming measures)[22]를 기재하는 현재 유보 리스트(부속서 I)과 현재는 외국 서비스 및 서비스 공급자에 대하여 제한사항이 없으나 미래에 특정 서비스 분야의 보호를 위하여 정부에게 비합치조치를 도입할 권한이 있음을 포괄적으로 기재하는 미래

20) 이러한 유형의 서비스무역 자유화 방식을 GATS식 혼합형 방식이라 부르기도 한다. 박노형 외 공저, 앞의 책, p.574.

21) 박노형 외 공저, 앞의 책, p.575.

22) 비합치조치란 자유무역협정 서비스협정상 관련 의무(시장접근, 내국민대우 등)에 위배되는 조치를 말한다.

유보 리스트(부속서Ⅱ)로 나누어 작성 된다. 현재 유보 리스트에 기재된 당사국의 비합치조치에 대해서는 서비스협정문의 관련 의무인 내국민대우, 시장접근 등이 적용되지 않는다. 미래 유보 리스트에 기재된 서비스 분야에 대해 당사국은 유보의 범위 내에서 미래에 비합치조치를 도입하는 것이 허용된다.[23]

네거티브 리스트 방식을 채택한 자유무역협정의 서비스협정문은 시장접근과 내국민대우 등 관련 의무 조항에서 포지티브 리스트 방식을 채택한 자유무역협정의 서비스 협정문과 달리 해당 의무가 일반적으로 적용됨을 규정하고 있다. 즉 "각 당사국은 동종의 상황에서 자국의 서비스 공급자에게 부여하는 것보다 불리하지 아니한 대우를 다른 쪽 당사국의 서비스 공급자에게 부여한다."라고 규정하여[24] 의무의 적용범위를 양허표에 기재한 서비스 분야만으로 제한하지 않는다.

또한, 네거티브 리스트 방식을 채택한 자유무역협정의 서비스 협정문에는 '최저 자유화수준 보장(standstill) 조항' 또는 '자유화수준 후퇴 금지(ratchet mechanism) 조항'이 포함된다. 최저 자유화수준 보장 조항이란 현재 유보 리스트에 기재된 모든 비합치조치에 대하여 이를 협정 발효 시점을 기준으로 유보 리스트에 작성한 수준보다 자유화하는 것만 허용하는 조항이다. 반면, 자유화 수준 후퇴 금지 조항이란 최저 자유화 수준 보장 조항보다 엄격한 의무를 부과하는 조항으로 당사국이 유보 리스트에 작성한 이후 자발적으로 자유화 수준을 높인 경우 이처럼 높아진 자유화 수준을 기준으로 이보다 자유화를 후퇴하는 것을 금지하는 조항이다.[25]

제2절 FTA와 서비스무역

지유무역협정(Free Trade Agreement: FTA)을 중심으로 한 지역주의(Regionalism)가 가속화되고 있다. 이러한 지역주의의 경향은 과거 GATT 체제보다 현재의

23) http://fta.go.kr/webmodule/_PSD_FTA/us/data/13/k_us_12.pdf.
24) 한-미 FTA 제12장 서비스 협정문 제12.2.
25) 박노형 외 공저, 앞의 책, p.577.

WTO 체제에서 오히려 확산하는 경향을 보인다. 세계 각국의 FTA 체결 경쟁은 도하개발어젠다(DDA)의 영향을 받지 않고 한층 가속화되고 있으며, WTO 각료회의를 통해서 의미 있는 합의를 못한 까닭에 많은 국가가 양자 간 자유무역협정에 더욱 의존하는 경향이 더욱 높아졌다.26)

FTA를 포함한 자유무역협정(Regional Trade Agreement: RTA)의 발효 건수를 살펴보면 1958년~1994년 GATT 체제에서는 43개가 발효되었으나, 그 이후 1995년~2000년까지는 53개, 2001년~2005년까지 87개, 2006년부터 2011년 9월까지는 118개로 지속으로 확대되는 추세다.27)

FTA에서 서비스무역은 국내 서비스가 해외시장에 효과적으로 진출할 수 있도록 하기 위한 노력과 더불어 국외 서비스가 국내로 유입되어 국내 서비스 산업의 경쟁력을 강화하기 위한 방향으로 추진되고 있다. 그러나 서비스의 특수성과 거래방식의 복잡성으로 인해 협상이 쉽지 않기 때문에 한 협정을 어떻게 체결할 것인가도 쉽지 않은 분야이다.

상품 분야의 경우 관세장벽에서는 관세율 협상을 통하여 현재 수준보다 낮거나 무관세로 방향을 잡고 협상을 추진하고, 비관세장벽의 경우는 해당 장벽에 대하여 협상을 통하여 비관세장벽을 제거하는 형태로 진행된다. 서비스의 경우는 각각의 모든 서비스에 대하여 어떤 방법으로 어디까지 시장을 개방할 것인가에 대하여 일일이 협상을 해야 하는 어려움이 존재한다.

1. FTA 서비스무역 규범

한·미 FTA, 한·EU FTA, 한·베트남 FTA와 한·칠레 FTA는 조금 더 세부적으로 서비스의 공급 형태에 대하여 명시하고 있다. 서비스무역 규범에 대한 예외적용을 명시한 분야 또한 대부분의 FTA에서 유사성을 띠고 있다.28) 예외 적용을

26) 이재영, 2012, FTA에 있어 서비스무역의 활성화 방안에 관한 연구, 통상정보연구 제14권 3호, PP.407~428.

27) 명진호, 2011, 주요국 FTA 추진 동향과 시사, 한국무역협회 국제무역연구원.

28) 정보통신정책학회, 2017, 12. 새로운 산업·무역에 대응하기 위한 통상전략 수립.

명시하고 있는 내용은: (1) 정부권한 행사로 공급되는 서비스, (2) 정부조달, (3) 국내 및 국제 항공 운송 서비스, (4) 당사국이 제공하는 보조금 및 무상교부이며, 이 외에도 (5) 고용시장에 접근하고자 하는 자연인에 영향을 미치는 조치, (6) 국경 관련 조치 등을 포함하고 있다. 한·EU FTA의 경우에는 '정당한 정책 목적을 달성하기 위한 규제 및 새로운 규제의 도입'에 대하여 예외를 추가적으로 명시하고 있으며, 한·인도 CEPA의 경우에는 신(新) 금융서비스를 포함하는 신규 서비스에 대하여 FTA 발효이후 서비스 시장의 추가 자유화에 따라 FTA 서비스무역 규범의 적용을 받도록 고려할 것을 명시하고 있다.

1.1 내국민대우

FTA 서비스무역 규범에서의 내국민대우 규정은 크게 두 가지 형태로 구분된다. 불리하지 않은 대우를 부여하는 비교 기준이 '동종의 서비스 및 서비스 공급자에 부여하는 대우 또는 '동종의 상황에서 자국의 서비스 공급자에 부여하는 대우'로 구분되고 있다.[29] 여기서 '동종의 상황(like circumstances)'이란 "적법한 공공정책 목적에 따라 서비스 및 서비스 공급자를 구분하여 대우를 제공하는 등 전체적 상황을 고려하는 것"이라 설명하고 있는데,[30] 아직 이 문구에 대한 해석 및 적용된 사례가 존재하지 않아 정확한 의미는 불명확하다. 그러나 '전체적인 상황(totality of circumstances)'을 고려할 것을 주문하고 있는 것으로 보아 동종성(likeness)의 개념이 더욱 확대 적용되는 법적 근거를 마련하고자 한 것으로 판단된다. 이에 따라 한·미 FTA 서비스무역 규범에 근거하여 당사국 간 분쟁이 발생하였을 경우, 내국민대우 규정의 위반 여부를 판단하기 위한 법적 근거가 더욱 확대되어 차별적 조치가 존재한다는 판정 가능성이 더욱 높아질 것으로 분석된다.

1.2 최혜국대우

FTA 서비스무역 관련 최혜국대우 규정은 협정 당사국이 추후 체결하는 무역협

---

29) 정보통신정책학회, 2017, 12. 새로운 산업·무역에 대응하기 위한 통상전략 수립.
30) TPP 국경간 서비스무역 협정(제10장).

정의 자유화 수준에 영향을 미치므로 포함 여부에 대한 정책적 판단이 필요한 규정이다. 즉, FTA에 최혜국대우 규정이 포함되지 않으면 협정 당사국들은 향후 체결하게 되는 무역협정의 혜택을 기체결 FTA의 체결국에게 동일하게 부여할 의무가 발생하지 않으므로, 향후 체결하는 FTA의 자유화 수준에 있어 제약이 없다. 반면, 최혜국대우 규정이 포함되면서 향후 체결하게 될 무역협정에 대한 예외적용 규정이 포함되지 않는 경우, 협정 당사국들은 향후 체결하는 무역협정의 내용을 기체결 FTA의 상대국에게 모두 적용해야 하므로 미래에 체결하게 될 FTA의 자유화 수준은 제약을 받게 된다. 이에 따라 대부분의 FTA는 최혜국대우 규정을 포함할 경우 '경제통합' 예외 규정을 포함하여 미래 최혜국대우 적용을 하지 않도록 명시하고 있다. 이와 같은 방식은 TiSA[31)]도 따르고 있으며, 한·EU FTA, 한·미 FTA도 따르고 있다.

한·EU FTA는 "FTA의 발효 후 서명된 경제통합협정에서 제3국의 동종 서비스와 서비스 공급자에게 부여하는 것보다 불리하지 않은 대우를 부여한다."라고 명시하고 있으나 후속 조항에서 추후에 서명되는 경제통합협정이 기존 FTA보다 상당한 더 높은 수준의 의무를 규정하여 이에 상응하는 대우가 부여되어야 하는 경우에만 미래 최혜국대우 의무로부터 제외된다고 언급하고 있다. 즉, 향후 체결하는 FTA의 자유화 수준이 더 높은 경우에는 기체결 FTA 당사국에 대한 최혜국대우 부여를 하지 않는다는 것이다. 한·미 FTA의 경우에는 "동종의 상황에서 비당사국의 서비스 공급자에게 부여하는 것보다 불리하지 않은 대우"를 부여한다고 되어 있으며, 각주를 통해 이 조항이 적용범위를 확대시키는 것으로 해석되지 않는다고 설명하여 미래 최혜국대우 적용의 가능성을 차단하고 있다. 한·인도 CEPA와 한·베트남 FTA는 추후 체결되는 서비스무역 관련 협정에 대하여 미래 최혜국대우 부여가 요청되는 경우 이를 양 당사국이 채택한 약속의 '전체적 균형'을 유지하도록 부여 여부를 고려한다고 명시하고 있어, 해당 사안별로 당국이 결정하도록 재량권을 부여하는 방식으로 규정을 마련하고 있다.

---

31) Trade in Service Agreement, WTO의 23개 회원국으로 이루어진 서비스무역 관련 협정. 2013. 3월에 협상을 시작하였고, WTO의 GATS 조항을 기본 근거로 서비스 시장 개방을 논의하였다.

1.3 시장접근

FTA 서비스무역 규범에서의 시장접근에 관한 규정은 자국의 서비스 공급자에 의한 서비스의 수출 및 투자 유치와 관련된 내용으로 볼 수 있다. 초창기에 체결된 한·칠레 FTA를 제외하고 기본적으로 검토 대상인 FTA 모두 서비스 공급자의 시장접근을 방해하지 않도록 당사국이 채택하거나 유지할 수 없는 서비스 공급에 대한 조치를 나열하고 있다. 이는 GATS 제16조의 내용과 같은 조치들로, (1) 서비스 공급자의 수, (2) 서비스 거래 또는 자산의 총액, (3) 서비스 기업의 총수 또는 서비스의 총산출량, (4) 특정 서비스 공급에 필요하고 직접 관련된 자연인의 총수, (5) 특정 유형의 법적 실체 또는 합작 투자를 제한하거나 요구하는 것, (6) 외국인의 지분 소유의 최대 비율 한도 또는 외국인 투자의 개인별 또는 총액 한도에 의한 외국 자본 참여에 대한 제한에 대한 금지 규정이다. 반면, 한·미 FTA와 한·EU FTA는 외국인 지분 참여에 대한 제한 조치를 금지 조치로 명시하고 있지 않은데, 이는 FTA 체결 상대국의 서비스가 투자 형태로 한국에 진출할 때 작용하게 될 일종의 안전장치로 남겨둔 것이다.

표 8-1 기체결 FTA 서비스무역 - 시장접근 규정 비교

	한-미	한-EU	한-중	한-ASEAN	한-인도	한-베트남	한-칠레
서비스 공급자의 수 제한 금지	○	○	○	○	○	○	–
서비스 거래 또는 자산 총액 제한 금지	○	○	○	○	○	○	–
서비스 영업의 총수 또는 총산출량 제한 금지	○	○	○	○	○	○	–
서비스 공급 자연인의 총 수 제한 금지	○	○	○	○	○	○	–
특정 유형의 투자형태 제한 금지	○	–	○	○	○	○	–
외국인 자본 한도 제한 금지	–	–	○	○	○	○	–

출처: 정보통신정책학회, 2017.

1.4 국내 규제

서비스무역 관련 국내 규제 분야가 한국이 미국 및 EU 등 선진국과 체결한 FTA와 중국 등 개도국과 체결한 FTA의 내용이 가장 크게 구분된다. 기본적으로 대부분의 FTA는 다음의 내용을 공통으로 규정하고 있다.

(1) 서비스무역에 영향을 미치는 모든 조치가 합리적이고 객관적이며 공정한 방식으로 운영되도록 보장,
(2) 서비스 공급에 대한 승인을 받기 위한 신청의 제출 후 합리적인 기간 내에 신청인에게 결정 통보,
(3) 신청인의 요청이 있는 경우 즉시 신청의 처리상황에 대한 정보 제공,
(4) 자격, 면허 요건 및 절차와 기술표준 관련 조치가 서비스무역에 불필요한 장벽을 구성하지 않도록 서비스를 객관적이고 투명한 기준에 기초함,
(5) 면허 절차 자체가 서비스 공급을 제한하지 않음.

한·중 FTA, 한·ASEAN FTA, 한·인도 CEPA 및 한·베트남 FTA는 특히 국내 규제에 대하여 매우 유사한 규정으로 구성되어 있다. 위의 공통 규정 외에도 (6) 국내 규제 조치의 영향을 받은 서비스 공급자의 요청에 따라 당사국은 행정결정을 신속하게 검토하고, 정당화되는 경우 그에 대한 사법, 중재 또는 행정 재판소를 통해 구제 절차를 마련하도록 하고 있다. 또한, (7) 자격, 면허의 요건 및 절차와 기술표준 관련 조치가 서비스무역에 불필요한 장벽을 구성하지 않도록 보장하기 위해, 서비스의 질을 보장하기 위한 필요 이상의 부담을 지우지 않도록 규정하고 있다.

반면, 한·EU FTA의 경우에는 (6) 규정은 포함되어 있으나 (7) 규정이 포함되어 있지 않으며, 향후 서비스무역 관련 다자협상의 결과를 반영하기 위해 협정의 내용을 수정할 것도 명시하고 있다. 한·미 FTA는 (6), (7) 조항 모두 포함하고 있지 않으며, 한·EU FTA와 함께 '공공정책 목적을 달성하기 위해 서비스 공급을 규제하고 서비스 공급에 대한 새로운 규제를 도입할 수 있는 권리를 인정하면서, 면허, 자격 요건 및 절차와 기술표준 관련 조치가 서비스무역에 불필요한 장벽을

구성하지 않도록 보장'한다고 규정하고 있다. 또한, 한·미 FTA는 다자협상의 결과를 반영한다는 규정도 포함하고 있지 않다.

▮표 8-2▮ 기체결 FTA 서비스무역 – 국내 규제 규정 비교

	한–미	한–EU	한–중	한–ASEAN	한–인도	한–베트남	한–칠레
양허 분야 조치의 합리적 객관적 공정한 운영 보장	–	–	○	○	○	○	–
신청 제출 후 합리적 기간 내 결정 통보	○	○	○	○	○	○	–
신청의 처리상황 관련 정보 제공	○	○	○	○	○	○	–
행정결적의 신속한 검토, 적절한 구제 절차 설치		○	○	○	○	○	–
공공정책목적 달성 위해 새로운 규제 도입 권리 인정	○	○	–	–	–	–	–
조치의 객관적, 투명한 기준에 기초	○	○	○	○	○	○	○
면허 절차 자체의 서비스 공급 제한 금지	○	○	○	○	○	○	–
서비스 품질 보장 위해 불필요한 부담 금지	–	–	○	○	○	○	○
추후 다자협상의 결과 반영 및 수정	–	○	–				
전문가 서비스 양허시 자격 검증 절차 마련	–	–	○	○	○	○	–

출처: 정보통신정책학회, 2017.

결과적으로 한국이 미국 및 EU 등 선진국과 체결한 FTA에서의 국내 규제 규정은 상대적으로 당사국의 공공정책 목적 달성을 위한 새로운 국내 규제의 도입을 더 인정하는 방향으로 규범을 마련하고 있다. 비록 규제 조치가 서비스무역에 불필요한 장벽을 구성하지 않도록 단서 조항을 마련하였지만, 근본적으로 미국과

EU와의 FTA에서는 정부의 규제 권한을 최대한 보장하는 방향으로 규범화되어 있는 것으로 보인다. 반면, 개도국과의 FTA는 서비스 관련 정부의 규제가 서비스무역에 불필요한 부담을 주지 않도록 하는 규정을 도입하고 있어, 오히려 정부의 규제 권한을 최소화하는 방향으로 규정이 도입되어 있다. 이는 FTA를 통해 개도국에서의 국내 규제 완화를 더욱 가속화시키기 위한 노력으로 보인다.

1.5 투명성

투명성 규정이 없는 한·칠레 FTA를 제외하고는 모든 FTA에서 기본적으로 서비스 공급에 대한 인허가 신청과 관련한 이해관계자의 질의에 응답하도록 적절한 기구를 마련 및 유지하거나, 모든 조치를 늦어도 발효일 전까지 신속히 공표할 것을 규정에 포함하고 있다.

한·미, 한·EU, 한·베트남 FTA의 경우 전자의 방식으로 투명성 기구를 운영하도록 하지만, 한·중, 한·ASEAN, 한·인도 FTA는 후자의 방식인 조치의 신속한 공표를 강조하고 있다는 점에서 다소 차이가 있다.

한·미 FTA와 한·베트남 FTA는 채택 예정인 규제에 대한 사전공고 및 의견제출 기회 제공 및 최종 공표와 발효일 간에 합리적 기간을 확보하여 제공하도록 하는 내용을 중심으로 유사하게 투명성 규정을 구성하고 있다. 반면, 한·중, 한·ASEAN 및 한·인도 FTA는 서비스무역 관련 국제협정·약정에 관해 정보를 공개하고 정보의 공개가 어려우면 다른 방법으로 이용할 수 있도록 할 것을 규정하고 있으며, 문의사항에 대한 신속한 응답을 제공하고 복수의 문의처를 신설하는 것을 주된 내용으로 삼고 있다. 단, 한·ASEAN FTA에는 문의처 신설 요건에 대하여 개도국에 대한 적절한 융통성 등 예외 적용을 명시하고 있다.

투명성 분야에서는 한·EU FTA가 서비스 공급자의 면허 신청 관련 절차 및 정보의 공개요건 등에 대해 다른 FTA와 비교하여 가장 세부적인 규정을 마련하고 있다. 특히 다른 FTA에서는 포함하고 있지 않은 정보 공개 대상 내용을 구체적으로 제시하고 있다. 여기에는 서비스 공급자의 면허 및 증명을 위한 표준·기준에 관한 정보, 인허가 신청 완료 요건, 신청의 처리상황 통보 및 추가적인 정보 제출이 필요한 경우 이의 신속한 통보, 신청 거부 이유 통보, 신청 후 120일 이내 결정 통보 등을 내용으로 삼고 있다. 최근 논의되고 있는 TiSA[32] 국내 규제 부속서 및 WTO 국내 규제 규범에 도입된 투명성 규정은 한·EU FTA의 투명성 규정을 바탕으로 더욱 구체화한 것으로 보인다. 반면, TPP 서비스무역 부문의 투명성 규정은 한·미 FTA 서비스무역 부문의 투명성 규정의 내용과 매우 유사한 방식으로 상대적으로 단순한 규정을 마련하고 있다. 투명성 규정 관련 미국식 규범화 방식과 EU식 규범화 방식 간에 상당한 차이가 있다.

표 8-3 FTA 서비스무역의 투명성 규정 비교

	한-미	한-EU	한-중	한-ASEAN	한-인도	한-베트남
질의응답 메커니즘 수립·유지	○	○	–	–	–	○
모든 조치의 신속한 공표	–	–	○	○	○	–
서비스무역 관련 국제협정·약정 정보	–	○	○	○	○	–
사전공고 및 의견 제출 기회 비제공식 서면 사유 제공	○	–	–	–	–	○
최종규정 공포와 발효일간 합리적 기간	○	–	–	–	–	○
정보 공표 불가시, 다른 방법으로 이용가능 조치	–	–	○	○	○	–
면허·증명 관련 표준·기준 정보	–	○	–	–	–	–
비밀정보 공개 예외	–	○	–	–	–	–
신청 완료 요건	–	○	–	–	–	–
신청 처리상황 통보	–	○	–	–	–	–
신청 거부사유 통보	–	○	–	–	–	–
120일 내 행정결정 및 신청인 통보	–	○	–	–	–	–
신규 및 개정 법·규정·행정지침 매년 통보	–	–	○	○	–	–
신속한 응답 및 문의처 신설	–	–	○	○ (개도국 예외)	○	–

출처: 정보통신정책학회, 2017.

32) Trade in Service Agreement, 23개 WTO회원국을 중심으로 맺은 협정이다. GATS의 내용을 중심으로 라이선싱, 금융서비스, 통신, 전자상거래, 해상운송, 일시적 전문가 이동에 관하여 시장개방을 목적으로 한 협상으로, 참가한 23개국이 전 세계 서비스 교역의 70%를 차지하고 있다.

1.6 인정

모든 FTA는 서비스무역 분야의 면허 및 증명에 대한 상호인정(recognition)과 관련한 규정을 마련하고 있다. 한·미 FTA를 비롯한 한·중, 한·ASEAN, 한·인도, 한·베트남 FTA는 모두 서로 유사한 형태의 인정 규정을 마련하고 있는 것에 반해, 한·EU FTA는 독특한 상호인정 규정을 마련하고 있다. 초기 FTA인 한·칠레 FTA는 서비스무역 부문 본문에서 간단한 내용으로 타 당사국이 자국 영역에서 획득한 교육, 경력, 면허 및 증명을 인정하고 이를 위해 입증 기회 및 인정 협정 또는 약정을 체결할 기회를 부여하도록 규정하고, 별도의 부속서를 통해 전문직 서비스 공급자에 대한 면허 및 인증절차를 규정하고 있다.

한·미 FTA를 비롯한 유사한 FTA 내용의 인정 규정은 다음과 같다.

(1) 각 당사국은 특정 국가에서 습득된 교육 또는 경험, 충족된 요건 또는 부여받은 면허 및 증명을 인정하도록 하며, 조화(harmonization)를 통해 달성될 수 있는 인정은 협정 또는 약정을 통해 자율적으로 부여한다.
(2) 단, 이는 인정을 부여하도록 요구 또는 인정을 부여할 의무를 의미하는 것은 아니다(한·미, 한·중, 한·인도 FTA만 포함).
(3) 인정 협정 또는 약정에 대한 충분한 교섭 기회 및 충족 요건의 입증 기회를 제공한다.
(4) 승인, 면허, 증명을 위한 자국의 표준 및 기준을 적용하면서 차별적 수단 구성 또는 서비스무역에 대한 위장된 제한금지 등이다.

이 외에도 한·중, 한·ASEAN, 한·베트남 FTA는 협정 발효일로부터 12개월 이내에 각각의 관련 위원회에 기존의 인정조치 및 근거 협정·약정을 명시하고, 인정 협상단계 진입 전 협상 개시 통보, 새로운 인정 조치의 채택 및 수정할 때 신속하게 통보할 것을 규정하고 있다. 이 외에 인정 관련 특이한 규정으로, 한·인도 CEPA는 상호인정 협정의 체결을 위한 협상을 장려하는 내용을 명시하고 있지만, 상호인정을 위한 협상 타결 노력이 지연 및 실패하더라도 당사국의 의무 위반으로 간주하여서는 안 되며 분쟁 해결 대상도 되지 않음을 명시하고 있다.

표 8-4 기체결 FTA 서비스무역 - 인정 규정 비교

	한-미	한-EU	한-중	한-ASEAN	한-인도	한-베트남	한-칠레
습득된 교육·경험 및 충족요건·면허·증명의 인정	○	–	○	○	○	○	–
조화를 통한 인정의 자율적 부여 허용	○	–	○	○		○	–
인정 부여 의무 금지	○	–	○	–	–	–	–
서비스 공급에 필요한 자격·직업적 경험 요구 방해 금지	–	○	–	–	–	–	–
인정 협정·약정 관련 신속한 정보 제공	○	–	–	–	–	–	–
인정 협정·약정 교섭 및 요건 충족 입증 기회 제공	○	–	○	○	○	○	○
자국 표준·기준 적용시 차별 및 위장된 제한 금지	○	–	○	○	–	○	–
관련 위원회에 기존 인정 통보	–	–	○	○	–	○	–
관련 위원회에 인정 협상 개시 통보	–	–	○	○	–	○	–
관련 위원회에 신규 인정 및 개정 통보	–	–	○	○	–	○	–
대표 전문기관에 의한 인정 권고 공동개발	–	○	–	–	–	–	–
무역위원회에 의한 권고 검토 및 합치 판정	–	○	–	–	–	–	–
상호인정 협정 작업반 운영	–	○	–	–	–	–	–
상호인정 협정·약정 관련 분쟁해결 적용 금지	–	–	–	–	○	–	–

출처: 정보통신정책학회, 2017.

반면, 한·EU FTA는 기체결 FTA 중 독특한 인정 규정을 마련하고 있다. 첫 조문에 이 규정으로 인해 서비스 공급을 위해 필요한 자격 및 직업적 경험을 보유하도록 요구할 수 있음을 명시하고 있다. 반면, 상호인정 협정을 체결하도록 하는 구체적인 절차 규정을 마련하고 있는데 구체적인 내용은 다음과 같다.

(1) 상호인정에 대한 협정 내지 약정을 체결하기 전에 각 당사자의 대표적 전문 기관이 상호인정에 대한 권고를 공동으로 개발하여 무역위원회에 제공하도록 장려하고 있으며,
(2) 이 권고가 채택되는 경우 FTA에 대한 합치여부를 판명한 후,
(3) 이 권고를 이행하기 위한 상호인정에 관한 협정을 협상하도록 규정하고 있다.
(4) 상호인정협정 작업반을 운영하여 이의 운영 관련 절차를 검토하도록 규정하고 있다.

근본적으로 인정의 부여와 관련하여서 한·미, 한·EU 및 한·중 FTA는 나머지 개도국과의 FTA와 비교해 타 당사국에서 습득된 면허 및 증명을 인정하되 인정을 부여할 의무까지는 요구되지 않는다는 태도 내지는 서비스 공급에 필요한 자격 및 직업적 경험이 요구된다는 태도를 견지하고 있다. 반면, 개도국과 체결된 FTA는 인정의 부여에 대하여 상대적으로 더 허용적인 입장을 보이고 있다.

2. 기타 규범

2.1 독점 및 배타적 서비스 공급자

기체결 FTA 중 중국, ASEAN, 인도, 베트남 등 개도국과 체결한 FTA는 '독점 및 배타적 서비스 공급자' 규정을 마련하고 있는데, 이는 한·미, 한·EU FTA에서는 찾아볼 수 없는 규정이다. 이 규정은 해당 서비스의 특성상 독점적 공급을 통한 서비스 공급이 불가피한 경우, 이러한 독점 서비스가 공급될 때 시장접근 의무와 내국민대우 의무에 합치하는 방식으로 제공될 것과 타 서비스 공급자와 경쟁하게 되는 경우 자국의 독점적 지위를 남용하지 않도록 규정하고 있다. 또한, 당사국이 사실상 소수의 서비스 공급자를 승인하거나 자국 영역에서 해당 서비스 공급자 간에 경쟁을 실질적으로 방해하는 때도 배타적 서비스 공급자의 상황에 해당하는 것으로 명시하고 있다. 이 외에도 독점권을 부여하기 전 관련 위원회에 이 사실을 통보할 것으로 규정하고 있다.

2.2 보조금

GATS에서는 서비스무역 관련 보조금에 대하여 규율하고 있지 않다. 이에 따라 회원국들의 서비스무역 관련 무상 교부금, 세제상 혜택 등 모든 형태의 보조금 지급은 WTO 규범상 허용되고 있다.

기체결 FTA 중 한·중, 한·ASEAN, 한·인도 및 한·베트남 FTA는 보조금에 관한 규정을 포함하고 있다. 이들 FTA에서의 보조금 규정은 기본적으로 WTO 규범에 따라 당사국의 서비스무역에 대한 보조금 지급에 대하여 FTA 의무 규정을 적용하지 않도록 명시하고 있다. 다만, 당사국의 보조금으로 인해 부정적 영향을 받은 것으로 판단될 때는 타 당사국과 협의를 요청 및 개시할 수 있도록 규정하고 있다. 또한, 일방 당사국이 요청하는 경우, 구체적 양허가 약속된 서비스무역 분야에 대한 보조금 지급 관련 정보를 제공하도록 하고 있다.

한·인도 CEPA의 경우, 유일하게 정보 제공 대상 보조금 관련 정보의 구체적 내용을 명시하고 있는데, 보조금 지급 근거 법 규정, 지급된 보조금의 유형, 보조금 정책의 목적, 보조금 지급 기간, 보조금 지급대상의 자격 요건 등이 이에 해당한다. 그러나 분쟁해결 절차가 적용되지 않음을 명시하고 있다. 반면, 한·미 FTA와 한·EU FTA는 보조금 규정을 포함하고 있지 아니하다. 이에 따라 한국을 비롯한 FTA 체결국 모두 서비스무역 관련 보조금 지급에 대한 규율을 받고 있지 않다.

2.3 긴급수입제한조치

WTO 세이프가드 협정에 따라 회원국들은 교역상대국으로부터의 수입 급증에 대하여 일정 요건이 충족되는 경우 긴급수입제한조치를 취할 수 있다. 이 조치는 일정 기간 수입을 제약하여 국내산업의 피해 복구를 가능하게 하기 위함으로, 더욱 효과적인 조치의 적용을 위해 수입제한조치를 비차별적으로 적용하는 다자적 세이프가드조치가 적용된다.

반면, FTA는 협상 당사국 간에 WTO 협정상의 다자적 의무에 대해 특혜를 상호 제공하는 것이므로, 세이프가드조치를 적용하면서 FTA 당사국에 대해서는 예외를 적용해주고 있다. 그러나 긴급수입제한조치의 목적상 모든 수입에 대한 다자적 적용이 필요한 조치로서 현재 다자협상에서의 논의 결과에 따라 향후 적용되도록 여지를 남겨두고 있는 형태로 규정이 도입되어 있다.

한국의 기체결 FTA 중에서는 한·ASEAN FTA, 한·인도 CEPA 및 한·베트남 FTA가 긴급수입제한조치 관련 규정을 도입하고 있다. 한·ASEAN FTA와 한·베트남 FTA는 유사한 내용을 규정하고 있으며, 무차별원칙을 기반으로 진행될 다자간 협상에 주목하며 향후 협상 결과를 반영하기 위해 FTA 해당 규정의 개정을 논의할 것을 명시하고 있다. 이와 관련하여 다자협상의 결과가 나오기 전까지는 서비스의 수입 급증으로 당사국의 서비스 분야가 실질적으로 불리한 영향을 받았을 경우, 이들 FTA는 영향을 받은 서비스 분야에 대한 조치를 논의하기 위해 타당사국과 협의를 요청할 수 있도록 규정하고 있다. 또한, 세이프가드 조처를 하려는 당사국에게 최대한 호의적 고려를 하도록 명시하고 있다.

반면, 한·인도 CEPA는 체결국간 서비스 및 서비스 공급자를 대상으로 긴급수입제한조치를 취하지 않도록 규정하고 있어, 서비스무역으로 인한 수입 급증이 발생하게 되더라도 동 FTA 규정에 따라 세이프가드 조사를 개시하거나 지속할 수 없도록 하고 있다.

2.4 일반적 예외 및 안보상의 예외

한·ASEAN FTA와 한·인도 CEPA는 특이하게 GATT 협정에서 규정하고 있는 일반적예외 규정의 일부 조항과 안보상의 예외 규정의 내용을 도입하고 있다. 이들 FTA에서 규정하고 있는 일반적 예외는 (1) 공중도덕을 보호 및 유지하는 데 필요한 조치, (2) 인간·동식물의 생명 또는 건강을 보호하는 데 필요한 조치 및 (3) 서비스 계약의 불이행 등 기만적 행위에 대응 또는 개인의 사생활 보호 및 안전 등 법 규정을 준수하는데 필요한 조치에 대한 예외 적용을 명시하고 있다.

안보상의 예외 규정은 GATT 협정상의 안보 예외 규정보다 서비스무역 관련 협정에 맞게 약간 진일보한 내용으로 구성되어 있다. 자국의 중대한 안보이익에 반한다고 협상 당사국이 간주하면 정보의 공개 요구를 거부할 수 있다. 또한, 자국의 중대한 안보이익을 보호하는 데 필요하다고 협상 당사국이 인정하면 다음의 조처를 할 수 있도록 규정하고 있다: (1) 핵분열, 핵융합 물질 또는 이들 원료가 되는 물질과 관련된 조치, (2) 군사시설에 공급하기 위하여 직간접적으로 행해지는 서비스 공급 관련 조치, (3) 통신, 발전, 수도시설을 포함하여 중요한 공공 기반시설의 불능화 또는 기능 저하를 위한 계획적인 시도로부터 보호하려는 조치, (4) 전시 또는 기타 국내외 긴급상황에서 취해지는 조치에 대한 예외를 명시하고 있다.

FTA 서비스무역 관련해서도 상대국의 특정 서비스 분야의 무역으로 인해 사회기반시설의 운영에 영향을 받게 되면 이 조항을 원용하여 보호할 수 있도록 하고 있다. 그러나 이 예외 규정은 한국이 미국이나 EU 등 선진국과의 FTA에서는 포함하고 있지 않으므로 이들 국가와의 서비스무역 관계에서 사회시반시설 운영 관련 문제가 발생했을 경우 적용하기는 어려울 것이다.

표 8-5 기체결 FTA 서비스무역 - 기타 규정 비교

	한-미	한-EU	한-중	한-ASEAN	한-인도	한-베트남	한-칠레
독점 및 배타적 서비스 공급자	-	-	○	○	○	○	-
보조금	-	-	○	○		○	-
긴급수입제한조치	-	-	-	○	○	○	-
일반적 예외	-	-	-	○	○	-	-
안보상의 예외	-	-	-	○	○	-	-

출처: 정보통신정책학회, 2017.

제3절 개별 FTA에서의 서비스 협정

1. 한·미 FTA

한·미 FTA 협정문에서는 제12장 국경 간 서비스무역(cross-border trade in service)[33]를 통하여 서비스에 대한 규범을 제시하고 있다. 다만 금융서비스

(financial service), 통신(telecommunications), 정부조달(government procurement) 등에 대해서는 별도의 장(chapter)을 구성하고 있다.[34)]

제12장 국경 간 서비스무역에서는 모든 서비스 분야를 협정문의 적용 대상으로 설정하고 사행성 게임을 포함한 도박서비스, 금융서비스, 항공운송서비스, 정부조달·정부보조금·정부제공 서비스 등은 제외하고 있다.

한·미 FTA 서비스 규정에서는 상대국 서비스 공급자에게 4대 일반 의무로 내국민대우와 최혜국대우의 인정 그리고 시장접근 제한조치 도입 금지, 현지주재 의무부과 금지를 규정하고 있다. 이러한 일반 의무에도 불구하고 상기 의무에 부합하지 않는 규제를 유지하고자 할 때는 비합치조치(Non-Conforming Measure) 조항[35)]에 따라 유보목록[36)]에 적시할 수 있도록 네거티브 방식을 취하고 있다.

또한, 한·미 FTA 서비스 분야에 래칫조항(Ratchet Mechanism)이 있는데, 이것인 자유화 후퇴방지를 위한 조치로 현행 규제보다 자유화하는 방향으로 개정할 수는 있으나, 일단 자유화된 내용을 뒤로 후퇴하는 방향으로 개정할 수 없다는 원칙을 말한다. 이와 관련해서는 FTA의 본래 의미가 현재의 무역장벽 수보다 같거나 낮은 형태로 추진되어야 하는 큰 틀에서 본다면 일정 부분 유사한 의미로서 본 조항을 해석할 수 있을 것이다. 이 외에도 국가정책 목적에 합치하기 위하여 서비스 공급을 규제하고 서비스 공급에 관한 새로운 규제를 도입할 수 있는 권리를 인정하면서, 자격 요건 및 절차, 기술표준, 면허 요건 등을 신설하거나 개정할 때 객관적이고 투명한 기준에 근거하여 제정해야 한다는 규정을 담고 있다.[37)]

---

33) 여기에서의 국경 간 서비스무역이란 어느 한쪽 당사국의 영역으로부터 다른 쪽 당사국 영역 내로의 서비스 공급과 어느 한쪽 당사국의 영역 내 그 당사국의 국민에 의한 다른 쪽 당사국의 국민에 대한 서비스 공급, 또는 다른 쪽 당사국의 영역 내 당사국의 국민에 의한 서비스 공급으로 정의하고 있다.

34) 최혜선, 2017, 자유무역협정에서의 서비스무역의 규율 -우리나라 기체결 자유무역협정을 중심으로-, 전남대학교 법학연구소 법학연구(제37권 제2호).

35) 한·미 FTA정문 제12장 제6조.

36) 유보안과 관련해서는 현재유보(Annex Ⅰ)과 미래유보(Annex Ⅱ)로 구분할 수 있는데, 현재 유보는 협정상 의무에 합치하지 않는 현존 조치를 나열한 목록으로 자유화 후퇴방지 메커니즘이 적용되고 미래유보의 경우는 향후 규제가 강화될 가능성이 있는 현존 비합치 조치 또는, 새로운 제한조치가 채택될 수 있는 분야를 나열한 목록이다. 현재 우리나라의 유보 개수는 91개이고 미국 측 유보 개수는 18개로 우리나라가 많은 분야에서 유보를 하고 있다.

또한 자격상호인정(recognition)[38]과 관련하여 상대국 서비스 공급자의 자격·면허를 인정할 수 있으며 자격상호인정 현황에 관한 정보교환을 규정하고 있다.[39] 또한, 투명성(transparency) 제고를 하여 서비스 관계 법규의 입법·개정 추진 시 사전 예고 기간을 제공하는 한편, 이해관계자의 질의에 응답하기 위한 적절한 조치를 마련하거나 유지해야 한다고 규정하고 있다.

협정문의 세부내용을 살펴보면 첫째, 전문직 서비스 진출 확대를 위한 내용을 담고 있다. 인정(recognition) 조항의 부속 문서를 통해 전문직 서비스 작업반(professional service working group)을 구성, 전문직 자격 상호인정 논의를 추진하기로 되어 있다. 이와 관련해서는 엔지니어링, 건축설계, 수의(獸醫)의 3개 분야를 중심으로 협정 발효 후 1년 이내에 논의를 개시하기로 되어 있다.[40] 인정 분야에는 무엇보다도 한국과 미국이 어떤 기준에서 상호인정을 규정할 것인가가 중요한 과제가 될 수 있다. 인정과 관련해서는 양 국가 간 형평성 원칙에 부합하도록 규정되는 것이 중요하다.

둘째, 국제 특송(express delivery service)시장을 개방하는 데 있어 협정문에 현행 시장 개방 수준을 유지, 우정 당국의 독점 지위 남용 금지, 교차지원 금지 노력 등을 규정하고 있다. 본 규정에서 국제 특송은 신속성을 기반으로 하는 문서, 인쇄물, 소포, 상품 또는 그 밖의 품목 수집이나 운송 및 배달로서, 서비스 공급 전 과정을 통하여 그 품목을 추적하고 통제를 유지하는 경우를 말한다.[41]

셋째, 외국인 투자와 관련하여 공공질서를 현저히 저해하는 경우 내국민대우의 원칙 등의 의무에 반하는 필요 조처를 할 수 있도록 유보조항이 마련되어 있다. 현재의 외국인투자촉진법 제4조에 국가의 안전과 공공질서의 유지에 지장을 주는 경우, 국민의 보건 위생 또는 환경보전에 해를 끼치거나 미풍양속에 현저히 어긋나는 경우, 대한민국 법령을 위반하는 때에만 투자제한을 하고 있으나, 본

37) 한·미 FTA협정문 제12장 제7조.

38) 한·미 fta협정문 제12장 제9조.

39) 외교통상부, 2010, 한·미 fta자료.

40) 한·미 FTA협정문 부속서 12-가, 부록 12-가-1.

41) 이재영, FTA에 있어 서비스무역의 활성화 방안에 관한 연구, 통상정보연구 제14권 3호(2012년), pp.407~428.

규정에서는 공공질서(public order)에 대해서만 규제조치를 할 수 있도록 하고 있다.

넷째, 국내 전문직 서비스 분야 즉, 법무, 회계, 세무와 관련해서는 단계적 개방의 내용을 담고 있다. 법무 서비스의 경우는 발효 시 1단계로 미국법 및 국제공법자문 허용, 미국 로펌 사무소 개설 허용, 발효 후 2년 내 2단계로 국내 법률사무소와 업무 제휴 허용, 발효 후 5년 내 3단계로 미국 법률사무소와 국내 법무법인 간 조인트벤처 사업체 설립 및 동 사업체의 국내 변호사 고용 허용을 들 수 있다. 회계와 세무의 경우는 2단계로 시장 개방을 추진하는데, 발효 시 미국 회계·세무 자문 허용, 미국 회계·세무법인의 사무소 개설 허용, 발효 후 5년 내 2단계 조치로 국내 회계·세무법인에 대한 미국 회계사·세무사의 출자 허용을 규정하고 있다. 이 외에도 국내 방송서비스 분야의 시장을 개방하고 기간통신사업자에 대한 외국인 지분 제한 완화, 스크린쿼터제도 적용을 위한 의무 상영일수를 73일로 규정하고, 교육, 의료 및 사회서비스, 공공서비스 분야는 개방을 유보한다.

2. 한·EU FTA

한·EU FTA에서의 서비스 분야의 개방 수준은 한·미 FTA의 개방 수준과 대동소이하다고 볼 수 있다. 가장 큰 차이점 중 하나는 한·미 FTA의 경우는 개방하지 않는 분야를 열거하는 네거티브 방식을 사용하고 있으나, 한·EU FTA에서는 개방하려는 분야를 열거하는 포지티브 방식을 사용하고 있다. 한·EU FTA협정문 제7장에서 서비스무역·설립 전자상거래에 관하여 규정하고 있다. 이 장은[42] 양 당사국이 WTO 협정상의 각각의 권리와 의무를 적용하여 서비스무역의 점진적이고 상호적인 자유화와 전자상거래 협력을 위하여 필요한 내용을 규정하고 있다.[43]

---

42) 한·EU FTA협정문 제7.1조.

43) 원칙으로 모든 분야에서의 서비스 교역 및 경제 활동을 한 설립을 적용 대상으로 설정하고 있으나, 단, 정부조달, 보조금, 정부권한 행사, 고용을 목적으로 하는 자연인의 이동은 공통으로 적용 범위에서 제외되고 있다. 또한 시청각서비스(방송서비스)의 경우는 문화협력의정서에 언급되어 있으며, 이 외에 연안해운서비스, 항공운송서비스, 핵연료 채굴, 제조, 처리, 군수품 및 전략 물자

제7장 서비스무역·설립 및 전자상거래에서는 제1절 일반규정, 제2절 국경 간 서비스 공급, 제3절 설립, 제4절 자연인의 상용과 일시 주재, 제5절 규제의 틀, 제6절 전자상거래, 제7절 예외의 규정을 담고 있다. 제2절의 국경 간 서비스 공급은 어느 한쪽 당사자의 영역으로부터 다른 쪽 당사자의 영역 내로의 공급 그리고 어느 한쪽 당사자의 영역에서 다른 쪽 당사자의 서비스 소비자에 대한 공급으로 정의하고 있다. 서비스는 정부 권한의 행사로 제공되는 서비스를 제외한 모든 분야에서의 모든 서비스를 포함한다고 정의하고 있다. 여기에서 정부 권한의 행사로 공급되는 서비스란 상업적 근거에서 제공되지 아니하고, 하나 이상의 서비스 공급자와의 경쟁을 통해 공급되지 않는 모든 서비스를 말한다고 규정하고 있다. 여기에서는 시장접근, 내국민대우, 최혜국대우원칙 등을 적용하고 있으며, 제2절에서 각 당사자에 의하여 자유화된 분야와 유보조항에 따라 해당 분야에서 다른 쪽 당사자의 서비스 및 서비스 공급자에 적용 가능한 시장접근 및 내국민대우 제한은 부속서에 포함된 약속 목록에 규정되어 있다.

제3절 설립은 경제활동을 수행할 목적으로 당사자의 영역에서 이루어지는 법인의 구성, 인수, 유지 또는 지점이나 대표사무소의 설치와 유지를 의미한다. 제4절에서는 자연인의 상용, 일시 주재와 관련하여 핵심 인력, 대졸 연수생, 상용서비스 판매자, 계약서비스 공급자 및 독립 전문가의 당사자 영역으로의 입국과 일시 체류에 관한 양 당사자의 조치를 규정하고 있다. 여기에서도 인정(recognition)과 관련하여 양 당사국은 요건, 자격, 면허 및 그 밖의 상호인정에 관한 협정을 협상한다고 규정하고 있다. 이러한 규정은 GATS 제7조 자격인정과 합치되도록 한다고 규정하고 있어 한·미 FTA협정과 유사한 내용을 담고 있으며, WTO 규정을 그대로 적용하려 하고 있다. 전문직서비스(법률, 회계, 세무)의 경우는 EU 회원국 변호사 자격 소비자가 국내에서 국제 공법 및 자격 취득국 법률에 관한 자문서비스를 제공하는 것을 허용하고 있다. 한·미 FTA와 마찬가지로 법률의 경우는 3단계로 회계와 세무의 경우는 2단계로 시장 개방을 추진하기로 합의되었다.

제조 분야의 비 서비스업 역시 적용대상에서 배제되었다.

한·EU FTA협정문 상의 서비스 분야별 시장개방 범위를 살펴보면 유통서비스의 경우는 쌀·홍삼 도소매, 담배·LPG 관련 소매 서비스는 개방하지 않았으며, 중고차 또는 가스 관련 제품 도소매에 대해서는 경제수요 심사 요건을 부과하였다. 환경서비스 분야는 생활하수처리 서비스를 공개경쟁 입찰을 통해 민간에 위탁하는 경우 외국사업자에 대한 비차별 대우를 보장하고 다만, 외국 사업자의 진출 확대 가능성을 고려하여 국내 업계 대응 차원에서 협정 발효 후 5년의 유예기간을 부여하고 있다.[44)]

3. 한·미 FTA와 한·중 FTA협정의 의무 조항

3.1 한·미 FTA 서비스 협정

1) 내국민대우 의무

내국민대우 의무란 동종의 상황에서 자국의 서비스 공급자에게 부여하는 것보다 불리하지 않은 대우를 상대국 서비스 공급자에게 부여하는 것이다. GATS 제17조에 따른 내국민대우 원칙과 달리 한·미 FTA 서비스협정문 제12.2조에 따른 내국민대우 의무는 일반적인 의무이다. 즉 유보 리스트를 통해 유보되지 않은 사항에 대해서는 타방 당사국에 대하여 내국민대우 의무를 준수하여야 한다. GATS 제17조는 '자기 나라의 양허표에 기재된 분야에 있어서 양허표에 명시된 조건 및 제한을 조건으로' 내국민대우 의무를 부담한다고 규정하고 있으나, 한·미 FTA 서비스 협정문 제12.2조는 이러한 표현 없이 내국민대우 의무를 부담한다고 규정하고 있다.

다음으로 동 협정문 제12.2조 제2항에서는 지역 정부(regional level of government)에 대한 내국민대우 의무를 규정하고 있다. GATS 제17조에는 이러한 의무 규정이 없다. 한·미 FTA에서 '지역정부'란 미국에 대하여는 주를 의미하고, 대한민국에 대하여는 지역정부는 적용되지 않는다.[45)] 그러므로 한국은 제2항

---

44) 외교통상부, 2010, 한·EU FTA 자료.

45) 한·미 FTA 제1장 제1.4조.

상의 의무를 부담하지 않는다. 이러한 규정을 둔 이유는 미국의 일부 주가 내 주민과 타 주민을 차별하는 경우가 있기 때문이다.[46]

표 8-7 한·미 FTA 서비스협정문 중 내국민대우 의무 조항

Article 12.2 : National Treatment 1. Each Party shall accord to service suppliers of the other Party treatment no less favorable than that it accords, in like circumstances, to its own service suppliers. 2. The treatment to be accorded by a Party under paragraph 1 means, with respect to a regional level of government, treatment no less favorable than the most favorable treatment accorded, in like circumstances, by that regional level of government to service suppliers of the Party of which it forms a part.

2) 최혜국대우 의무

최혜국대우 의무란 동종의 상황에서 제3국의 서비스 공급자에게 부여하는 것보다 불리하지 않은 대우를 상대국 서비스 공급자에게 부여하여야 하는 의무이다.[47] 자유무역협정에서의 최혜국대우 의무는 주로 향후 타방 당사국이 다른 국가와 자유무역협정을 체결하면서 추가 개방이 이루어진다면 그 개방의 혜택을 과거 자유무역협정의 상대국에도 부여하기 위한 목적을 달성하기 위하여 포함된다. 한국이 체결한 자유무역협정 중에서 위와 같은 의미의 최혜국대우 의무조항이 포함된 대표적인 자유무역협정이 바로 한·미 FTA이다.[48] 한·미 FTA 제12.3조는 동종의 상황에서 제3국의 서비스 공급자에게 부여하는 것보다 불리하지 않은 대우를 상대국 서비스 공급자에게 부여할 의무를 규정하고 있다.

최혜국대우 의무를 규정한 GATS 제2조와 비교해 보면 한·미 FTA 제12.3조는

46) 김종덕·엄종현, 2014, 한국의 기체결 FTA 서비스 및 투자 협정문 분석 : 한·미 FTA와 한·EU FTA를 중심으로, 대외경제정책연구원 연구자료 13-13, 38-39면 참조.

47) http://fta.go.kr/webmodule/_PSD_FTA/us/data/13/k_us_12.pdf.

48) 박번순 외 3인, 2011.4, 한중 FTA의 의의와 주요 쟁점, 삼성경제연구소 연구보고서, pp.148-149.

문구가 매우 간략하게 되어 있다. 그러나 이는 형식적인 차이일 뿐이고 실질적인 의무 내용의 차이는 없다. 이 조항은 최혜국대우 의무를 일반적인 의무로 규정하였는데, 양국은 모두 미래 유보 리스트를 통하여 최혜국대우 의무의 적용 범위를 제한하고 있다.[49]

▌표 8-8▌ 한·미 FTA 서비스협정문 중 최혜국대우 의무 조항

Article 12.3 : Most Favored Nation Treatment Each Party shall accord to service suppliers of the other Party treatment no less favorable than that it accords, in like circumstances, to service suppliers of a non-Party

3) 시장접근제한 금지의무

한·미 FTA 제12.4조는 시장접근제한 금지의무에 대하여 규정하고 있다. 이 조항에 따르면 첫째, 서비스 공급자의 수를 제한하는 것, 둘째, 서비스 거래 또는 자산의 총액을 제한하는 것, 셋째, 서비스 영업의 총수 또는 서비스 총산출량을 제한하는 것, 넷째, 고용인의 총수를 제한하는 것, 다섯째, 사업자의 법적 형태를 제한하는 것이 금지된다.

GATS 제16조 상의 최혜국대우 조항과 달리 여섯 번째 유형인 외국 자본 참여에 대한 제한을 제외하였는데, 이는 한·미 FTA가 상업적 주재에 의한 서비스 공급을 투자 협정문의 적용 대상으로 하고 있기 때문이다.

▌표 8-9▌ 한-미 FTA 서비스협정문 중 시장접근제한 금지의무 조항

Article 12.4 : Market Access Neither Party may adopt or maintain, either on the basis of a regional subdivision or on the basis of its entire territory, measures that:

49) 최혜선, 앞의 논문, 275면.

(a) impose limitations on: (i) the number of service suppliers, whether in the form of numerical quotas, monopolies, exclusive service suppliers, or the requirement of an economic needs test; (ii) the total value of service transactions or assets in the form of numerical quotas or the requirement of an economic needs test; (iii) the total number of service operations or the total quantity of services output expressed in terms of designated numerical units in the form of quotas or the requirement of an economic needs test; 5 or (iv) the total number of natural persons that may be employed in a particular service sector or that a service supplier may employ and who are necessary for, and directly related to, the supply of a specific service in the form of numerical quotas or the requirement of an economic needs test; or (b) restrict or require specific types of legal entity or joint venture through which a service supplier may supply a service.

4) 현지 주재 요건 부과 금지의무

한·미 FTA 제12.5조에서는 국경 간 서비스 공급의 조건으로 다른 당사국의 서비스 공급자에게 자국 내에서 사무실을 구비하게 하거나 거주할 것을 요구하는 것을 금지하고 있다. 이러한 요건 부과를 금지하는 의무를 현지 주재 요건 부과 금지의무라 한다.[50] 이러한 의무 규정에 불합치하는 규제를 도입하거나 유지하기 위해서는 유보 리스트에 명시하여야 한다.

표 8-10 한·미 FTA 서비스협정문 중 현지주재요건 부과 금지의무 조항

Article 12.5 : Local Presence

Neither Party may require a service supplier of the other Party to establish or maintain a representative office or any form of enterprise, or to be resident, in its territory as a condition for the cross-border supply of a service.

---

50) http://fta.go.kr/webmodule/_PSD_FTA/us/data/13/k_us_12.pdf.

3.2 한·중 FTA 서비스협정

1) 내국민대우 의무

한·중 FTA 서비스 협정문 상 내국민대우 조항인 제8.4조는 GATS 제17조 내국민대우 조항과 유사하다. 즉 한국과 중국 간 서비스무역에 있어서 양 당사국은 자국의 구체적 약속에 관한 양허표에 기재된 분야에서, 그 양허표에 명시한 조건 및 제한을 조건으로, 자국의 동종 서비스 및 서비스 공급자에게 부여하는 것보다 불리하지 않은 대우를 상대국 서비스 및 서비스 공급자에게 부여하여야 한다.

한·중 FTA 서비스 협정문 상 내국민대우 의무는 한·미 FTA 서비스 협정문에서처럼 일반적 의무가 아니라 양허표를 통하여 양 당사국에 제한적으로 적용되는 의무이다.[51] 서비스 협상 방식을 포지티브 리스트 방식을 채택한 자유무역협정 서비스협정문에서 볼 수 있는 유형이다. 따라서 당사국이 자국의 서비스 양허표에 기재하지 않은 서비스 분야에서 내외국인을 차별하는 것은 가능하나, 양허표에 기재한 분야에서 동 양허표에 기재하지 않은 차별 이외의 조치를 채택하게 되면 내국민대우 위반이 된다.[52]

표 8-11 한·중 FTA 서비스 부문의 내국민대우 의무 조항

Article 8.4 : National Treatment 1. In the sectors inscribed in its Schedule of Specific Commitments, and subject to any conditions and qualifications set out therein, each Party shall accord to services and service suppliers of the other Party, in respect of all measures affecting the supply of services, treatment no less favourable than that it accords to its own like services and service suppliers. 2. A Party may meet the requirement in paragraph 1 by according to services and service suppliers of the other Party either formally identical treatment or formally different treatment to that it accords

51) 법무부, 앞의 책, pp.172-173.
52) 고준성, 앞의 책, pp.169-170.

to its own like services and service suppliers.
3. Formally identical or formally different treatment shall be considered to be less favourable if it modifies the conditions of competition in favour of services or service suppliers of the Party compared to like service or service suppliers of the other Party.

2) 시장접근제한 금지의무

한·중 FTA 서비스 협정문 제8.3조에 따르면 (1) 서비스 공급자의 수 제한, (2) 서비스 거래 또는 자산 총액의 제한, (3) 서비스 기업 수 또는 서비스 총산출량의 제한, (4) 고용인의 수 제한, (5) 서비스 공급의 구체적 형태에 대한 제한, (6) 외국인 지분 소유 최대 비율 한도 또는 외국인 투자 합계의 총액한도를 제한하는 규제 도입을 금지하고 있다. 이는 GATS 제16조 시장접근 조항과 유사하다. 또한, 한·중 FTA 서비스 협상이 포지티브 리스트 방식을 채택하였기 때문이다. 따라서 GATS와 같이 시장접근 제한조치 도입금지 의무는 일반적 의무가 아니라 양허표를 통한 제한적인 의무로서 작용한다.[53]

▮표 8-12▮ 한·중 FTA 서비스협정문 중 시장접근제한 금지의무 조항

Article 8.3: Market Access
1. With respect to market access through the modes of supply defined in Article 8.1, each Party shall accord to services and service suppliers of the other Party treatment no less favourable than that provided for under the terms, limitations and conditions agreed and specified in its Schedule of Specific Commitments in Annex 8-A.
2. In sectors where market access commitments are undertaken, the measures which a Party shall not maintain or adopt either on the basis of a regional subdivision or on the basis of its entire territory,

53) 법무부, 앞의 책, pp.172-173.

unless otherwise specified in its Schedule of Specific Commitments, are defined as: (a) limitations on the number of service suppliers whether in the form of numerical quotas, monopolies, exclusive service suppliers or the requirement of an economic needs test; (b) limitations on the total value of service transactions or assets in the form of numerical quotas or the requirement of an economic needs test; (c) limitations on the total number of service operations or the total quantity of services output expressed in terms of designated numerical units in the form of quotas or the requirement of an economic needs test5; (d) limitations on the total number of natural persons that may be employed in a particular service sector or that a service supplier may employ and who are necessary for, and directly related to, the supply of a specific service in the form of numerical quotas or the requirement of an economic needs test; (e) measures which restrict or require specific types of legal entity or joint venture through which a service supplier may supply a service; and (f) limitations on the participation of foreign capital in terms of maximum percentage limit on foreign share holding or the total value of individual or aggregate foreign investment.

3) 최혜국대우와 현지 주재 요건 부과 금지의무

한·중 FTA 서비스 협상에서 최혜국대우 조항의 도입 여부는 주요 쟁점 중의 하나였으나, 결국 서비스 협정문에 포함되지 않았다.[54] 따라서 한국과 중국 간 서비스무역에 있어서 최혜국대우는 의무사항이 아니다. 또한, GATS와 같이 한·중 FTA 서비스 협정문에는 현지 주재 요건 부과 금지의무에 대한 별도의 조항도 없다.[55]

---

54) 박번순 외 3인, 앞의 책, pp.148-149.

55) 최혜선, 2017, 자유무역협정에서의 서비스무역의 규율 -우리나라 기체결 자유무역협정을 중심으로-, 전남대학교 법학연구소 법학논총, 제37권 제2호.

제9장

서비스 시장개방과 무역장벽

제1절 서비스 시장개방

서비스의 국제화는 통신 및 정보기술의 혁명적 발전과 무역 및 해외직접투자(FDI)의 자유화에 따른 경제의 국제화를 촉진했다. 상품 및 서비스와 같이 교역재와 비교역재를 구별하기 위해 사용되었던 많은 경계선이 불분명해지고 있다. 서비스의 국제화 추세로 각국의 서비스 시장이 개방되고 있어 앞으로 경쟁이 촉진될 것이다. 이러한 기회를 살리기 위해서 많은 국가가 서비스 공급의 효율성을 개선하기 위해 노력하고 있다. 전자상거래와 같은 분야에서 새로운 수출기회를 잡기 위해서 뿐만 아니라 국가 경제 전체의 경쟁력을 결정하는 핵심요소인 효율적인 서비스로의 접근을 위해서도 필요하기 때문이다.

1. 서비스 산업의 효율성과 국제경쟁력

비효율적인 서비스 분야를 보호하는 경제적 비용은 전반적으로 상품부문을 보호하는 비용보다 더 크다.[1] 국가가 서비스 시장의 국제화로부터 얻게 되는 이익을 극대화하기 위해서는 무역 및 투자 자유화 제도를 채택하고, 통신, 금융, 교통, 에너지 등과 같은 핵심 인프라 서비스 부문의 경쟁을 제고시킬 수 있는 규제 체제를 갖추는 것이 필요하다. 회계 및 법률 등의 사업지원 서비스는 거래 비용을 줄인다.[2] 교육 및 의료 서비스는 인적자본의 역할이 매우 중요하다. 도소매업 서비스는 생산자와 소비자를 연결하는 중요한 역할을 하며, 소비자의 요구에 맞도록 자원을 효율적으로 배분하는 데 영향을 미친다. 소프트웨어 개발을 포함한 컴퓨터 및 관련 서비스 산업은 현대의 지식 기반 경제의 기초와 다름없다. 환경 서비스는 환경에 미치는 경제활동의 부정적인 영향을 경감시키는 데 도움을 줌으로써 지속 가능한 개발에 이바지한다. 서비스의 국제화가 국가경쟁력을 높이면 각국은 선진국형 경제체제로 빠르게 진입할 수 있다.

선진국과 개발도상국 등 많은 국가가 국내 서비스 부문의 경쟁력을 높이는 것을 목표로 광범위하게 개혁 작업을 시행하고 있다. 그 결과 좀 더 낮은 비용으로 서비스를 공급하게 되었고, 기술의 발전으로 자연 독점으로 간주하였던 산업에 경쟁이 도입되고 있다. 또한, 서비스 사용자에 의해서 뿐만 아니라 농업과 제조업의 이익을 위하여 서비스 부문이 개혁되었다.[3] 개별적인 조치이든 부문적인 조치이든 상관없이 서비스 부문의 개혁은 많은 경우에 시장이 생산, 무역 및 투자를 더욱 자유롭게 하는 데 중점을 두고 있다. 이러한 목표는 가격 경쟁을 촉진시켜 국제적인 가격 수준에 더욱 근접하도록 한다.

서비스 부문 정책의 중요성은 서비스 부문 자체에 국한되지 않는다. 서비스는 사실상 다른 모든 상품과 서비스를 생산하는 데 반드시 투입되는 요소이며, 생산자는 그들의 생산물을 최종소비자에게 전달할 때 다양한 서비스에 의존하게 된다. 경제에서 이용 가능한 서비스의 가격과 품질은 모든 산업에 큰 영향을 미친다. 서비스 부문 정책과 효율을 높이는 개혁[4]은 전반적인 경제적 성과에 중대한

---

1) 안충영, 2002, 서비스 시장 개방 바로 알기, 대외경제정책연구원.

2) 높은 수준의 거래비용은 종종 개발도상국의 경제성장에 주요한 걸림돌이 된다.

3) 세계화 과정에서 오는 혜택과 그에 따른 생산체인의 분할에서 오는 혜택을 누리기 위해서 기업은 서비스 부문을 고려하여야 한다. 국가들이 관세 및 다른 무역장벽을 낮추고 있어서 제조업은 서비스 시장이 개방되었을 경우보다 더 높은 생산요소 가격에 직면할 경우 제조업의 실효 보호율은 음(negative)이 될 수 있다.

4) 이러한 개혁은 규제 및 제도의 변화를 포함한다.

영향력을 미칠 수 있다.

모든 국가의 경제에서 생산자 서비스가 차지하는 중요성이 점점 증가하고 있다. 특히 제품의 수명 주기가 더 짧아졌고, '적기'에 생산하는 경영기법이 일반화되었기 때문에, '시간'의 중요성은 보다 강조되고 있다. 또한, 해외의 구매자들은 자신들이 제시한 사양을 제때 전달할 수 있는지에 대한 확신이 필요하다. 이러한 사실로 미루어 볼 때, 개발도상국의 상품 공급자들이 경쟁력을 가지기 위해서는 그들이 필요로 하는 투입요소를 제공해 줄 수 있는 효율적인 서비스 산업이 존재해야 한다. 서비스무역 및 투자를 제한하는 것은 서비스 투입요소의 품질을 떨어뜨리고 비용을 증대시키는 결과를 초래하게 된다. 결론적으로 자유화는 효율성과 후생의 증대를 가져올 수 있다.[5)]

교역장벽의 정량화를 시도한 연구에 따르면[6)], 교통, 금융 및 통신 서비스보다 비즈니스 서비스, 컨설팅 및 유통 서비스 부문에서 경쟁을 제한하는 장벽이 상대적으로 낮은 경향을 보인다. 교통, 금융 및 통신 서비스는 기업들이 세계에서 경쟁할 수 있는 능력을 제공하는 데 필수인 '핵심(backbone)' 서비스이기 때문이다. 그러나 개발도상국의 경우, 기본 중심서비스 중 교통서비스 이외의 부문에 대해서 경쟁을 상당히 제한하는 정책이 시행되고 있다.[7)]

서비스 자유화로 얻게 되는 이익은 상품의 무역 자유화에 따른 이익보다 상당히 더 클 수 있다. 왜냐하면, 현재 서비스 부문의 보호 장벽이 상품부문에 적용되고 있는 보호 수준보다 더 높을 뿐만 아니라, 서비스 자유화는 필요한 자본 및 노동의 이동으로 파급되는 이익을 추가로 창출하기 때문이다. 개발도상국의 서비스 부문에 대한 정책개혁이 경제 전반에 미치는 효과를 설명하려는 시도가 많은 나라를 대상으로 진행되어왔다. 예를 들어 해크만과 코난(Hoekman and Konan,

5) Deardorff(1999)와 Markusen, Rutherford and Tarr(1999)의 이론적 연구에 따르면, 협상에서 서비스 자유화를 가장 최우선으로 할 만한 가치가 있다고 믿는 중요한 이유는 서비스 자유화가 상품무역으로부터 이득을 증가시키고, 가치사슬(value chain) 및 생산의 국제적 분할에 따른 비용을 감소시키기 때문이다.

6) Francois, J., B., Hoekman, 1999, "Market Access in the Service sectors," Washington, D. C., The World Bank, mimeo.

7) Findlay and Warren(1999)은 통신, 금융 및 기타 서비스 부문의 무역장벽의 크기를 측정하는 일련의 논문을 엮어 발전하였다.

1999)은 이집트 서비스 부문 비효율성 제거에 따른 경제적 효과를 측정하였다. 그들의 연구결과에 따르면, 서비스 부문을 더욱 개방하면 이집트의 생산은 4%만큼 증가하는 것으로 나타났다. 또한, 규제와 행정업무로 인해 마찰이나 거래 비용과 같은 자원 비용이 늘어나게 될수록 개혁을 통해 후생이 증가하는 효과는 더욱 크게 나타났다. 튀니지 공화국의 서비스 부문의 개방 효과를 계측한 코난과 마스커스(Konan and Maskus, 2000)[8]의 연구결과에 따르면, 6개 핵심부문(통신, 건설, 운송, 사업서비스, 유통, 금융)의 개방으로 GDP의 7%에 상당하는 후생 증가를 기대할 수 있는 것으로 나타났다. 그러한 후생의 증가[9]는 튀니지 공화국이 EU와 특혜무역협정을 맺음으로써 기대되는 이익보다 더 큰 수준이었다.

서비스 산업에 경쟁을 강화하면 국가 경제 전반에 더 많은 유익한 효과가 나타날 수 있다. 즉, (1) 국내생산, 고용 증가 및 생산성 향상 등에서 서비스가 차지하는 비중이 더 높아지고, (2) 유통 시스템이 현대화되고, (3) 철도와 도로를 이용한 화물 운송비가 저렴해지고, (4) 항공운항 네트워크가 현대화되고 더욱 효율화되고 더 저렴해질 수 있다. 많은 산업에 있어 규제개혁은 기술진보, 기술혁신, 상품의 다양화 등과 동시에 발생한다. 특히 정보기술과 통신기술 분야는 시장 자유화로 인한 경쟁압력으로 인해 생산성을 높이는 투자를 촉진하게 한다.

2. 서비스 시장 개방의 이익

2.1 소비자 이익

무역협상이 열릴 때 소비자가 스스로 목소리를 낸 적은 거의 없다. 환경문제 등 공공재와 관련된 무역정책 논의 시에도 최종 수요자의 참여가 미미하여 생산자에게 편중된 정책이 취해진 것이 사실이다. 그러나 그러한 현상은 상품 무역의 경우보다 서비스무역의 경우에 그 정도가 덜하다. 그러나 여전히 제조업이나 농

8) Konan, D. E. and K. E. Maskus, 2000, "Joint Trade Liberalization and Tax Reform in a Small Open Economy: The Case of Egypt," *Journal of Development Economics,* Vol. 61, No. 2, pp.365-392.

9) 금융, 통신 및 운송 서비스 부문의 외국인 직접투자에 대한 장벽 제거가 가장 큰 부분을 차지한다.

업 부문과 같이 서비스 부문도 소비자의 이익을 무시 또는 경시하거나, 소비자 입장을 지지하는 모습으로 가장하여 기업의 이익을 추구하는 경향이 없지는 않다. 소비자보다 생산자의 입장과 이익을 강조하는 분석은 쉽게 왜곡될 수 있다. 이는 서비스 부문에서 의뢰인, 환자, 학생, 영화 관람객, 독자, 전력 및 수도의 사용자 등의 이해보다는 변호사, 의사, 의료제도관리자, 교사, 영화제작자, 작가, 공공서비스 종업원 등의 이해에 초점이 맞추어지는 것을 의미한다.

서비스무역이 자유화될 때, 소비자들이 구체적으로 누리게 되는 혜택은 개념적으로 상품의 무역개방에 따른 혜택과 같다. 시장이 국내 업자와 해외 공급자 모두에게 개방된다면 소비자들은 일반적으로 가격과 품질 모든 면에서 경쟁에 따른 이익을 누릴 수 있을 것이다.

통신서비스는 소비자와 기업 모두에게 비용을 절감시키는 주목할 만한 사례이다. 미국에서 일본과 영국으로 국제전화를 이용할 때 서비스의 실질 요금이 대폭 감소하고 있음을 알 수 있다. 일본으로의 7분간 실질 통화요금은 1982년에는 23.64달러(1999년 기준 달러로 환산)였다. 그러나 가장 저렴한 AT&T를 이용한 소비자는 1999년 단지 3.36달러를 냄으로써 85.8% 절감되었다. 미국과 영국 간 통화요금은 놀랍게도 같은 기간에 95.0% 하락하였다. 1997년에 급격히 감소했는데, 그때가 WTO에서 성공적으로 기본 통신 서비스의 시장접근에 관한 후속 협상이 타결된 해이다. GATS 협상은 당시 미국뿐만 아니라 다른 국가로 확대되어 가던 가격하락 경향을 더욱 견고화하고 가속하는 데 이바지했다.

요금의 하락도 중요하지만, 통신 분야에서 경쟁의 심화는 그러한 요금하락뿐만 아니라 서비스 공급의 속도도 개선된다. 통신사업자가 해당 국가에서 독점적 지위를 누리고 있는 경우 일부 개발도상국의 소비자들은 새로운 통신선을 설치하는 데 수개월 또는 수년간을 기다려야만 했다. 하지만 새로운 기술(특히 휴대폰)과 새로운 경쟁의 결합을 통해 전화서비스는 오늘날 대부분 국가에서 대폭 개선되었다. 이러한 발전은 소비자의 삶의 질을 상당히 개선한다.

2.2 노동자 이익

일반적으로 서비스 부문에 종사하는 근로자들은 다른 부문에서 종사하는 사람들보다 높은 임금과 좋은 근무조건을 누린다. 근로자들은 비교적 근무처를 자주 바꿀 수 있고 단체 노동협상에 미치는 영향이 명백하지 않을지라도 고용주들과 협상할 수 있다. 일부 서비스 산업은 종종 새로운 기술에 대한 숙련 정도가 근로자들 간에 서로 비슷한 특징을 갖고 있다. 서비스 부문에서 컴퓨터 능력 및 디지털 데이터 조작과 같은 필수적인 기술을 갖춘 근로자들은 수직 및 수평 이동이 가능하다.

일반적으로 사람들이 생각하고 있는 것과 달리 서비스 부문에 종사하는 근로자들의 임금이 제조업에 종사하는 사람들의 임금보다 높다. 봉급생활자에 관한 ILO(International Labour Organization)의 조사에 따르면, 11개 서비스 부문 중 7개 서비스 부문에 종사하는 근로자들이 제조업 근로자들보다 더 높은 임금을 받는 것으로 나타났다. 그리고 10개 국가 중 9개 국가에서는 모든 서비스 부문의 단순평균 임금이 제조업의 임금보다 더 높은 것으로 나타났다. 금융, 교육 등과 같이 높은 교육수준을 필요로 하는 서비스 부문과 전기, 가스, 수도 및 공공행정 등과 같이 노동조합 가입비율이 높은 부문은 제조업과의 임금격차가 더 크게 나타났다.

물론 어디에서나 서비스 부문이 제조업보다 더 높은 임금을 받는 것은 아니다. 판매업과 숙박업 등의 경우 상대적으로 낮은 임금을 받는다. 이러한 분야에서는 낮은 교육 수준을 가진 근로자와 시간제로 근무하는 근로자가 많다. 그러나 이러한 서비스 부문의 "단순 작업" 고용 형태의 특징을 서비스 부문 전체로 일반화하지 않도록 주의해야 한다. 이러한 서비스 부문은 국제경쟁에 상대적으로 덜 노출되어 있으며, 판매자와 소비자와의 인접성이 요구되기 때문에 전형적인 비교역재 부문으로 인식되고 있다. 한편, OECD 국가에서는 근로자의 약 70%가 서비스 부문에 고용되어 있는데, 이러한 점으로 미루어 볼 때 서비스 경제는 낮은 기술력을 가진 노동자들에게 고용을 제공하는 제조업 부문보다 더 높은 교육수준과 기술 수준을 갖춘 근로자들에게 일반적으로 더 많은 혜택을 제공한다는 것을 알 수 있다.

2.3 기업의 이익

서비스 시장 개방 확대의 가장 큰 수혜자는 경쟁력과 수출능력을 갖춘 기업들이다. 서비스 부문이든 상품부문이든 간에 적절한 가격으로 제공되는 고품질의 사업서비스는 사업의 성공적인 발전에 핵심이 되는 요소이다. 외국 서비스 공급자에게 시장을 더 개방한 국가들은 상품과 서비스 생산에 비용을 줄임으로써 국내 생산자들의 경쟁력을 더 높일 수 있게 된다. 예를 들어, 1975년에는 미국으로 총 100달러 상당의 상품을 수출할 때 관세와 운송비용이 약 10.57달러에 달했지만, 2000년에는 4.98달러로 하락하였다. 절감된 5.59달러 중에서 3.34달러는 운송비용 절감분에 해당하며, 2.25달러는 관세인하로 인한 절감분이다. 이러한 예는 서비스 자유화가 경쟁을 촉진해 상품교역과 관련된 거래 비용을 현저하게 낮주게 한다는 것을 보여 준다.

이와 같은 논리가 생산자 또는 중간재 서비스로 알려진 경영 서비스에도 적용된다. 경영 서비스는 경영기술, 정보기술, 사무실 운영지원 또는 엔지니어링 컨설팅과 같은 업무를 포함한다. 이러한 전문적인 서비스는 규모에 대한 보수 증가(increasing returns to scale)의 특징을 가지므로 개별기업들이 자체적으로 내부에서 조달하기 어려우면 외부의 공급자로부터 받을 수 있다.

제2절 서비스무역 자유화

1. 서비스무역 자유화의 요청

서비스무역의 자유화는 외국기업이 다양한 서비스업으로 진입하는데 장애가 되는 규제의 완화나 철폐를 의미한다. 그러나 규제의 완화나 철폐의 필요성은 반드시 대외거래의 자유화 요청에서만 일어난 것은 아니다. 예컨대 미국을 위시한 선진 각국에서 1970년대에 전기·통신사업의 규제 완화가 촉진된 것은 통신 정보기술의 진보 때문에 종래의 규제가 실정에 맞지 않았기 때문이기도 했다. 규제의 완화는 전기·통신사업의 신규진입 기회의 증대를 일으키고 국내 기업뿐만 아니라 외국기업에도 영업기회가 생기게 된 것이다.

외국기업의 서비스 산업에의 진입장벽 철폐요구, 바꿔 말하면 규제완화 요청은 종종 서비스 무역마찰과 서비스 자유화에 대한 외부 압력으로 파악된다. 그러나 국내에서도 신규 진입의 기회 증대를 초래하는 규제완화를 지지하는 기업도 있다. 더욱이 자국에서의 규제완화와의 교환으로 상대국에서 진입기회를 문의하는 기업도 나타나고 있을 정도로 서비스 자유화를 둘러싼 이해의 대립은 아주 복잡하다.

국가 간에 무역이 촉진되면서, 각국 서비스 시장에서의 규제의 정도뿐만 아니라 규제의 수단과 방법의 차이도 쟁점의 하나가 되고 있다. 앞에서 말한 일본의 전기·통신사업을 예로 보면, 1985년 4월 이후 새로운 전기·통신 사업법에서 자유화가 진행되었다. 일본의 정보·통신 서비스업은 '스스로 통신회선을 소유한다(제1종)'와 '제1종에서 통신회선을 임차한다(제2종)'의 두 가지로 나뉜다. 이 경우 일반 제2종에 대해서는 사업개시와 요금의 신고제로의 이행, 외자규제의 철폐와 같은 자유화 조치가 취해졌다. 그 결과, 외국기업의 제2종 서비스 제공이 가능해졌다. 일본의 규제가 회선의 소유유무에 따라 나누어지고 있는 것에 반해, 미국에서는 서비스의 형태에 의해 나누어지고 있다. 이러한 차이가 있어서 양국에서는 허가·등록과 같은 규제의 적용 범위를 둘러싸고 새로운 마찰이 일어나고 있다. 또한, 미국 측에서는 일본이 기술기준 규칙을 시행할 경우, 투명성을 높여주기를 바라고 있다.

1.1 비관세장벽 규칙 제정

1970년부터 1979년까지 행해진 GATT의 제6회 도쿄 라운드의 주요 특징은 관세 이외의 무역장벽, 소위 비관세 무역장벽의 경감·철폐에 착수한 것이었다. 실제로는 케네디 라운드가 종결된 1967년에 이미 GATT는 공업제품에 관한 비관세장벽 철폐를 본격적으로 다루기로 했다. 그 작업 단계에서 각 가입국으로부터 자국의 무역을 저해하고 있다고 통보받는 835개 비관세 조치를 항목별로 분류하였다. 통보받은 비관세 조치를 (1) 정부관여 (2) 세관수속 (3) 각종 기준 (4) 수출입

제한 (5) 수입과징금으로 분류하였다. 전체의 약 40%가 (1)~(3)의 국내 제도, 수속(세관수속, 관세평가, 상품 견본), 규격기준(공업규격, 보건안전기준, 포장·표시요건)에 관한 조치이다.

그 후 도쿄 라운드는 통상교섭권한을 대통령에게 부여하는 1974 통상법 성립이 지체되는 등 많은 우여곡절 끝에 1979년 11월에야 승인되었다. 도쿄 라운드에서의 비관세장벽의 경감·철폐에 관한 국제적 규칙은 구체적으로 다음과 같은 코드로 이루어졌다. (1) 보조금·상쇄조치 협정 (2) 덤핑 방지 협정 (3) 관세평가 협정 및 의정서 (4) 정부조달 협정 (5) 라이선싱 협정 (6) 표준규격 협정 (7) 민간항공기 협정이다.

GATT에서의 코드란 GATT 규정을 보완하는 구체적인 규칙이다. 코드의 규정에서 발생하는 의무는 승낙 국에서만 적용된다. 예컨대 GATT 가입국이라 해도 정부조달 협정을 승낙하지 않으면 무차별대우에 대한 의무를 다하지 않더라도 GATT에 위반되지 않는다. 도쿄 라운드에서의 비관세장벽에 관한 규칙이 코드로 제정된 것은 코드 승낙 국에서만 의무가 발생하기 때문에 항목별로 각국의 대응이 가능하기 때문이다.

(1)~(7)의 비관세 조치에 공통적인 것은 각 분야에서 허용되는 행동규범이 상세하게 규정된 점이다. 그리고 각국의 행동이 이 규범에 따라 이루어지고 있는지를 감시하고, 분쟁에 대처하기 위해서 코드마다 위원회를 설치하여 그것에서 협의·분쟁 처리 수속이 정해지고 있다. 또한, 가입국의 경제발전단계의 다양성을 고려해서 개발도상국의 발전단계에 부합하는 의무를 부과하는 특별조치를 인정했다.

표준규격(standard) 협정은 규격의 제정, 규격의 적합성을 판정하는 검사수속, 적합성을 증명하는 인증제도가 수입에 대한 장벽이 안 되도록 하는 것이 목적이다. 규격제정의 바탕이 되는 품질의 수준, 표시내용의 세목, 포장형태 등은 각국 소비자의 선호에 의존한다. 어떤 국민은 식품의 품질에 관해서는 까다롭지만, 식품에 함유되는 첨가물에 대해서는 표시를 그다지 까다롭게 요구하지 않기도 한다.

1980년 1월에 발효된 도쿄 라운드의 표준규격 협정은 각국이 규격을 제정할 때 국제규격이 있는 것은 가능한 한 국내규격으로 받아들인다고 하는 국제규격으로의 통일과 사전공개 절차에 의해 수출국 생산자에 대한 고려 조치를 요구하고 있다. 그리고 규격에 적합한지를 결정하는 검사수속에 관해서는 외국 산품에 대한 검사방법, 수속료 등의 조건이 국산품보다도 불리해서는 안 되고, 나라에 따라 차별적이어서는 안 된다고 규정하고 있다. 규격의 인증에 관해서는 외국 공급자에 대해서도 국내인증 제도를 개방하고 새로운 인증제도를 설치할 때는 사전공개 절차를 취하도록 요구하고 있다.

이처럼 표준규격 협정에서 요구되고 있는 행동규범의 하나는 각국의 국내규격 기준을 가능한 한, 국제규격 기준에 통일해 나가고자 하는 것이다. 그다음은 투명성을 확보함으로써 진입장벽을 없애 나가는 방향이다. 이 투명성의 확보는 외국의 공급자에게 필요할 뿐만 아니라, 국내의 신규진입 기업에도 중요한 조건이다.

도쿄 라운드의 비관세장벽에 관한 코드 제정의 경위는 관세와 수량제한과 같이 수량화가 가능한 분야뿐만 아니라 불가능한 분야도 GATT 교섭의 대상이 되는 것을 시사한다. 즉, GATT의 행동규범에 관한 국제적인 규칙제정도 서서히 그 중요성이 증대하고 있다.

1.2 자발적 자유화

세계화에 대한 비판에도 불구하고 두 가지 측면에서 범세계적으로 서비스의 무역 자유화가 진행되고 있다. 즉 각국 정부가 자발적으로 무역 및 외국인 투자를 억제하고 제한하는 규제를 제거하고 있고, 이전에는 비교역재로 여겼던 분야의 기술혁신으로 무역이 활성화되고 있다는 점이다. GATS의 협상도 이러한 변화를 반영하고자 하는 법적인 작업으로 간주될 수 있다. 투자는 그것의 보호나 자유화를 다루는 포괄적인 다자간 규범에 포함되지는 않지만 세계 경제 통합을 심화시키는 동인이 되고 있다.[10] 또한, 투자는 국제적으로 서비스를 공급하는 가장 중요한 수단이며, 오늘날 국경 간 투자의 약 70%가 국제 서비스 공급을 위한 투자이다.

현재 설립을 통한 서비스 공급(상업적 주재)에 관한 자유화 조치 중 다수가 아

10) Sauve, P., C. Wilkie, 2000, "Investment liberalisation in GATS", IN Pierre Sauce and Robert Stern Eds., GATS 2000: New directions in services trade liberalisation, pp.331-363. Washington, D.C., Center for Business and government, Harvard University.

직 양허표에 반영되어 있지 않다. 이는 상품을 수입할 때 적용되는 관세(applied tariff)와 양허관세(bound tariff)의 차이와 유사하다. 많은 국가가 양허관세보다 낮은 수준에서 실제 관세를 적용하는 것처럼, 서비스무역 및 투자에 있어 많은 국가의 법규는 GATS 하에서의 양허보다 좀 더 자유화되어 있는 것이다. 잠재적인 투자자들은 그들이 자국민이든 외국인이든지 상관없이, 국가가 자발적으로 수행하는 시장개방은 그 후에 철폐될 수도 있다는 사실을 안다. 그러나 무역협정이 현재 자발적으로 이루어진 자유화를 명시적으로 규범화한다면 그러한 자유화는 쉽게 후퇴시킬 수 없는 굳건한 약속이 된다.[11)]

하지만 이러한 자유화의 흐름이 영원히 지속하리라고 확신할 수는 없다. 더구나 이러한 자발적 자유화로부터 발생하는 경쟁 및 투자의 높은 잠재적인 이익에도 불구하고, 많은 정부는 정치적인 이유로 인해 자발적으로 자유화를 추진하기 어려울 수도 있다. 그래서 교역 상대국의 양보에 상응하여 자유화 조처를 할 필요가 있다.

기술혁신은 자유화의 또 다른 중요한 요소이다. 전자상거래의 발달은 이미 많은 서비스 부문이 세계화되는 과정에 상당한 영향을 미치고 있다. 인터넷과 다른 전자적 송신수단은 서비스를 제공하는 수단으로써 이용되고 있으며, 점차 퍼지고 있다. GATS 협상 초기에는 우루과이 라운드가 끝날 때까지도 상업적으로 현실화하지 못하였던 전자상거래의 발전을 전혀 예상하지 못하였다. 어떤 분석가들은 인터넷이 GATS를 이미 시대에 뒤떨어진 것으로 만들고 있는지 모른다고 주장하면서, 새로운 무역협정이 없는 상황에서도 기술진보는 국경 간 서비스 교역에서 시장을 개방하게 하는 새로운 요인이 될 수 있다고 주장한다. 그러나 협상과 기술발전은 절대적으로 서로 독립되는 것이 아니다. 서비스 협상에 임하는 각국은 기술의 발전이 서비스 분야의 수출확대에 이바지할 것이라고 기대하며 협상 전략을 세운다.

---

11) 이것은 구속화하는 것이 절대적이고 돌이킬 수 없는 자유화 약속을 가져온다는 의미가 아니다. GATS는 국가들이 공공정책의 정당한 이유로 양허를 정지시키거나 조건을 부과할 수 있는 수단을 제공한다.

2. 서비스무역 자유화에 대한 비판

2.1 역사적 배경

서비스무역에 대한 비판은 지난 수십 년 동안 계속됐다[12]. 첫 번째 비판은 1970년대 말부터 1980년대 초에 시작하였다. 그 당시 논제는 무역 협상 의제에 관한 것이었다. 3차 산업은 경제학이라는 학문의 역사만큼이나 오랫동안 관심 밖의 영역이었다. 해운, 관광과 같은 서비스는 항상 교역됐지만, 서비스를 "눈에 보이지 않는 것" 또는 "비 교역 분야"로 생각했던 많은 사람은 서비스 활동을 높은 부가가치, 생산성 증가, 무역혜택 등의 근원으로 보기 어렵다고 생각했다.

서비스무역에 대한 두 번째 비판은 1980년대 중반에 발생하였다. 그 당시 개발도상국들은 처음에 서비스가 GATT의 뉴라운드 협상에서 논의되는 것에 반대하였는데, 개발도상국의 정책결정자들은 선진국 서비스의 우월함이 개발도상국의 초기 단계에 있는 경제를 압도하여 그들이 금융 및 통신 분야와 같은 민감한 영역을 통제하지 못하게 될 것을 두려워하였다.

이에 따라 GATS[13]하에서 자유화에 대해 매우 유연하고 선택적인 접근이 개발되었으며, 개발도상국들은 비교 우위 근원이 농업이나 제조업에 있다고 해도 서비스 시장의 개방 확대로부터 쌍방향의 혜택을 누릴 수 있다는 것을 점차 깨닫게 되었다. 그러한 혜택 가운데 하나는 서비스 생산에 일반적으로 중요한 투입요소가 되는 중간재 서비스를 수입함으로써 비용을 감소할 수 있다는 점이다. 다른 하나는 개발도상국이 생산한 서비스를 수출할 새로운 기회가 증가한다는 점이다. 한때 개발도상국들보다 선진국들 사이에 서비스무역이 더 많이 이루어져 왔으나, 현재는 그다지 차이가 없음을 보여주고 있다. 서비스 수출은 선진국들에만 이익이 되지 않는다. 실제로 오늘날 개발도상국들은 관광이나 자연인의 이동과 같이 그들에게 가장 이익이 되는 분야의 서비스 협상에 적극적으로 참여하고 있다.

세 번째 비판은 첫 번째 비판과 정반대의 경우이다. 최근의 서비스 협상 반대

12) 안충영, 2002, 서비스 시장 개방 바로 알기, 대외경제정책연구원.

13) 우루과이 라운드 기간 중 GATS를 만드는 데 개발도상국이 중요한 역할을 담당하였다.

론자들은 서비스무역 협상을 무역정책의 관심을 끌지 못하는 비생산적인 활동으로 보는 것이 아니라 오히려 일부 서비스부문이 매우 중요하기 때문에 국제적인 무역규율의 범위에 포함시킬 수 없다고 주장하고 있다. 이러한 논의는 서비스무역 개방이 건강, 교육 및 기타 사회 서비스, 문화, 전기·가스·수도 등 민감한 영역에 위협이 될 수 있다는 데 초점이 맞추어져 있다. 이들은 서비스의 무역 및 투자 자유화에 따라 경쟁이 심화되면 국내 생산자에게 부정적 영향이 미치게 될 것을 우려한다. 또한, 이들은 서비스무역 개방 때문에 가난한 자들에게 꼭 필요한 서비스부문이 배제될 수 있으며, 다국적 기업이 세계 시장의 대부분을 점유하게 되고, 지역 고유의 문화를 말살 또는 축소하며, 소비자의 건강 및 행복을 위협할 수 있고, 민주주의를 훼손시키며, 정부의 규제 권한을 축소할 수 있음을 우려하고 있다.

2.2 서비스무역 자유화의 비판 내용

시장이 더 개방되면 바람직하지 않은 많은 결과가 초래될 것이라는 GATS에 대한 비판은 주로 OECD 지역에서 시작되었다. 그들이 주장하거나 우려하는 대부분은 다음과 같은 세 가지 범주로 구분된다.

첫째, 자유화는 가용성(availability)을 감소시키고, 비용을 증가시키며, 서비스 품질을 위협하고, 보건, 교육 등의 사회적 서비스나 전기, 수도와 같은 공공서비스의 왜곡된 분배현상을 발생시킬 것이다. 둘째, 해외에서 영화, TV 프로그램, 음악과 같은 문화 상품이 무제한으로 유입되면 고유의 전통문화를 훼손시키거나 사라지게 할 것이다. 셋째, 거대 다국적 기업들만이 개방된 서비스 시장에서의 유일한 수익자이며, GATS는 그들에게 특히 개발도상국가의 소규모 경쟁기업들 및 해당 국가 정부의 규제 권한을 압도할 수 있는 수단을 제공할 것이다.

이와 같은 큰 우려가 종종 "세계화"라는 용어로 합쳐진다. 세계화 과정은 어떤 의미에서 "상업적 활동을 국가의 목표에 맞추게 하는 국가의 법률적 실행능력에 대해 초국가적인 제약을 가하는 새로운 경제모델"로서 특징을 갖고 있다.[14] 혹은

14) Nader, R., & Wallach, L., 1996, GATT, NAFTA, and the subversion of the democratic process.

심지어 "대부분의 제3세계 문화에 내포되어 있으며 그들의 자족적인 생활방식을 영위하게끔 하는 문화적 패턴이 철저하게 파괴되고 서구의 대량 소비자 사회의 문화와 가치에 의해 대체되고야 말 것이다"는 음모로도 여긴다.

세계화란 용어는 쉽게 정의할 수 있는 것이 아니지만 세계화는 서로 관련이 있으면서도 구별되는 두 개의 과정을 함축한다. 하나는 기술적 근대화를 의미하는데, 새로운 기술 개발로 인해 상품 및 서비스의 국경 간 이동이 원활해지고 가속화되는 과정이다. 예컨대 안전하고 효율적인 운송의 발전으로 상품의 국경 간 이동이 증대되었던 것처럼 지금은 통신 및 관련 기술의 빠른 진보로 서비스 교역이 증대되고 있다. 국내 생산업자들에 의해 독점적으로 제공되었던 서비스가 이제는 현대 통신체계에 접근할 수 있는 거의 모든 곳에서 조달될 수 있다. 다시 말해 이러한 관점에서의 세계화는 "기업이 해외로 진출하기 위해 해외로 나갈 필요가 없음"을 의미한다.

세계화의 첫 번째 측면이 교역 정도의 변화에 관한 얘기라면, 두 번째 측면은 내용물의 변화를 의미한다. 즉, 세계화는 이전에는 시장으로부터 차단되었던 몇몇 활동들이 상업화되는 것을 내포한다. 오랫동안 교역 가능한 상품으로 여겨져 온 것은 대부분 재화였지만, 오늘날 많은 서비스부문이 교역되고 있으며, 심지어 전통적인 의미로서 "경제적"이라 여겨지지 않았던 공공서비스 부문도 교역의 대상이 되고 있다. 교사, 의사 및 기타 서비스부문의 전문가들은 자신들의 직업이 비상업적인 영역에 속해 있는 것으로 여기고 있다. 그래서 자신들이 제공하는 서비스는 자동차나 의류 등에 적용되는 시장원리에 따를 수 없다는 의사를 표명하는 경우가 많다.

또한, 국가적 또는 세계적 수준에서 그러한 활동에 대한 규제 권한을 가진 사람들도 그들의 견해에 공감하고 있다. 이러한 이유로 교육, 의료 그리고 기타 사회적 서비스부문은 종종 공급과 수요의 원리에 의해 배분되어야 하는 상품이 아니라, 국가에 의해 제공되어야만 하거나 혹은 규제에 따라야 하는 기본 인권으로 간주한다. 이와 유사한 주장이 문화 상품 및 서비스, 전기·가스·수도 등 기본 공

In: J. Mander & E. Goldsmith (Eds.), The case against the global economy, pp.92-107, San Francisco: Sierra Club Press.

공서비스, 그리고 가격의 체제와 이윤 동기로부터 완전히 혹은 부분적으로 제외된 다른 서비스부문에도 적용된다.

서비스무역 및 투자 자유화에 대한 반발은 세계화에 대한 후자의 관점에 기인한 것으로 보인다. 많은 비판자들에게 문제가 되는 것은 서비스무역의 초국가적인 특성이 아니라, 무엇보다도 이러한 거래가 시장의 원리에 의해 행해져야 하는지에 대한 의문이다. 특정 서비스의 자유화를 반대하는 사람들은 이러한 논리를 자주 사용한다. 어떤 단체가 시장 규율의 범위에 새로운 무언가를 포함시키는 것을 반대할 때마다, 그 단체는 그 품목을 상품으로써 취급하지 말아야 한다고 강조할 것이다. 캐나다 공공근로자조합의 한 임원이 "물은 기본적인 인권이며 사거나 팔거나 거래될 수 있는 상품이 아니다."[15]라고 말한 것은 이러한 사실을 잘 나타내 준다.

세계화에 비판하는 학자들은 한 나라의 문화적 유산은 단순한 상업적 제품이 아니라는 점을 지적한다. 또한, 정보가 갖는 부수적인 특성은 근본적으로 상품을 취급하는 것과 일치할 수 없다고 강조한다. 그들은 정치적으로 민감한 서비스부문이 국제무역의 규범에 포함되면 공익을 위해 그러한 서비스의 생산과 분배를 통제할 수 있는 범위가 줄어들게 될 것을 우려하고 있다.

서비스 관련의 논쟁은 과거의 자유무역론자들과 보호주의자들 간에 있었던 상품교역에 대한 전통적인 상반론보다 훨씬 복잡하다. 예전의 GATT에 대한 논쟁에서 양측은 국내시장으로 들어오는 수입품을 어느 정도까지 허용해야 하는가에 대해 첨예한 의견의 대립을 보였다. 그러나 당시의 대립에 있어서 양측은 한 가지 공통점을 가지고 있었다. 즉, 보호무역의 찬성자와 반대자 모두가 이익 지향적인 기업이었다. 물론 이론적으로는 해낭 상품의 소비사가 논쟁에 참여해야 하지만, 실제로는 공공재 문제[16]로 인해 소비자들은 자유화의 옹호자로서 참여하는 것이 거의 항상 제약되기 마련이다.[17]

---

15) 웹사이트 참조: http://www.cupe.ca/mediaroom/newsreleases/showitem.asp?id=87.

16) 자유화의 혜택은 전 국민에게 매우 광범위하게 산발적으로 미치지만, 비용은 일부 부문 또는 특정 노동자들에게 더 즉각적이고 집중적으로 미친다는 사실을 의미한다.

17) Olson, M., 1965, The Logic of Collective Action. Cambridge, MA: Harvard University Press.

서비스교역에 관한 일반적인 정책 논쟁의 참가자들은 이익 지향적인 회사와 그 회사의 종업원들 이외에도 소비자 및 공공서비스 수혜자들을 대변하는 사람들, 서비스 제공자들, 소비자들의 복지 및 환경문제 그리고 인권에 관심을 두고 있는 시민단체까지 포함할 수 있다. 서비스 제공자의 범위는 일반적으로 순수 공공 독점기업에서부터 전통적인 기업에 이르기까지 광범위하다. 공공 부문의 또는 상당한 규제를 받는 기업의 근로자들이 특히 적극적이며, 일부 국가에서는 이들이 서비스부문의 무역 및 투자 자유화에 대한 가장 날카롭게 비판한다. 그들의 비판 중 일부는 GATS 또는 WTO에 직접 관련된 것이라기보다는, 사실상 국내 사회계약의 조건은 WTO와 같은 초국가적인 차원이 아니라 국내에서 타협이 이뤄지어야 한다는 각국 정부에 대한 경고로 볼 수 있다.

3. 서비스무역 자유화의 전제조건

서비스 분야에서 무역을 자유화하려면 서비스 분야의 전반적인 개혁이 필수이다. 하지만 개혁을 추진하는 것은 쉬운 일이 아니다. 외국의 투자자가 국내 서비스 시장 진입할 때 정부의 규제정책이 일관적으로 정비되어 있어야 경쟁이 촉진된다. 만일 경쟁을 제한하는 정책 일부분만을 개선한다면 개혁으로 인한 이익은 감소할 것이고 전혀 구체화하지 않을 수도 있다. 개혁을 위한 노력에도 불구하고 기대했던 혜택들이 나타나지 않았던 사례가 많이 있는데, 그 이유는 기업들이 담합을 하도록 허용하거나 경쟁을 저해하는 다른 조치들을 여전히 남겨두었기 때문이다.

포괄적인 개혁 노력 외에도, 교육 및 의료 서비스의 보편적인 공급과 같은 비경제적인 목표를 달성하고 시장실패를 만회하도록 개입하는 정부의 역할을 또한 고려해야 한다. 다른 한편으로는 그러한 목표들이 계속해서 효율적인 방법으로 달성될 수 있도록 구제개혁 방안을 만드는 것에도 노력해야 한다. 무역 및 투자 자유화는 규제 또는 규제개혁의 필요성과는 구분되어야 한다. 신용, 소비자 보호, 공공보건 그리고 안전의 목표들을 이루기 위한 규제를 마련해야 하고, 필요시에는 강화되어야 하며, 자유화 노력과 조화될 수 있도록 적절하게 진행되어야 한다. 또한, 그러한 규제는 국내 외 서비스 공급자들에게도 동등하게 적용되어야 한다.

한편, 국내 규제에 관한 다자 규범을 강화함으로써 국내외 규제개혁을 촉진할 수 있다. 그런 규범들은 개발도상국 수출업자들에게 해외시장에서 자신들의 수출을 가로막고 있는 장벽을 해소하는 수단을 제공할 수 있다. 예를 들어, 자연인의 이동에 대한 시장접근 양허가 어떤 가치를 가지려면 전문직에 대한 면허 및 자격요건을 다루는 규범이 필요하다. 그러나 GATS의 아이러니 중 하나는 국내 규제를 다루는 조항들이 가장 취약하다는 것이다. 이는 우루과이 라운드 당시 협상가들이 아무런 기존 규범이 없는 상태에서 처음으로 국제 규제에 대해 규범을 마련해야 한다는 것이 극히 어려운 문제였음을 반영하고 있다. 그러나 그것은 또한 나라의 주권을 침해하지 않고 지나치게 규제의 자유를 제한하지 않으면서 이러한 복잡하고 다양한 분야들에서 효과적인 다자 규범들을 개발하는 것이 얼마나 어려운 것인지를 반영하는 것이다.

서비스를 구매하는 사람들은 종종 서비스를 판매하는 사람들의 특성, 예를 들어 의사와 법률가의 능력, 운송서비스의 안전성, 은행과 보험회사의 건실함에 대해 불충분한 정보를 소유하고 있다. 규제는 그러한 시장실패를 상쇄하는 데 도움이 될 수 있으나, 무역을 저해할 수도 있다. 예를 들어 전문직 서비스의 경우, 국내의 교육 및 시험 수준이 낮고 외국과의 수준 차이가 크면 외국으로부터 자격인정을 얻는 데 걸림돌이 될 수 있다. 그래서 불충분한 국내 규제는 무역장벽으로 작용할 수 있다. 많은 개발도상국들에게 더 중요한 점은 부적당한 국내 규제가 심각한 내부의 왜곡을 일으킬지도 모른다는 점이다. 그래서 많은 국가의 최근 경험을 볼 때 금융서비스에 대한 효과적인 규제의 필요성이 강조되었다. 그것은 분명히 무역 및 투자 자유화로 인한 혜택을 완전히 얻기 위한 전제조건이다. 민영화를 할 때 경쟁을 제고시키는 정책이 없이 단지 공공의 부(富)를 새로운 민간기업 소유자(내국인이든 외국인이든)에게 이전시키는 결과만 낳는다면, 이는 민영화로부터의 사회적 이익을 상당히 감소시키게 될 것이다.

서비스 부문의 정책들[18]이 경제발전에 이바지하기 위해서는 서비스 자유화를

---

18) WTO나 지역무역협정에서 서비스 부문의 무역 및 투자에 대한 양허를 포함한다.

보완할 수 있는 강력한 규제가 필요하다. 비록 더 많은 외국인 직접투자를 유치하는 것이 서비스 산업에서 경쟁을 높이는 가장 나은 방법일지라도, 민영화와 해외기업의 국내기업 인수는 하나의 기업에게 지나친 시장지배력을 확보하게 하여 독점 가격정책을 시행시키게 한다. 따라서 무역 및 투자 자유화를 보완하기 위한 규제와 경쟁정책이 확립되어야 한다.

일반적으로 서비스 자유화를 하더라도 빈곤층이 필요한 서비스를 더욱 확실하게 누리게 하려면 규제개입이 필요하다. 예를 들어, 칠레에서는 보조금을 사용하여 일반에게 경쟁 가격으로 전화 서비스를 공급하여 가구당 전화기 보유비율이 1988년 16%에서 2000년 74%로 증가하였다.

비경제적이고 사회적인 정책목표를 달성하고 시장실패를 해소하는 규제의 필요성 이외에 다른 중요한 이슈는 내부의 규제개혁과 외부개방의 적절한 순서를 결정하는 것이다. 금융 부문 개혁에 관한 여러 연구에 따르면, 거시 경제가 불안정하고 여건이 성숙하지 않은 국가가 자유화를 하였을 때, 환율의 급격한 변동성이 증대되고 자본유출이 심화하는 결과를 초래하였다. 반대로 거시경제가 비교적 안정적이며 금융 감독이 효과적으로 이루어지는 국가들에서는 규제개혁과 무역 자유화가 동시에 이루어져도 무리가 없다.

서비스 부문을 자유화한다고 해서 모든 문제가 해결되는 것은 아니며, 시장개방 확대가 가져오는 많은 혜택이 실현되는 데는 시간이 걸릴 수가 있다. 초기에는 서비스 산업 합리화에 관련된 비용으로서 산업소유권 구조의 변화 및 노동자 해고 현상이 나타날 것이다. 그리고 자유화를 고용, 수익, 지대추구행위(rent-seeking behavior)에 대한 위협으로 인식하는 근로자들과 국내외 기존 기업과 관료들이 자유화에 저항함에 따라 서비스 부문에 대한 자유화를 더욱 복잡하고 어렵게 만들 것이다. 이러한 우려는 일부 WTO 회원국들이 운영상의 실행 가능성에 회의가 있음에도 불구하고 왜 GATS 내에 긴급 세이프가드를 도입하는 계획을 지지하고 있는지를 설명해 주고 있다.[19]

19) 서비스무역에 있어서 긴급 세이프가드 조치(ESM) 문제는 지금까지 몇 년간 GATS의 논제 하에 있었다. GATS 회원국들이 ESM에 대한 협상을 마치기로 한 마감일을 2002년 3월 15일로 세 번이나 연기한 결정에서 보듯이, GATS 하에서 상기 논의가 전개됐지만, 여전히 어려운 의제로 남

상품의 무역과 마찬가지로, 서비스 부문의 대외 개방으로 인해 국내의 생산과 고용이 잠재적으로 손실을 볼 수 있다. 그러나 이러한 개방을 통해 더욱 높은 수준의 경쟁이 유발되고, 더욱 다양한 기술과 제품이 소개되며, 규모의 경제를 실현할 수 있도록 보다 넓은 시장에 국내 경제가 노출되게 된다. 서비스의 사용자 및 최종소비자들에게 돌아가는 이와 같은 혜택은 대외 개방으로 인해 서비스 부문에서 발생하는 손실을 상쇄할 것이다.[20]

서비스무역 및 투자 자유화의 한 가지 중요한 측면은 일반적으로 다른 전통적인 상품생산 분야보다 서비스 부문이 시장개방 확대에 원활하게 적응한다는 것이다. 여기에는 세 가지 이유를 들 수 있다. 첫째, 통신 및 금융과 같은 서비스 산업의 적응은 그 분야의 역동적인 환경에서 발생하며, 이러한 환경에서는 시장이 확대됨으로써 축소되는 부문의 근로자들을 기업들이 더 쉽게 흡수할 수 있다. 그리고 축소되는 부문에서 나오는 근로자들의 재취업은 변화를 거부하고 저항하는 정체된 체제에서보다는 역동적인 경제체제 내에서 더 쉽게 이루어진다. 둘째, 국제무역의 약 80%는 제조업 부문에서 이루어지고 있다. 이것은 일반적으로 무역으로 인해 일자리를 잃는 것에 비해 서비스 부문 근로자들이 직접 노출되는 경우가 적다는 것을 의미한다. 셋째, 아마 가장 중요한 이유로서 서비스 부문의 근로자들은 부문별 전문성의 특화 정도가 높고 교육 수준도 평균 이상이므로 전체적으로 높은 노동 이동을 보이는 경향이 있다. 이러한 특징은 비제조업 활동에서 퇴출당한 근로자들이 제조업 분야 근로자보다 실직 기간이 짧고, 더 높은 재취업률을 보이며, 재취업 시 소득 감소가 제조업보다 평균적으로 작은 경향을 설명해 준다.[21]

이었다.

20) 자유화에 대한 논쟁에서 재차 거론되는 것은 잉여노동을 고용해 온 예전의 공익 독점기업의 고용 감소에 관한 것이다. 예를 들어, Alexander와 Estache(1999)에 의한 연구에 따르면, 아르헨티나 전력산업의 민영화는 40% 이상의 노동력 감소를 가져왔다. 그러나 자유화가 고용에 미치는 영향에 대한 비관적 증거가 항상 정당화되는 것은 아니다. 예를 들어, 많은 개발도상국가들은 그들의 자유화된 통신부문의 고용수준을 유지하거나 심지어 증가시켰다. Petrazzini와 Lovelock(1996)는 남미와 아시아의 26개국을 대상으로 연구하였는데, 동 연구결과에 따르면 통신시장이 경쟁적인 국가는 고용수준이 점차 증가한 반면, 통신부문의 독점이 유지된 국가의 3분의 2는 동 부문에서 고용이 감소한 것으로 나타났다.

경쟁지향적인 규제개혁과 서비스무역 및 투자 자유화 정책은 개발도상국의 성장 잠재력을 높일 수 있다. 그러한 효과는 지사나 자회사 설립 형태의 서비스무역과 관련하여 가장 크게 나타날 것으로 예상한다. 해외자본의 유입으로 저축률이 올라가고 이는 투자를 촉진하게 된다. 즉, 해외자본의 유입으로 인해 국내 자금이 다른 투자 기회로 분산되어 국내 성장이 촉진될 수 있다. 해외자본의 유입은 성장을 제약하는 국제수지 문제를 완화하며 실질 이자율을 낮추게 한다. 실질 이자율의 하락과 단기 성장률의 상승은 국내투자를 더욱 증가시키게 한다. 그리고 해외 투자자들은 상당수의 국내 근로자들을 고용할 것이므로, 이는 인적자본과 지식기반산업의 발전을 유지한다. 더 나아가 외국회사의 지사나 자회사에 있는 근로자들이 받는 평균 임금은 선진국이나 개발도상국 모두의 경우에 있어서 국내 경쟁 산업의 임금보다 많은 경우가 일반적이다.[22)]

제3절 서비스 무역장벽

1. GATS의 보호무역 조치

서비스무역을 무역 규범의 다자체제에 포함한 GATS의 타결은 우루과이 라운드의 가장 중요한 성과 중의 하나였다. GATS는 GATT가 상품 무역에 대하여 제공하였던 바와 똑같이 상호 합의된 규범과 시장접근 및 차별 없는 양허 조건을 서비스무역에 제공한다. 그러나 서비스의 특성과 서비스 산업에서 볼 수 있는 많은 규제체계를 생각할 때 서비스무역 자유화는 상품 무역과 상당한 차이가 있다.

서비스 분야에 대한 우루과이 라운드의 최우선적인 목적은 계속되는 협상 라운

---

21) 서비스부문에서 비율적으로 더욱 적은 수의 저숙련 근로자들이 있을지 모르나(예, 수입 경쟁에서 낙오된 근로자), 분야 자체가 OECD 경제의 70% 가까이 차지한다는 것을 고려할 때, 부정적인 영향을 받은 서비스 분야의 근로자 수가 제조업 분야보다 여전히 많을 수 있다.

22) Graham J., 2000, "How big are the tax benefits of debt?", *Journal of Finance* 55, pp.1901-1941.

드에서 점진적으로 자유화가 이루어지도록 GATS 체제를 확립하는 것이었다. 첫 번째 협상 라운드에서는 외국 서비스 공급자의 시장접근을 차별하거나 제한하는 조치를 개선하는 의미로서의 진정한 자유화는 별로 이루어지지 못하였다. 대부분의 회원국은 현재의 상태로 법령 및 규제를 구속하는 양허를 하였으며, 양허표에 포함된 분야도 매우 제한적이었다. 앞으로 내국민대우와 시장접근에 아무런 제약이 없는 협상이 이루어져야 한다. 고소득국가의 경우 서비스업의 약 25% 정도가 아무런 제약 없이 양허되었고, 다른 회원국들은 그 비중이 10% 이하이다.[23)]

국내 규제의 투명성에서 내국민대우, 최혜국대우, 공정한 법의 적용 등 여러 GATT의 기본적인 원칙을 특징으로 하는 협정인 GATS는 원칙적으로 모든 서비스의 국제무역을 포괄하고 있다. 단, 정부의 권한을 행사하기 위해 제공되는 서비스와 항공운송에서의 운수권 및 운수권의 행사에 직접 관련되는 모든 서비스는 제외된다.

GATS에 대한 비판은 종종 다음과 같은 믿음에 기반을 두고 있다. 즉 GATS는 모든 서비스 분야를 자유화시킬 것이며, 각국 정부는 자국의 서비스 산업을 보호하지 못하게 될 것이라는 점이다. 그러나 실제 GATS는 회원국들이 자신들의 양허를 제한하거나, 조건을 붙일 수 있고, 심지어 중지시킬 수도 있는 가능성을 열어두고 있다. 즉 각국은 다음과 같은 선택권이 있다.

(1) 어떠한 양허도 하지 않을 수 있다. GATS 내에서 어떠한 것도 회원국에게 어떤 특정한 부문을 자유화하도록 강요하지 못하며, 국가는 일정 부문을 지속해서 양허에서 제외시킬 수 있다. 이러한 측면에서 GATS의 양허 업종의 범위는 GATT의 상품무역에 비해 훨씬 더 제한적이다. GATT 회원국 대부분이 그들 상품 관세의 대부분 혹은 전부를 양허했지만, 많은 다수국이 상당수 서비스부문을 양허하지 않고 있다.

(2) 특정 분야 또는 하위 분야에서 양허를 자유롭게 제한할 수 있다. GATS에 포함되는 서비스공급의 네 가지 형태의 각각에 대해 WTO 회원국은 "약속하지 않음(unbound)"을 명시하거나,[24)] 더 구체적인 유보사항을 표시할 수

23) Hoekman and Matoo, 1999.

있다. 예를 들어 현존하는 외국인 투자에 대한 차별적 제한을 유지할 수 있으며, 또한 서비스 생산자 수, 서비스거래 및 자산의 총 가치, 특정 분야에 고용된 자연인의 총수 등에 대하여 제한할 수 있다. 또한, WTO 회원국은 기존의 공급자들에게 새로운 시장 조건에 대비하도록 하고 필요한 규제제도를 마련하기 위해 현재 법규보다 덜 양허하거나 향후 추가로 자유화할 것을 약속할 수 있다.

(3) 모든 서비스에 대한 수평적 제한을 적용할 수 있다. 많은 국가가 서비스 활동에서 자연인의 이동 및 투자(상업적 주재)의 양허에 대하여 모든 분야에 적용할 수 있는 수평적인 제한을 기재하고 있다. 예를 들어, 어떤 WTO 회원국들은 특정 수준을 초과하는 모든 외국인 직접투자 유입을 심사하는 권리를 유지하거나 고도로 숙련된 노동자와 같이 특정 형태의 서비스 공급자에 대해서만 일시적인 체제를 허용할 수 있는 권리를 유지하고 있다.

(4) 국제수지를 보호하기 위한 제약을 담은 GATS 제12조를 발동시킬 수 있다. 국제수지에 부정적인 영향을 일으킨다고 판단된 경우, 양허를 일시 정지시키는 규정인 GATS 제12조를 발동시킬 수 있다.

(5) GATS 제14조(일반적 예외)의 다양한 일반적인 예외를 발동시킬 수 있다. 이것은 공공정책을 합법화하기 위해 현존하는 규제를 정당화하거나 새로운 제도를 입법화하는 것을 말한다. 이러한 예외는 안전, 인간 및 동식물의 생명 또는 건강, 국가 안보, 공공도덕 등을 포함한 중요한 공공의 이익을 보호하는 데 필요한 경우 발동될 수 있다. GATS 제14조(일반적 예외)의 예외는 GATS의 모든 다른 규정에 우선하므로, WTO 회원국들이 필요하다면 자신들의 양허를 어기거나 취소하는 것을 허용한다.

(6) 궁극적으로 GATS와 WTO에서 탈퇴할 수 있다. 비록 어떠한 WTO 회원국들도 아직 탈퇴한 경우가 없고, WTO에 가입하기를 원하는 국가들이 줄지어 서 있다는 사실을 주목해야 하지만, 어떤 회원국들에 불가피한 경우가 발생할 때는 GATS와 WTO 모두에서 탈퇴할 수 있다.

---

24) 즉, 해당 분야의 해당 공급형태를 전혀 양허하지 않는 것을 의미한다.

2. 서비스 무역장벽의 종류

서비스의 무역장벽은 상품무역과는 다른 서비스무역 자체의 특성으로 인해 다양한 형태로 존재하며, 무역장벽의 유무와 정도를 파악하고 측정하기가 쉽지 않다. 서비스의 무형성(intangibility)과 비저장성(non-storability)이라는 특성 때문에 순수한 서비스 자체가 아닌, 다른 사물이나 정보 흐름, 사람에 체화된 형태로 제공된다. 따라서, 이러한 요소들이 국경 간 얼마나 원활하게 이동할 수 있으며, 해외에서 조합될 수 있는가와 관련된 비용이 서비스 무역장벽의 주요 요인이 될 수 있다.[25)]

2.1 진입규제

각종 시장진입 규제나 관세 및 정부보조금, 가격 규제는 상품무역 부문과 마찬가지로 서비스 부문에서도 무역장벽으로 작용한다. 다만, 서비스는 사람이나 법인이 공급자이기 때문에, 상품무역에서의 무역장벽이 서비스무역에서는 다른 형태로 적용된다. 예를 들어, 쿼터와 같은 시장진입 규제의 경우, 상품무역에서는 상품 자체에 쿼터가 적용되는 반면 서비스무역에서는 서비스를 제공하는 사업자에게 쿼터가 적용된다. 관세 또한, 상품과는 다르게 서비스무역에서는 자연인의 이동을 제한하는 비자수수료의 형태로 부과될 수도 있다. 또는, 서비스를 수반하는 상품(영화, TV 프로그램, 컴퓨터 소프트웨어, 통신장비 등)에 관세가 부과되는 경우 광의의 서비스 무역장벽으로 포함시킬 수 있다. 가격규제 또한 서비스를 제공하는 서비스 사업자들에게 부과되며, 상품무역과 마찬가지로 시장 구조(경쟁시장 혹은 독과점 시장)에 따라 비대칭적으로 적용가능한데, 서비스 종류에 따라 가격규제의 내용과 비중이 다를 수 있다.

서비스 부문에서 보편적으로 나타나는 무역장벽으로, GATS 제16조는 그 유형을 크게 여섯 가지로 분류하고 있다. 〈표 9-1〉에서 처음 네 가지 유형은 양적인

---

25) 남상열·고혜진·김성웅·박승종, 2012, OECD 통신서비스 무역장벽지수(STRI) 분석과 무역투자자유화에의 시사점, 정보통신정책연구원.

제한조치로 최대한도 제한(maximum limitation)을 규정하고 있으며, 서비스 사업자의 신규면허 제한 등이 이에 해당한다. 다음의 두 가지 유형은 질적 제한조치로, 외국인 투자의 국내 법인과의 합작투자만 허용하는 제한조치 및 외국인 지분 참여 50% 제한조치 등이 이에 해당한다.

다음으로, 내국민대우 제한조치는 GATS 상에 그 유형이 열거되어 있지 않다. 하지만 GATS 제17조는 외국서비스 및 서비스 공급자의 경쟁조건(conditions of competition)에 미치는 영향을 판단의 근거로 본다. 즉, 형식상의 차별조치뿐만 아니라 형식적으로 동일한 조치이더라도 사실상 외국 서비스, 서비스 공급자에게 차별적 대우를 초래한다면 이에 해당하는 것으로 간주한다.

국내 규제 조치는 시장접근 제한이나 내국민대우 제한이 아닌 규제조치들로, GATS 제6조는 이에 대해 서비스의 품질과 서비스 공급자의 자격 및 능력을 규제하는 자격요건, 인허가 요건, 기술 표준으로 분류하고 있다. 까다로운 서비스 면허 취득 요건 및 명기되지 않은 구두조건으로 외국인 투자자들에 대한 절차 적용 지연, 자국 내 독자적인 서비스 기술표준 적용에 따른 외국인 사업자 진입 제한, 정부의 사업자 지분보유에 따른 사업자의 독립성과 공정성 저해 등이 이에 해당한다.

표 9-1 시장접근을 통한 장벽 유형

	한-미	한-EU	한-중
유형	– 서비스 공급자 수 제한 – 서비스 거래액 또는 자산 총액 제한 – 서비스 영업점 수 또는 총산출량 제한 – 서비스와 유관한 자연인 수 제한 – 법인체나 합작투자의 형태 제한 – 외국인 지분 제한	– 형태 및 내용과 무관하게 동종 서비스와 서비스 업자에 대한 법률상의 차별과 사실상의 차별	– 자격요건 (qualification requirement) – 기술표준 (technical standards) – 면허요건 (licensing requirement)

출처: WTO.

2.2 가격

또한, 서비스 무역장벽은 서비스 제공을 가능하게 하는 요소들의 이동 및 조합과 관련된 비용으로 치환되기도 하는데, 국내시장과 사업자 보호를 목적으로 한 국내 규제나 이질적인 규제 환경 및 행정시스템이 이에 해당한다. 예를 들어, 국가 간 이질적인 위생 및 환경 관련 표준이나 기술규격은 목적과 관계없이 이질성 그 자체로 국가 간 서비스무역의 비용으로 작용하며, 국내 및 해외사업자 간 차별적인 규제는 무역 제한적 요소로 작용한다. 이 같은 차별적 규제는 국경에서 드러나지 않으며 국내시장 보호를 위해 의도적으로 부과된 규제인지 판단하기 어려우므로, 존재 여부를 파악하고 정도를 측정하기가 어렵다.

정부가 정책적으로 활용 가능한 다양한 형태의 무역 제한적 규제조치로는 쿼터, 진입금지, 보조금, 관세, 세금, 기술규격 및 표준, 라이선싱, 유통채널 제한 등을 들 수 있다.

WTO에서 정의한 서비스무역 공급형태에 따라 서비스 무역장벽을 구분할 수도 있겠지만, 서비스무역 형태는 산업에 따라 매우 다양하고 공급형태 간 구분이 불명확하거나 모호한 경우도 많다. 다음은 호크만과 브라가(Hoekman and Primo Braga, 1997)[26]가 구분한 서비스 무역장벽 분류체계로서, 서비스를 제공하는 사업자에게 부과되는 무역 제한이나 규제조치들을 포함하고 있다.

2.3 FDI 장벽

서비스가 서비스 생산요소를 확보한 사람이나 법인의 형태로 제공된다는 점을 고려할 때, 해외 상업적 주재의 확립과 자연인의 국경 간 이동의 용이성은 서비스무역에서 중요한 요인이 된다. 특히, 1990년대 들어 전 세계적으로 GDP 대비 서비스무역 비중이 성장할 수 있었던 주요 원동력은 전 세계적인 공급망을 통해 내부거래 및 해외 투자를 증대해온 다국적 기업들이었다. 〈표 9-3〉에 제시된 FDI 장벽을 서비스 무역장벽에 포함해야 한다.

---

26) Hoekman, B., Carlos A. Primo Braga, 1997, "Protection and Trade in Services: A Survey", *Open Economies Review*, Vol. 8, pp.285-308.

표 9-2 서비스 무역장벽 구분

서비스 무역장벽 종류	설명
진입 금지를 포함한 양적 제한 (Quantitative-restriction type policies)	해외 서비스 사업자에게 적용되는 쿼터, 현지 콘텐츠(local content), 진입 금지를 포함한 양적 제한 조치들을 의미함
가격 기반 제한 (Price-based instruments)	비자수수료, 진입/퇴거세, 차별적 공항/부두세 등의 형태로 부과되면, 정부가 관할하는 가격규제(예: 금융서비스, 통신서비스 등)와 정부보조금 정책들(예: 건설, 교통 및 철도 서비스 등)이 포함됨. 서비스의 일부분으로 통관되는 상품에 관세가 부과되는 경우도 해당됨(예: 영화, TV 프로그램, 컴퓨터 소프트웨어, 통신장비 등)
표준, 라이선싱, 정부조달사업 (Standards, licencing, and procurement)	해외 서비스 사업자를 대상으로 사업권, 각종 인증 절차, 표준 이행 등의 요건이 부과됨. 정부조달사업 제한은 국내사업자 보호나 해외사업자 진입의 원천 봉쇄를 위해 실행되기도 함.
유통채널에 대한 차별적 접근 (Discriminatory access to distribution networks)	통신서비스, 항공서비스, 광고, 보험 서비스 등 기존 유통망/네트워크 비중이 높은 서비스 분야에서 국내외 사업자간 차별적 접근이 이루어지는 경우임.

출처: Brown, Drusilla K. and Robert M. Stern, 2001, "Economic effects of barriers in services". *Review of International Economies*, Vol.9. No.2, pp.262-286.

서비스무역은 객관적인 관세평가가 어려우며, 관세에 근거한 무역상의 장벽은 존재하지 않는다. 하지만 상품 무역보다 훨씬 다양하고 복잡한 형태의 비관세 무역장벽이 국내 제도와 규제 환경에 따라 시행되고 있다. 각국은 WTO와 GATS체제의 설립 이후 점진적으로 시장을 개방하고 관련 규정을 정비해왔으나 국내 법제도 및 관행상 다양한 비관세 무역장벽이 존재하고 있다.

GATS는 양허표 상 특정 외국 서비스 및 서비스 공급자에 대하여 각 회원국의 판단에 따라 시장개방을 제한하고 있다. 이에 따라 일반적인 서비스 무역장벽은 서비스 공급의 4가지 형태에 대한 시장접근과 내국민대우의 제한 및 국내 규제조치의 시행 등으로 나타난다. GATS의 시장자유화는 외국 서비스 및 서비스 공급자의 진입을 가로막는 이 같은 서비스 무역장벽의 완화 및 철폐를 통해 이루어지며 GATS 조문에 나타난 제한 조치의 유형은 다음과 같다.

▌표 9-3▌ FDI 장벽 요인

시장진입 제한 (Restrictions on market entry)	외국인 투자 금지 양적 제한(예: 외국인 투자 지분 양적 제한) 심사 및 승인 요구(국가 이익 및 순경제후생효과 관련 요건) 외국인 사업자의 법인격 관련 제한 최소 자본 요건 후속투자 관련 요건 입지 관련 요건 시장진입 관련 세금
소유권 및 통제권 제한 (Ownership and control restrictions)	국내투자자와의 합작투자 강제 외국인 이사회 멤버 수 제한 정부가 이사회 멤버 임명 이사회의 특정 결정에 정부 승인 의무화 외국인 주주 권한 제한 특정기간 이내 국내기업으로의 소유권 일부 이전 강제
사업운영상 제한 (Operational restrictions)	사업 실적상의 요구(예: 수출 의무화) 현지 콘텐츠 제한(local content restrictions) 노동력, 자본, 원자재의 수입 제한 사업운영상의 허가 혹은 라이센스 로열티 금액 상한제(ceilings on royalties) 자본 및 이윤 본국으로의 송환 제한

출처: UNCTAD, 1996, Trade and development report.

2.4 서비스 마케팅에 대한 법적 규제

서비스의 생산과 마케팅은 사회와 밀접한 관련을 맺고 있으므로 서비스를 거래할 때 발생하는 문제점이 제조업보다 더욱 심하다. 대부분의 법적 규제는 국내 서비스업계 보호라는 목적이 있으며 네 부분으로 나뉜다. 우선 국경 간 거래금지와 제한조치, 외국회사에 대한 차별적 법 규제, 국제 저작권법, 국내 기업들에 대한 직·간접 보조금 등이다

1) 관세와 할당제

관세는 가장 간단한 규제형태로 바로 국경 간 기업에 영향을 미치는 것이다.

예를 들면 광고나 컴퓨터 서비스가 다른 나라에서 생산될 때 부과된다.

한편 할당제는 또 다른 국경 간 규제 형태인데 예를 들어서 유럽은 지역 영화와 TV방송 제작자들을 보호하기 위해서 미국 영화의 방영비율에 대한 법적 조치가 있다. 미국에서도 마찬가지로 FCC(Federal Communication Commission)가 시민들의 인쇄와 방송매체 소유를 억제한다.

2) 차별적 법규

두 번째 규제 방법은 외국기업이 국내로 들어오는 것은 허용하되 차별적으로 그들의 사업운영을 제한하는 것이다. 예를 들면 인도네시아에서는 외국은행은 단지 자카르타에서만 영업할 수 있고 말레이시아에서는 외국은행들이 인종적 고용 쿼터를 충족시켜야만 한다. 유럽에서는 단지 영국만이 외국보험회사에 대한 제한이 없다.

3) 지식재산권

어떤 나라에서는 합법적인 것이 다른 나라에서는 불법이 될 수 있다. 이는 산업재산권의 보호를 포함하여 여러 분야에 적용된다. 또 많은 기업이 외국에서도 지식재산권에 강한 보호가 되어 있을 거로 생각함으로 인해 피해를 보는 경우가 많다.

외국 정부의 지식재산권에 대한 법규와 법규 강화 노력이 없으면 지식재산권은 쉽게 복제된다. 영화가 미국에서 개봉되기 전에 외국에서 해적판이 출시될 수도 있고 지식재산권에 민감하지 않은 국가에서 쉽게 외국의 도서, 음반 등을 무단 복제하여 판매하는 때도 있고 고급상표를 도용하는 때도 많다.

4) 정부 보조금

서비스 산업 역시 정부에 의해 지원을 받는다. 국내 항공사의 경우 양도부채(concessional loans), 항공요금 보조 등 여러 가지 재정지원을 받고 있다.

제10장

서비스 산업정책

제1절 서비스 산업의 국제경쟁력

1. 서비스 무역수지

서비스 산업은 제조업보다 더 효율적으로 부가가치를 창출하는 잠재력이 있으며 기술의 발전에 따라 그 잠재력이 더욱 확대되고 있다. 따라서 기업이 협소한 국내시장을 극복하기 위하여 해외시장으로 그 규모를 확대하여 나아갈 수 있도록 지원하는 정책이 중요하다.

한국의 서비스 산업의 규모는 2016년 현재 부가가치기준으로 GDP 대비 59%를 차지하여 OECD 평균 75%에 비해 낮은 수준이다.[1] 2010년에서 2016년까지 평균 성장률은 약 3%를 기록하여 OECD 주요국보다 빠르게 성장하였다. 하지만 서비스 산업의 1인당 생산성은 제조업의 40% 수준에 그쳐 제조업과 서비스업 간의 노동생산성 격차가 큰 것으로 나타났다.

---

1) 문종철·조현승·고대영·김천곤, 2017, 서비스산업 해외진출 현황과 활성화 방안 -해외진출 유망업종의 해외투자를 중심으로, 산업연구원.

한국의 서비스 수출액은 2006년 572억 달러에서 2017년 864억 달러로 증가했다. 그러나 한국의 2006~2014년 평균 서비스 수출액은 874억 달러로 OECD 평균인 884억 달러에는 약간 밑돌고 있다. 특히, 서비스 최대 수출국인 미국의 약 15%, 상품 수출 비중이 높은 독일 대비로도 약 39% 수준으로 미약한 수준이다.

표 10-1 WTO 가입국가의 서비스수출 순위

(단위 : million $, %)

순위	국가	2017년		2016년		2015년		2017년 상품 수출 순위
		서비스 수출금액	전년 대비 증감률	서비스 수출금액	전년 대비 증감률	서비스 수출금액	전년 대비 증감률	
1	미국	761,724	4.0	732,551	6.2	690,061	0.4	2
2	영국	347,345	7.3	323,661	−6.2	345,052	2.3	10
3	독일	299,829	12.0	267,822	8.3	247,309	−7.1	3
4	프랑스	248,244	5.4	235,629	−1.7	239,682	−10.3	8
5	중국	226,389	9.2	207,275	−27.4	285,476	22.8	1
8	인도	183,359	13.7	161,250	3.8	155,288	−0.2	20
9	일본	180,006	6.7	168,734	6.9	157,863	−0.1	4
14	이탈리아	110,193	9.6	100,560	2.0	98,553	−14.9	9
17	한국	86,469	−5.8	91,801	−5.2	96,844	−8.4	6
18	캐나다	85,666	7.4	79,748	4.5	76,292	−10.2	12
24	오스트레일리아	64,042	20.4	53,179	9.9	48,374	−9.4	23
26	러시아	56,946	14.6	49,679	−2.6	50,984	−21.4	16
29	터키	43,392	17.2	37,018	−19.4	45,910	−7.7	31
35	브라질	33,677	3.4	32,568	−1.3	32,989	−15.9	26
38	멕시코	26,920	11.7	24,097	6.6	22,609	7.5	13
41	인도네시아	23,946	2.0	23,473	10.4	21,259	−7.2	29
45	사우디아라비아	17,336	13.5	15,268	10.6	13,807	18.4	24
49	남아프리카공화국	15,376	10.0	13,973	−4.7	14,665	−10.9	38
51	아르헨티나	13,937	11.5	12,501	−8.4	13,652	1.0	47

출처: KOSIS 통계시스템.

한국의 서비스 수출은 2006~2014년 연평균 증가율이 8.8%로 OECD 평균인 6.2%보다 높았다. 그러나 2010~2014년 동안 한국의 서비스 수출 연평균 증가율은 7.7%로 이전 5년('06~'10년) 평균인 9.8%에 비해 2.1%p 하락했다. 하지만, OECD 국가는 동기간 6.3%에서 6.1%로 0.2%p 하락에 그쳤다. 이는 한국의 서비스 수출 중 운송, 금융 서비스가 감소했고 건설, 보험 서비스의 증가 폭도 크게 낮아진데 기인한다.[2)]

한국은 서비스 수지 적자가 지속되고 있지만, OECD 국가는 흑자폭이 꾸준히 확대되고 있다. 한국의 서비스 수지는 2006~2014년 평균 94억 달러 적자였지만, OECD는 105억 달러 흑자였을 뿐만 아니라 흑자 규모도 2009년 이후 계속 확대되고 있다. 수출 항목별로 보면, 한국은 기타사업 서비스의 수지가 2010~2014년이 5년간 평균 -114.3억 달러로 적자폭이 가장 컸고 여행 서비스 71.0억 달러, 가공 서비스도 59.5억 달러 적자를 기록했다.

WTO 가입국 중 한국의 서비스 수출액 순위는 〈표 10-1〉을 보면 17위(2017년)로 상품 수출 순위인 6위보다 크게 낮고 주요 수출국 중에서도 순위 간 격차도 가장 컸다.

한국의 세계 서비스수출 순위는 17위로 2013년 이후 지속 하락 중이며, 2016년 기준으로 세계 10대 상품수출국 중 가장 낮은 순위이다. 이는 한국의 상품 수출 세계 순위(WTO)가 ('13) 7위, ('14) 7위, ('15) 6위, ('16) 8위, ('17 상반기) 6위로 상승하는 것과 대비된다. 한국의 상품수출이 역대 최대 세계시장 점유율을 기록하는 등 좋은 성적을 내는 것과 대조적으로, 한국의 세계 서비스 수출시장 점유율은 1.9%로 저조한 수준에 있다.

---

2) 이부형·조호정, 2016, OECD 비교를 통해 본 한국의 서비스 수출 실태와 경쟁력, 현대경제연구원.

〈우리나라 상품 및 서비스 수출액 추이〉

(단위 : 억 달러)

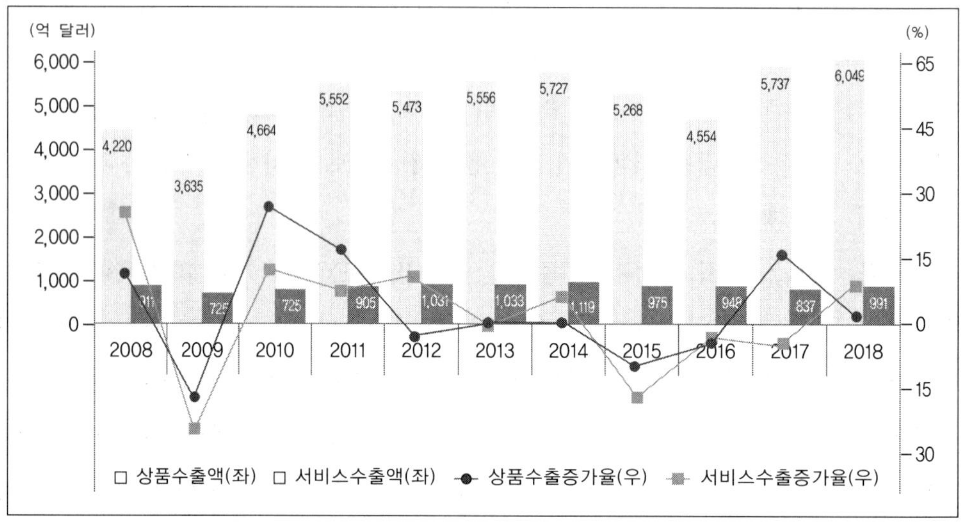

〈우리나라 상품 및 서비스 수지 추이〉

(단위 : 억 달러)

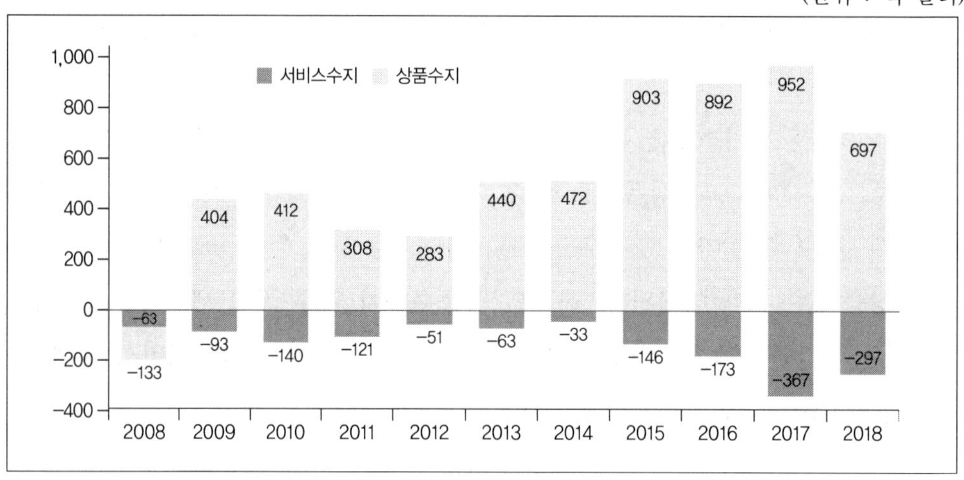

출처: 무역협회(상품, 통관기준), 한국은행(서비스).

〈그림 10-1〉 우리나라 상품 및 서비스 수출액과 수지 추이

한국은 주로 운송, 사업서비스, 여행, 건설 등 4대 서비스 수출이 전체 서비스 수출의 약 80%를 차지하고, 전체 서비스 수입의 80%는 사업지원서비스, 여행, 운송, 지재권사용료 부문에서 발생하여 서비스수지 적자를 주도하고 있다.

〈한국 서비스 주요 부분별 수출액 추이('08~'18)〉

(단위 : 억 달러)

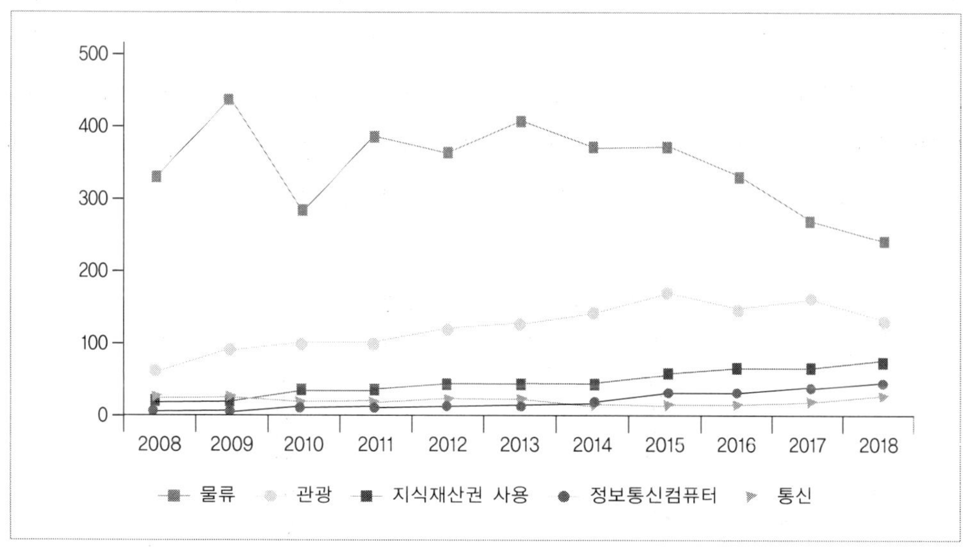

〈한국 서비스 주요 부문별 수지 추이('08~'18)〉

(단위 : 억 달러)

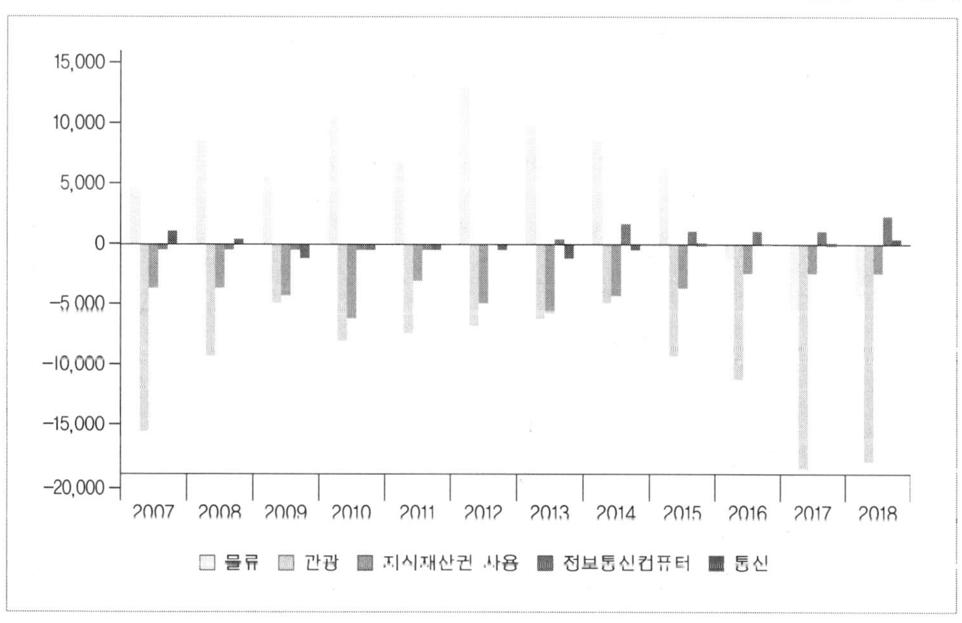

출처: 무역협회(상품, 통관기준), 한국은행(서비스).

〈그림 10-2〉 한국 서비스 주요 부분별 수출액과 수지 추이

한국의 주요 시장별 서비스무역을 살펴보면, 2016년 기준 중국, 동남아 시장이 전체 서비스 수출의 44%를 차지하고, 미국, EU, 일본 등 선진시장 비중이 35.7%를 차지하고 있다. 한국의 서비스수지 적자가 가장 큰 시장은 미국과 EU로서 지재권사용료, 사업지원서비스, 여행 등에서 대규모 적자를 기록하고 있다. 반면 중국과 중동은 서비스수지 흑자 시장으로, 중국은 여행, 운송, 지재권사용료 분야에서, 중동은 건설 부문에서 흑자가 발생하고 있다.

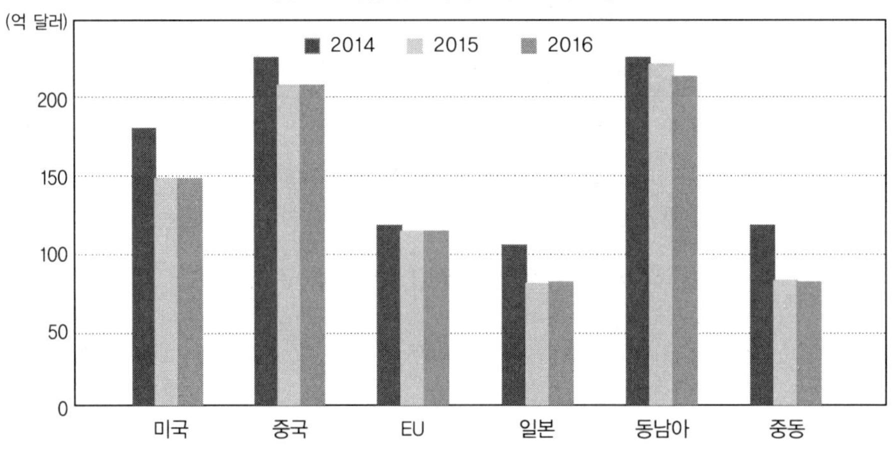

〈주요 시장별 서비스수지 추이〉

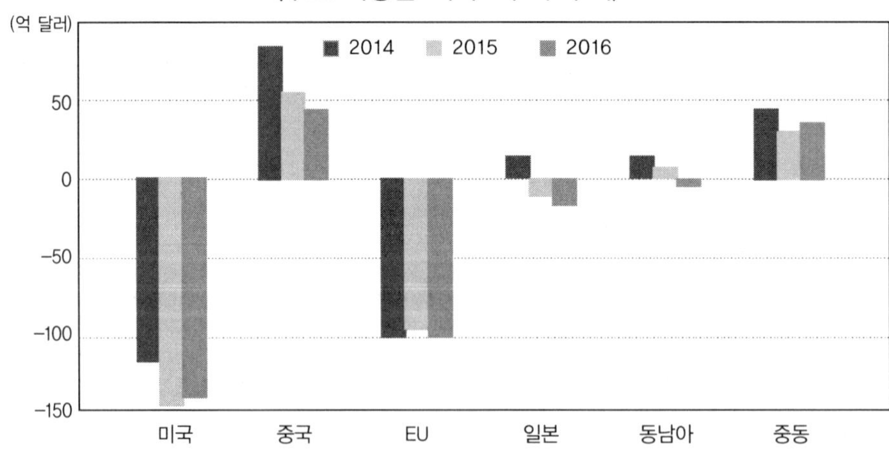

출처: 한국은행.

〈그림 10-3〉 주요 시장별 서비스수출 및 서비스수지 추이

2. OECD 국가의 서비스 무역수지

세계적으로 OECD는 물론 다른 국가들도 서비스무역의 중요성을 인식하기 시작하였다. 운송, 보험, 여행 등 전통적인 서비스 외에도 인터넷을 이용한 서비스와 같은 새로운 서비스가 급속하게 성장하고 있다는 것도 특징이라 하겠다.

미국은 2008년에서 2011년까지 가장 큰 서비스무역 흑자국이었으며 영국, 스위스, 스페인이 그 뒤를 이었다. 2011년 미국, 영국 독일, 프랑스의 서비스 수출은 최정상을 기록했다. 2011년 미국은 여전히 세계 최고의 서비스수지 흑자국이기는 하지만 세계 최대 서비스 수입국이 되었기에 1,785억 달러의 흑자로 국가규모를 감안할 때 상대적으로 적은 흑자를 보이고 있다.

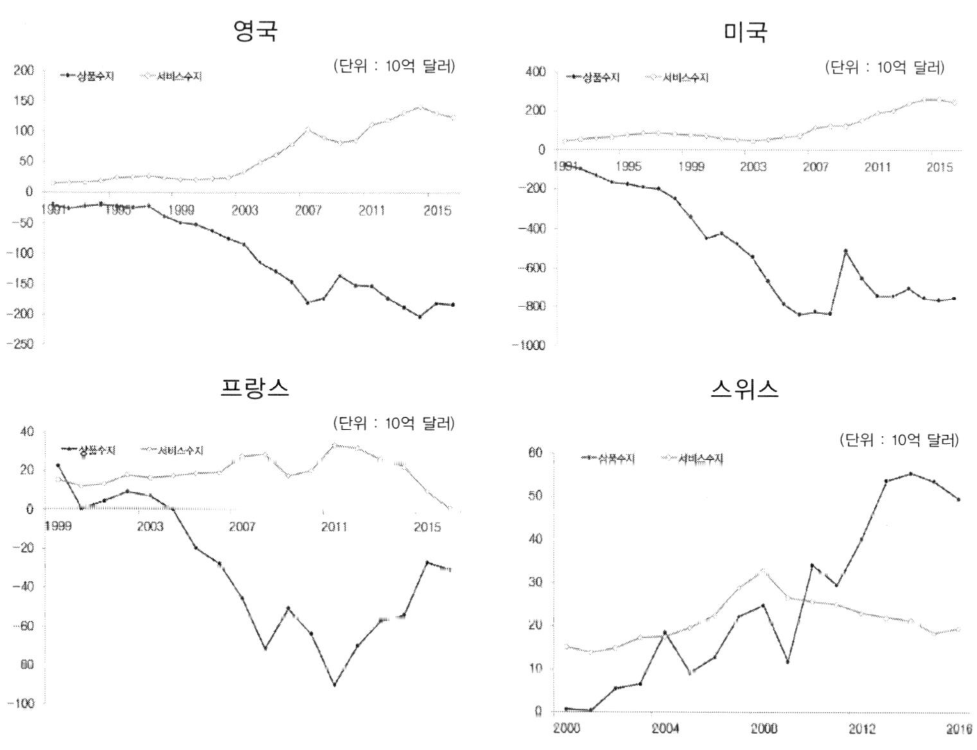

출처: BIS database.

〈그림 10-4〉 영국, 미국, 프랑스, 스위스 상품수지 및 서비스수지 추이

한국과 같이 제조업 수출을 기반으로 하는 독일과 일본은 서비스 수출도 높지만, 서비스 수입에 따른 지급액이 더 많아 각각 316억 달러 및 221억 달러의 적자를 보인다. 그러나 독일과 일본은 서비스 산업의 집중 육성 분야를 선정하여 지원하고 R&D에 대한 적극적인 투자로 적자가 감소하고 있다.

GDP 대비 서비스수지의 비율로는 영국이 가장 높았으며 미국은 상대적으로 낮은 1% 정도의 비율을 보인다. 2011년까지 3년간 GDP 대비 평균 비중으로는 룩셈부르크, 에스토니아, 스위스 및 그리스가 GDP 대비 5% 이상의 서비스 흑자를 기록했다. 아일랜드, 캐나다, 슬로바키아 및 멕시코는 동기간 동안 GDP 대비 1% 이상의 적자를 기록하다.

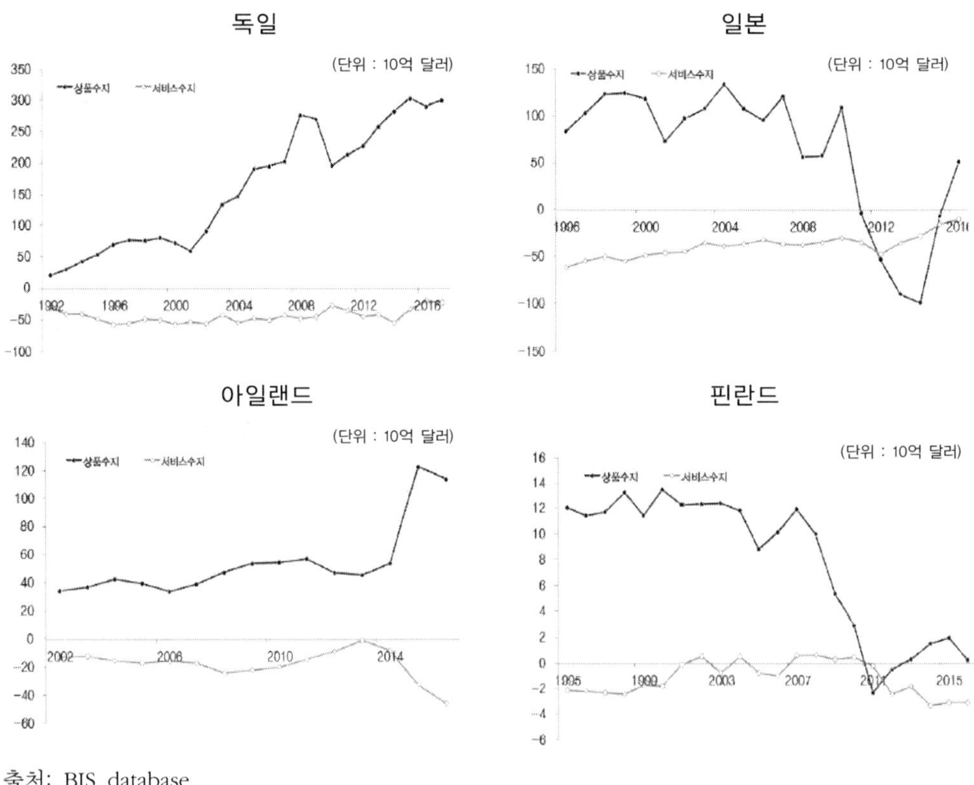

출처: BIS database.

〈그림 10-5〉 독일, 일본, 아일랜드, 핀란드 상품수지 및 서비스수지 추이

주목할 점은 아일랜드의 서비스무역 적자 비중은 2000년에서 2002년 사이에 평균 11.7%이었으나, 2009년에서 2011년 사이에는 3.2%로 상당히 개선되었다. 이러한 현상은 특히 역동적인 컴퓨터 서비스를 통하여 수입증가보다 수출증가가 훨씬 더 컸기 때문이다.[3)]

제2절 서비스 산업의 경쟁력 강화정책

1. 한국의 서비스 무역수지

한국의 서비스무역의 적자원인은 크게 세 가지로 볼 수 있다. 첫째, 서비스기업의 내수 지향적 특성으로 해외진출 경험과 경쟁력이 부족하다. 서비스 산업이 전체 GDP의 59.1%('16년 부가가치기준, OECD)를 차지하나, 수출비중은 15.3%에 불과해 서비스기업의 수출참여가 저조하다.

둘째, 서비스 시장은 상품시장에 비해 시장개방 수준이 낮아 진입장벽이 높은 편이다. WTO GATS(서비스교역에 관한 일반협정) 등 국제규범이 존재하나, 상품교역(관세)과 비교해 국가별 제도가 복잡해 높은 진입장벽으로 작용한다. GATS는 최혜국대우의 광범위한 예외를 인정해 실제 서비스시장 개방도가 낮은 수준이다. GATS보다 높은 개방 수준을 지향한 TISA(복수국 간 서비스 협정) 협상도 잠정 중단되어, 서비스시장 개방 확대를 위한 다자 차원 논의는 정체되어 있다.

셋째, 서비스수출이 저부가가치 업종에 치우쳐 있어 서비스수출 확대에 어려움이 있다. 고부가 지식기반 서비스 산업의 부진으로 전체 서비스 산업 고용비중은 69.9%이나, 지식서비스 부문의 고용은 20.9%에 불과하다. OECD 회원국의 지식서비스 산업 고용비중은 2016년 기준으로 영국 33.3%, 독일 26.3%, 일본 24.3%인데 반해

3) OECD, "International trade in services", in OECD Factbook 2013: Economic, Environmental and Social Statistics, OECD Publishing. http://dx.doi.org/10.1787/factbook-2013-32-en.

한국은 20.9%에 그치고 있다. 서비스수출도 고부가 서비스업종 비중이 32%에 그치고, 저부가 업종이 서비스수출을 주도하면서 서비스수지 적자가 만성화되고 있다.

2. 서비스 산업 지원정책

한국정부는 서비스 산업의 경쟁력을 강화하기 위해 여러 가지 정책을 추진하였다. 이런 정책을 통해 서비스기업의 수출생태계를 조성하여 서비스기업의 창업과 서비스 R&D, 전문인력 육성 등 기업성장을 지원하고자 하였다. 또한, FTA를 통해 서비스, 투자 등의 부문의 해외시장 진입장벽을 제거하고자 노력하였다.

2003년부터 2007년까지 무역수지 적자의 가장 큰 원인이었던 관광 부문의 경쟁력 향상과 서비스 산업의 기반 공고화를 위한 서비스 경쟁력 강화정책을 시행하였으며, 2008년과 2009년에는 서비스 선진화 방안 및 고부가 서비스 산업 육성을 위한 종합대책을 내놓은 바 있다. 또한, 2010년과 2011년에는 콘텐츠·미디어·3D 산업 발전 전략, 사회서비스 육성, 서비스업 해외 진출, 관광·레저산업 육성, 교육서비스 활성화, 연구개발서비스업 활성화, 보건·의료서비스 육성, 전문자격사 양성을 위한 대책을 제시하였다.

이와 같은 10년에 걸친 지원으로 서비스수지가 개선되며 2012년에는 흑자를 기록할 것으로 기대하였다. 그러나 실질적으로 흑자를 유지하고 있는 주요 항목은 운송과 건설서비스이며 장기적으로 서비스 산업의 고도화를 이끌 사업서비스와 같은 높은 지식과 기술 기반의 서비스 산업은 취약하다.

2010년에는 관계부처 합동으로 '서비스 산업의 성장기반 확충을 위한 서비스업 해외진출 활성화 방안'을 발표하였다. 이 대책은 규제 완화를 통한 투자 활성화 및 신규시장 창출, 해외 수요 국내전환, 제조업과의 차별 개선과 전문인력 양성 등 국내 서비스 산업의 성장기반을 마련하는 데 중점을 두었다. 부처별로 구체적인 추진과제, 추진내용, 추진일정을 명시하고 있으며 주요 지원방안은 〈표 10-2〉와 같다.[4)]

---

4) 서비스 산업의 성장기반 확충을 위한 서비스업 해외진출 활성화방안, 2010 참조.

표 10-2 서비스 산업 해외진출 지원 방안

과제명	
1. 해외진출 전략지도 마련	KOTRA/각 부처
2. KOTRA의 해외진출 지원기능 보강	KOTRA
(1) 해외진출지원 기능 강화	
(2) 해외지사화 사업 참여 서비스기업 확대	
3. 대외협상을 통한 해외시장 확대	재정부/외교부
해외진출 지원제도 강화	
1. 수출자금 지원 확대	
(1) 수출여신·수출보험 지원 확대	수출입은행/수출보험공사
(2) 완성보증제도 개선	문화부/기보
2. 서비스 R&D 지원 확대	재정/지경/중기청/총리실
3. 중소기업 인턴제를 통한 수출기업 인력 지원	노동부/중기청
4. 중소기업 해외마케팅 지원 확대	중기청/KOTRA
5. ODA와 연계한 해외진출 기반 조성	
(1) 패키지형 ODA 지원 확대	재정부/외교부
(2) 경제개발경험 공유를 통한 해외진출 촉진	재정/외교/지경부
서비스 전문인력 해외진출 기반 강화	
1. 해외취업 인력 확보 및 지원 체계화	산업인력공단
2. 해외취업 교육 및 사후관리 강화	산업인력공단
3. 국가간 자격 상호인정 확대	노동부/관계부처

출처: 서비스업 해외진출 활성화방안, 2010, pp.45-57.

또한, 2012년에는 과거 경제성장과정에서 제조업 위주로 세제, 재정, 인력, 인프라 등을 지원하였기에 실질적으로 서비스 산업이 차별을 받아 왔음을 인지하고 '서비스 산업 차별 완화 방안'을 내놓게 되었다. 본 과제에서는 총 29개의 과제를 제시하고 있으며 과제명은 〈표 10-3〉과 같다.[5]

5) 서비스 산업 차별 완화방안, 2012 참조.

표 10-3 서비스 산업 차별 완화 방안 과제

과제명	과제명
1. 세제 지원 (6개 과제)	4. 서비스인력 확충 (6개 과제)
① 중소기업 특별 세액감면	① 외국인서비스전문인력 비자제도 개선
② 고용창출 투자 세액공제	② 외국전문인력 도입지원 사업
③ 연구·인력개발비 손금산입 (교과부)	③ 산업기능·전문연구요원 확대
④ 연구·인력개발비 세액공제	④ 국가직무능력표준 개발
⑤ 외국인투자 조세 특례	⑤ 직업능력 개발 사업 확대
⑥ 외국인 기술자 소득세 면제	⑥ 산업안전 관리
2. 재정 지원 (6개 과제)	5. 인프라 조성 (8개 과제)
① 서비스 R&D 확대	① 서비스업 지원 확대
② 창업지원	② 서비스 표준·인증 활성화
②-1 청년창업 사관학교 지원	③ 창업기업 부담금 면제
②-2 중소기업 정책자금 융자 지원	④ 통계 인프라 정비
②-3 1인창조기업 창업자금 지원	④-1 서비스업 항목 신설
③ 해외마케팅 지원 (수출인큐베이터 지원)	④-2 특수 분류 통계 정비
④ 관광산업 벤터기업 지정	④-3 생산물분류(CPC) 통계 도입
3. 금융 지원 (3개 과제)	④-4 서비스업 통계 DB 구축
① 신용보증·금융지원 확대	⑤ 기업분류
② 중소기업 신용보험	
③ 무역기금 융자 지원	

출처: 서비스업 차별 완화방안, 2012, pp.3-8.

이상과 같이 서비스 산업 경쟁력 확보 및 해외진출을 위하여 다양한 종류의 대책과 정책을 발표하여 시행하고 있으나 서비스 산업의 해외진출을 위한 지원제도는 아직 매우 취약한 실정이다. 서비스 산업 내에는 다양한 업종이 존재하고 있으나 일부 업종을 제외하고는 대부분의 업종별 특성화된 지원제도가 없다. 현재 운영 중인 79개 수출지원 제도 중 서비스업종을 명시하여 운영되고 있는 제도는 12개로 전체의 15%에 불과하며, 그나마도 30개의 제도는 제조업 위주의 심사절차를 유지하고 있어 서비스업을 위한 지원은 거의 없는 상태이다.

제조업 관련 자격증은 다양하며 국가 간 상호인정을 추진하고 있으나 556개 국가기술자격증 중 정보처리사, 정보처리산업기사, 정보기기운영기능사의 3가지만 일본, 중국, 베트남과 상호인정 MOU를 체결한 상태이다. 그뿐만 아니라 제조업과 달리 서비스업은 사전 계약으로 대금을 수취하는 방식이 아니라 사후 실적에 따라 대금수취 규모가 결정되는 현실을 고려하지 않고 있다.[6] 제조업과 달리 수출절차와 결제방식이 다양한 서비스업의 특성을 반영한 서비스 맞춤형 수출금융 지원제도가 미흡하다. 예를 들어, 수출금융 지원시 선적증명 관련 서류 등을 요구하지만 무형의 서비스수출은 적용이 곤란하다.

서비스 산업의 2007년부터 2016년까지 〈그림 10-4〉에서 보여주는 해외투자 추이를 살펴보면 해외로 진출하는 신규법인 수나 투자 액수가 서비스 산업의 해외투자가 제조업의 해외투자보다 높다. 2010년대에 들어와서는 제조업의 투자금액은 정체됐지만, 서비스산업의 해외투자 규모는 급격히 증가하여 제조업과의 격차가 매우 커졌다. 하지만 한국의 해외투자에 관한 정책은 제조업에 초점이 맞추어져 왔다.[7]

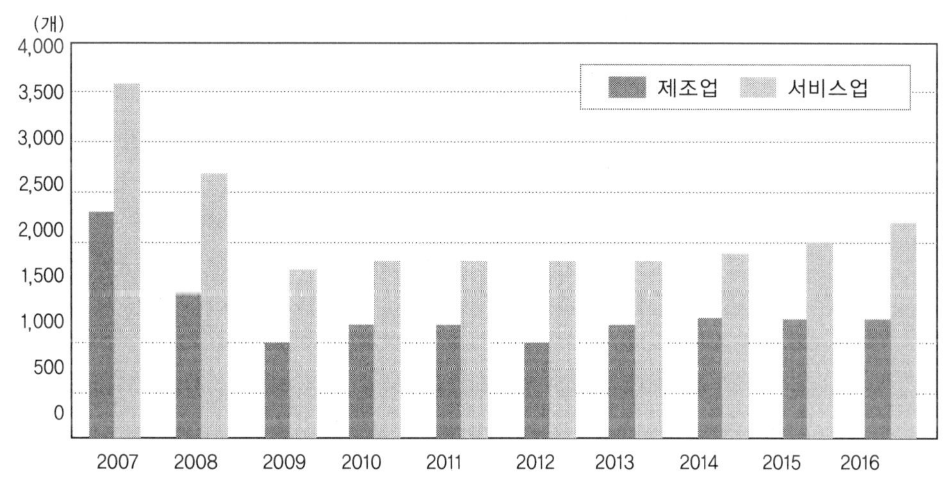

출처: 한국수출입은행 해외투자 통계(http://stats.koreaexim.go.kr/odisas.html, 2017. 9.4 검색.

〈그림 10-4〉 제조입과 서비스 산입의 투자추이 비교(신규법인 수 기준)

6) 관계부처합동, 2010, 서비스 산업의 성장기반 확충을 위한 서비스업 해외진출 활성화 방안, pp.10-11.

7) 문종철·조현승·고대영·김천곤, 2017, 서비스 산업 해외진출 현황과 활성화 방안 -해외진출 유망업종의 해외투자를 중심으로, 산업연구원.

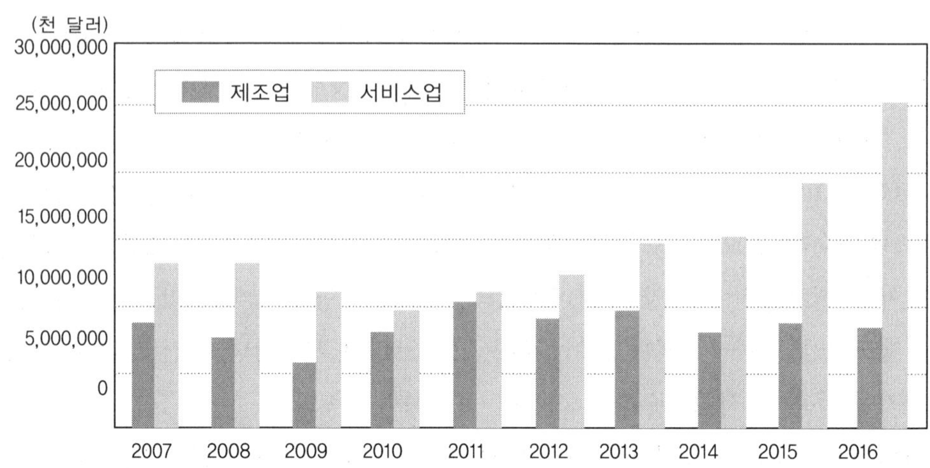

출처: 한국수출입은행 해외투자 통계(http://stats.koreaexim.go.kr/odisas.html, 2017.9.4 검색.

〈그림 10-5〉 제조업과 서비스 산업의 투자 추이 비교(투자금액 기준)

2012년 7월 기획재정부는 서비스 산업의 발전을 위하여 해외진출 유망 서비스 업종 8개를 선정하였다. 프랜차이즈, 한류엔터테인먼트, 콘텐츠(게임, 캐릭터, 애니메이션, 음악, 방송), 스마트콘텐츠, 디자인, 엔지니어링, 패키지형 의료서비스, 이러닝(e-learning)을 유망 업종으로 선정하였다.

▌표 10-4▌ 해외진출 유망 서비스업종 및 진출대상국

	8대 업종	유망 진출대상국
개인 서비스	프랜차이즈	인도네시아, 태국, 싱가포르, 중국
	한류엔터테인먼트	베트남, 필리핀, 브라질, 영국
	콘텐츠 (게임, 캐릭터, 애니메이션, 음악, 방송)	미국, 중국, 일본, 독일, 태국, 인도 등 8개국
	스마트콘텐츠	일본, 미국, 프랑스
사업 서비스	디자인	미국, 베트남, 캐나다, 중국
	엔지니어링	베트남, 중국, 아랍에미리트
사회 서비스	패키지형 의료서비스	미국, 러시아, 중국, 아랍에미리트 등 8개국
	이러닝	미국, 중국, 호주

출처: 관계부처합동, 2012, "서비스 산업 해외진출 촉진방안·서비스업 해외진출 전략지도를 중심으로", 2012.7.4.의 내용을 이동희, 2016, "서비스업의 해외진출 확대 방안", 월간산업경제 2016년 3월호, 산업연구원에서 인용한 것을 재인용.

3. 서비스 산업 경쟁력 강화 방안

세계 경제의 국제화로 전 세계적으로 GDP 증가율보다 교역 증가율이 더 높은 수준을 보인다. 글로벌 생산 분업의 확대는 서비스 산업의 해외진출 확대를 동반하여 서비스 산업의 교역을 증가시키고 있다. 글로벌 생산 분업의 기본구도가 개도국에서 선진국 기업들의 해외생산을 담당하고 선진국의 본사에서는 이를 통합적으로 관리하는 글로벌 기능을 수행하는 것이라서 선진국의 서비스 산업, 특히 사업지원서비스(business service)업의 비중이 확대되고 있다.[8)]

그러나 해외자회사들의 생산 활동을 지원하고 선진국 본사와의 연결에 필요한 디자인, 광고, 마케팅, 물류, 유통 등 간접적 생산 활동을 지원하기 위한 서비스업의 현지 진출도 함께 확대되는 추세이다. 이에 더하여 정보화로 인해 전 세계적으로 교통 및 통신망 구축이 강화되면서 소비활동조차 국제화되고 있다. 해외관광의 확대, 해외 교육 및 의료, 한류 등에서 보는 바와 같은 해외 엔터테인먼트의 확대 등 서비스의 소비도 국제화되고 있다.

한국의 경우 사업지원서비스가 포함된 기타 서비스의 수출이나 수입이 대폭으로 증가했다. 반면에 운수 및 여행에서는 수출이나 수입이 감소하였다. 기타 서비스의 지속적인 수출 증대로 인하여 서비스 수출 중 비중이 증가했으나 2008년 글로벌 경제위기를 계기로 세계교역이 위축되어 운송 등이 감소하여 기타 서비스의 비중이 급증하였다.

이처럼 사업지원서비스를 포함한 기타 서비스교역의 확대는, 다국적 기업들의 해외생산 확대에 따른 해외 자회사에 대한 지식기반 서비스 공급의 확대 및 개도국의 산업화에 따른 개도국 기업들의 지식기반 서비스에 대한 수요의 증대에 기인한다. 기술적 진입장벽이 높은 일부 기술집약적 산업을 제외하며 개도국들의 제조업 생산 참여가 확대되어 부가가치 창출이 낮아지고 있다. 이에 따라 선진국 기업들은 부가가치가 높은 지식기반형 서비스업종에 특화하고 있으며, 한국 또한 이러한 방향으로 산업구조 개편이 지속해서 추진될 필요가 있다.

---

8) 김주훈, 2011.10.20, 서비스 산업의 대외진출과 해외고용기회의 확대, 한국개발연구원, pp.3-7.

서비스교역의 확대로 지식기반이 낮아 진입장벽이 낮은 노동집약적 서비스업종들은 여전히 비 교역부문에 머무르고 있지만, 지식기반이 높은 서비스업종들은 교역부문으로 전환 중이다. 즉, 같은 서비스업종 내에서도 지식기반이 높은 부문과 지식기반이 낮은 부문으로 분화되어 지식기반이 높은 부문에서는 세계화가 적극적으로 진행되고 있다. 예를 들어 유통업은 지식기반이 낮은 업종으로 간주하고 있지만, Walmart 등의 예에서 보듯이 고도화된 유통기법을 기반으로 해외진출이 증대하고 있다. 또한, 물류업에서도 전 세계적인 시장통합과 정보화에 대응하여 선진국 기업들이 급속히 성장하고 있다.

제조업 수출 중심의 불균형 성장전략으로 성장해 온 한국의 경우 이미 1990년대에 중국 등 개도국들의 산업화로 인하여 격심한 산업구조조정을 겪었다. 섬유, 신발 및 가전 등 노동집약적 산업들이 경쟁우위를 상실하였고 이에 대처하기 위하여 기술집약적 산업의 성장을 적극적으로 추진한 결과 괄목할 만한 성과를 거두었다. 그러나 기술집약적 산업에서조차 여전히 중국 등 후발국들의 추격이 진행되고 있고 가장 큰 문제는 노동집약적 산업에서 퇴출당한 인력들을 수용할 수 있는 산업이 육성되지 못하여 경제구조의 양극화가 진행되고 있다.

그동안 우리 정부와 사회에서는 기술집약적 산업의 육성에 관심을 집중해 왔으나 이들 산업에서 수용할 수 있는 고용 규모가 크지 못하였고, 고용유발 효과가 높은 서비스 산업의 육성은 방치되어있다. 그 결과 1990년대 자영업자 중심의 생계형 서비스업이 비정상적으로 비대해졌고 소득분배도 악화하였다. 최근 정부는 경제구조의 양극화를 해소하고 고용창출을 높이기 위하여 서비스 산업 육성을 적극적으로 추진하고 있으나 아직 그 성과가 높지 않다. 법률, 의료 등 지식기반형 서비스 산업에서 인위적인 진입장벽을 제거하여 고용을 확대하여야 하지만 기득권층의 저항이 높다. 과당경쟁에 시달리고 있는 생계형 서비스업에서조차 퇴출유도가 필요함에도 정치권을 통해 잔류를 유지하려는 경향이 강하다.

한국 서비스 산업이 육성되기 위해서는 이러한 구조개혁에 대한 저항이 제거되는 것이 우선으로 필요하지만, 그와 함께 보완적 조치들이 병행되어야 한다. 첫째, 사업지원서비스의 고객이 될 수 있는 중소기업들의 구조 고도화가 필요하다. 한국의 중소기업들은 대부분 대기업의 단순 하도급 생산에 종사하여 독자적 시장을 개척할 수 있는 역량이 빠져 있다. 이에 따라 독자적 시장개척 역량을 지원할 수 있는 전문 서비스업체들의 성장이 지연되고 이는 다시 중소기업들을 하도급 생산에 머물게 하는 악순환 구조를 형성하게 한다.

둘째, 서비스업체들이 지향하는 시장이 국내를 벗어나 해외로 확장되어야 한다. 한국은 경제규모가 크지 않으므로 시장목표가 국내에 국한되면 성장에 정체를 가져오게 된다. 서비스 산업 전체적으로는 수지 적자 기조가 지속하고 있지만, 운수업만은 경쟁우위에 있어 흑자 기조를 유지하고 있다. 제조업 강국으로서 상품 수출에 동반된 물류 서비스에서 흑자를 나타내 보인다. 대한항공의 경우 반도체와 휴대전화 수출에 힘입어 세계 최대의 항공 물류업체로 성장하였다. 한국의 물류 산업은 자국의 수출입에 직접 연관된 물류단계에서 벗어나 제3자 물류로까지 발전하고 있다. 그런데도 아직도 우리 사회에서는 물류를 제조업체가 내는 비용으로 인식하고 물류 산업 자체적으로 창출되는 부가가치 및 고용에는 주목하지 못하는 실정이다. 세계적으로 물류 산업이 발전한 독일과 네덜란드는 제조업 기반의 물류에서 출발하여 물류 산업 자체를 발전시키거나 지형적 이점을 활용한 경우로서 한국의 물류 산업에 매우 강력한 시사점을 주고 있다.

사업지원서비스 산업

제1절 산업분류

산업분류는 경제활동의 유형을 결정하기 위하여 모든 생산적인 경제활동을 일정한 기준과 원칙에 따라 분류한 것을 말한다.[1] 산업분류는 산업과 관련된 각종 통계자료를 산업 활동의 유사점과 차이점에 따라 분류하고자 할 때 유용하게 사용될 수 있다. 이러한 작업에 의하여 통계자료를 이용한 산업구조 간의 유기적인 분석이 가능해진다. 산업은 기업이 수행하는 경제활동의 특성이나 생산 또는 제공하는 재화나 서비스의 특징, 산출물의 종류 조립단계, 산출물의 수요 및 판매시장 등의 기준으로 분류된다.

1. 한국표준산업분류

한국표준산업분류(Korean Standard Industrial Classification: KSIC)는 산업 관련 통계자료의 정확성, 비교성 확보를 위해 작성된 것으로 유엔의 국제표준

1) 이상복, 2012, 사업서비스 분야 선진화를 위한 정책과제, 국회입법조사처.

산업분류(International Standard Industrial Classification: ISIC)에 기초하여 제정되었다.[2] 1964년에 제정된 한국표준산업분류는 유엔의 국제표준산업분류 개정과 국내의 산업구조 및 기술변화를 반영하기 위하여 주기적으로 개정되었다(1965, 1968, 1970, 1975, 1984, 1991, 1998, 2000, 2008, 2017).

하지만 지속적인 개정을 거치면서 사업지원서비스업과 세부 업종에 많은 변화가 초래되어 산업 범위가 계속 변화해 오고 있다.[3] 이론적 관점에서는 사업지원서비스의 산업 범위가 같을 수도 있지만, 실제 분석을 위한 사업지원서비스의 산업적 범위는 차이가 있다. 따라서 사업지원서비스에 대한 정밀한 현황 파악 및 국제비교를 위해서는 명확한 정의와 함께 표준산업분류 상 사업지원서비스업 내에 단계별 세부 업종의 설정, 즉 위계적 체계를 통일할 필요가 있다.

2. 표준산업분류의 특징

8차 개정 분류는 2000년에 개정 고시하였으며 지식 정보화 사회를 대비하고, 서비스 산업 활동의 비중 증대 및 전문화 추세를 반영하여 개정한 분류이지만 국제표준산업분류가 개정되고 정보 및 커뮤니케이션, 환경 관련 산업 등의 구조가 변화하여 개정의 필요성이 대두되었다. 따라서 2006년 4월 개정작업에 착수하여 1년 8개월에 걸쳐 제9차 개정작업을 완료, 통계청 고시 제2007-53호(2007.12.28)로 확정 고시하고, 2008년 2월 1일부터 9차 개정 분류를 시행하게 되었다.

9차 개정 분류의 주요 특징으로는 대분류에서 농업·임업·어업(A)이 통합되었고 하수·폐기물 처리, 원료재생 및 환경복원업(E), 출판, 영상, 방송통신 및 정보서비스업(J), 전문, 과학 및 기술 서비스업(M), 사업시설 관리 및 사업지원 서비스업(N) 등이 신설 또는 범위변경 형태로 세분되었으며 중분류 수가 63개에서 76개로 세분되었고 소분류 34개, 세분류 45개, 세세분류 24개가 순증되는 등의 분류체계 변화를 가져온 바 있다.

---

2) 이상복, 2012, 사업서비스분야 선진화를 위한 정책과제, 국회입법조사처.

3) 김주훈, 2014, 사업서비스의 글로벌화 전략과 규제, KDI.

표 11-1 한국표준산업분류

8차 개정	9차 개정	10차 개정
A 농업, 임업	A 농업, 임업 및 어업	A 농업, 임업 및 어업
B 어업	B 광업	B 광업
C 광업	C 제조업	C 제조업
D 제조업	D 전기, 가스, 수도	D 전기, 가스, 증기 및 공기조절 공급업
E 전기, 가스등	E 하수·폐기물 처리, 원료재생 및 환경복원업	E 수도, 하수·폐기물 처리, 원료재생
–	F 건설업	F 건설업
F 건설업	G 도매 및 소매	G 도매 및 소매업
G 도·소매업	H 운수업	H 운수 및 창고업
H 숙박, 음식	I 숙박 및 음식점업	I 숙박 및 음식점업
I 숙박, 음식	J 출판, 영상, 방송통신 및 정보서비스업	J 정보통신업
J 통신업	K 금융, 보험	K 금융 및 보험업
K 금융, 보험	L 부동산, 임대	L 부동산업
L 부동산, 임대	M 전문, 과학, 기술서비스업	M 전문, 과학 및 기술 서비스업
M 사업서비스	N 사업시설관리 및 사업지원 서비스업	N 사업시설 관리, 사업 지원 및 임대 서비스업
N 행정, 국방 등	O 행정, 국방, 사회보장	O 공공 행정, 국방 및 사회보장 행정
O 교육서비스	P 교육서비스	P 교육 서비스업
P 보건, 복지	Q 보건 및 사회복지	Q 보건업 및 사회복지 서비스업
Q 오락, 문화 등	R 예술, 스포츠, 여가	R 예술, 스포츠 및 여가 관련 서비스업
R 공공, 개인	S 협회, 수리, 개인	S 협회 및 단체, 수리 및 기타 개인 서비스업
S 가사서비스	T 자가소비 생산 활동	T 가구 내 고용활동 및 달리 분류되지 않은 자가 소비 생산활동
T 국제, 외국	U 국제 및 외국기관	U 국제 및 외국기관
20개	21개	21개

10차 개정은 2015년 3월에 기본계획을 수립하고 약 2년간에 걸친 개정 작업을 추진하여 통계청 고시 제2017-13호(2017.1.13.)로 제10차 개정 분류를 확정·고시하고 2017년 7월 1일부터 시행하게 되었다. 제10차 개정의 특징은 2008년 이후 새롭게 등장한 미래 성장산업 및 국가 기간·동력 산업 관련 분류를 신설·세분하는 등 국내 산업구조 변화상을 최대한 반영하여 분류체계의 현실 적합성을 높이고자 하였고, 부동산 이외 임대업·수도업·기계와 장비 수리업 등의 소속 대분류를 변경하였다.

또한, 국제표준산업분류 4차 개정안을 추가로 반영하여 부동산 이외 임대업 중분류를 부동산업과 임대업 대분류에서 사업시설 관리 및 사업지원 서비스업 대분류 하위로 이동하였고, 수도업 중분류를 전기, 가스, 증기 및 수도업 대분류에서 수도, 하수 및 폐기물 처리, 원료재생업 대분류 하위로 이동하였다. 자본재 성격의 기계 및 장비 수리업 소분류는 수리 및 기타 개인 서비스업 대분류에서 제조업 대분류로 이동하고 중분류를 신설하였다. 출판, 영상, 방송통신 및 정보서비스업 대분류는 정보통신업으로 명칭을 변경하였다.

국내 산업활동의 변화상과 특수성을 고려하여 미래 성장 산업, 기간산업 및 동력산업 등은 신설 또는 세분하였고 저성장 산업 및 사양산업은 통합하는 등 전체 분류체계를 새롭게 설정하였다. 이런 영향으로 바이오 연료, 탄소섬유, 에너지 저장장치, 디지털 적층 성형기계, 무인 항공기제조업과 태양력 발전업, 전자상거래 소매 중개업 등을 신설하였고 반도체, 센서류, 유기발광 다이오드 표시장치, 자동차 부품류, 인쇄회로 기판 제조업, 대형마트, 면세점, 요양병원 등은 기존 분류체계에서 세분하였으며 일부 광업과 청주, 코르크 및 조물제품, 시계 및 관련 부품, 나전칠기, 악기 제조업 등은 통합하였다.

3. 사업지원서비스

KSCI 8차 개정에선 M사업서비스로 분류되었으나, 2008년 이후 사업서비스란 단어는 사용되지 않고 있다. 과거 사업서비스(대분류 M)는 9차 및 10차 개정에서 전문, 과학 및 기술서비스업(M)과 사업시설관리 및 사업지원 서비스업(대분류

N)으로 분류되었다.

3.1 M 전문, 과학 및 기술 서비스업(70~73)

이 산업은 다른 사업체를 위하여 전문, 과학 및 기술적 업무를 계약에 따라 수행함으로써 경영의 전문성과 효율성을 달성한다. 이러한 전문, 과학 및 기술서비스는 동일 기업 내의 다른 사업체에 의하여 수행될 수 있다. 이 산업은 고도의 전문지식과 훈련을 받은 인적 자본이 서비스 생산의 주요 요소로서 투입된다. 여기에는 연구개발 활동과 법무, 회계, 광고, 시장조사, 경영 컨설팅, 건축설계, 엔지니어링, 수의업, 디자인 및 기타 전문·과학·기술서비스를 제공하는 산업 활동이 포함된다.

표 11-2 전문, 과학 및 기술 서비스업 중분류

중분류	설명
70 연구개발업	자연과학, 인문과학 및 사회과학 등의 각 연구분야에서 새로운 지식을 얻기 위한 기초탐구, 실용적 목적으로 연구하는 응용연구, 제품 및 공정개발을 위한 실험개발 등의 연구개발 활동을 말한다.
71 전문 서비스업	전문적인 지식을 갖춘 인적 자본이 주요 요소로서 투입되는 법률, 회계, 광고, 경영 등에 대한 전문적 서비스를 제공하는 산업 활동을 말한다. 활동은 전문지식을 갖춘 인적자본이 주요 요소로서 투입된다.
72 건축기술, 엔지니어링 및 기타 과학기술 서비스업	건축 설계, 감리 서비스; 물리 및 엔지니어링 원리를 이용한 공학 서비스; 측량, 지질조사, 지도제작 등의 지질학적, 지구물리학적 조사, 물리적, 화학적 및 기타 분석시험 서비스를 제공하는 산업 활동을 말한다
73 기타 전문, 과학 및 기술 서비스업	기타 전문, 과학 및 기술 서비스업 : 인테리어디자인, 제품디자인, 시각디자인 등의 디자인 전문 서비스 활동과 수의활동, 번역 및 통역 등의 기타 전문기술 서비스를 제공하는 산업 활동을 말한다.

표 11-3 전문, 과학 및 기술 서비스업 세분류

중분류	세분류	세세분류
70 연구 개발업	701 자연과학 및 공학 연구개발업	7011 자연과학 연구개발업 70111 물리, 화학 및 생물학 연구개발업 70112 농학 연구개발업 70113 의학 및 약학 연구개발업 70119 기타 자연과학 연구개발업 7012 공학 연구개발업 70121 전기, 전자공학 연구개발업 70129 기타 공학 연구개발업
	702 인문 및 사회과학 연구개발업	7020 인문 및 사회과학 연구개발업 70201 경제학 연구개발업 70209 기타 인문 및 사회과학 연구개발업
71 전문 서비스업	711 법무 관련 서비스업	7110 법무 관련 서비스업 71101 변호사업 71102 변리사업 71103 법무사업 71109 기타 법무 관련 서비스업
	712 회계 및 세무 관련 서비스업	7120 회계 및 세무 관련 서비스업 71201 공인회계사업 71202 세무사업 71209 기타 회계 관련 서비스업
	713 광고업	7131 광고 대행업 7139 기타 광고업 71391 옥외 및 전시 광고업 71392 광고매체 판매업 71393 광고물 작성업 71399 그 외 기타 광고업
	714 시장조사 및 여론조사업 서비스업	7140 시장조사 및 여론조사업 71400 시장조사 및 여론조사업
	715 회사본부, 지주회사 및 경영 컨설팅 서비스업	7151 회사본부 71511 제조업 회사본부 71519 기타 산업 회사본부 7152 비금융 지주회사 71520 비금융 지주회사 7153 경영컨설팅 및 공공관계 서비스업 71531 경영컨설팅 71532 공공관계 서비스업

중분류	세분류	세세분류
72 건축기술, 엔지니어링 및 기타 과학기술 서비스업	721 건축기술, 엔지니어링 및 기타 과학기술 서비스업	7211 건축 및 조경 설계 서비스업 72111 건축설계 및 관련 서비스업 72112 도시계획 및 조경설계 서비스업 7212 엔지니어링 서비스업 70119 기타 자연과학 연구개발업 72121 건물 및 통목엔지니어링 서비스업 72122 환경컨설팅 및 관련 엔지니어링 서비스업 72129 기타 엔지니어링 서비스업
	729 기타 과학기술 서비스업	7291 기술 시험, 검사 및 분석업 72911 물질성분 검사 및 분석업 72919 기타 기술 시험, 검사 및 분석업 7292 측량, 지질조사 및 지도제작업 72921 측량업 72922 제도업 72923 지질조사 및 탐사업 72924 지도제작업
73 기타 전문, 과학 및 기술 서비스업	731 수의업	7310 수의업 73100 수의업
	732 전문 디자인업	7320 전문디자인업 73201 인테리어 디자인업 73202 제품 디자인업 73203 시간 디자 인업 73209 기타 전문 디자인업
	733 사진 촬영 및 처리업	7330 사진 촬영 및 처리업 73301 인물사진 및 행사용비디오 촬영업 73302 상업용 사진 촬영법 73303 사진 처리업
	739 그외 기타 전문, 과학 및 기술 서비스업	7390 그외 기타 전문, 과학 및 기술 서비스업 73901 매니저업 73902 번역 및 통역서비스업 73903 사업 및 무형재산권 중개업 73904 물품감정, 계량 및 견본 추출업 73909 그외 기타 분류 안 된 전문, 과학 및 기술 서비스업

3.2 N 사업시설관리, 사업지원 및 임대 서비스업(74~76)

'N' 대분류는 사업시설의 청소, 방제 등을 포함한 사업시설 유지관리 활동과 고용지원 서비스, 보안 서비스, 여행보조 서비스, 사무지원 서비스 등과 같은 사업

운영과 관련한 밀접한 지원서비스를 제공하는 산업활동을 말한다. 전문, 과학 및 기술서비스 활동은 M으로 분류된다.

표 11-4 사업시설관리, 사업지원, 임대 서비스 중분류

중분류	설명
74 사업시설관리 및 조경서비스업	고객의 사업시설을 관리 또는 청소, 소독 및 방제서비스를 수행하거나 산업장비 및 산업용품을 물리적, 화학적으로 세척하는 산업활동을 말한다. 조경관리 및 유지 서비스 활동도 여기에 분류한다.
75 사업지원 서비스업	고용알선, 인력공급 등 고용지원 서비스 활동, 경비, 경호 및 보안시스템 운영 등 보안 서비스 활동; 여행사 및 예약대리 등의 여행보조 서스비 활동; 문서작성, 복사 등의 사무지원 서비스 활동 등의 사업운영에 관련된 지원서비스를 제공하는 산업 활동을 말한다.

표 11-5 사업시설관리, 사업지원, 임대 서비스 세분류

중분류	세분류	세세분류
74 사업시설 관리 및 조경서비스업	741 사업시설 유지관리 서비스업	7410 사업시설 유지관리 서비스업 74100 사업시설 유지관리 서비스업
	742 건물, 산업설비 청소 및 방제 서비스업	7421 건물 및 산업설비 청소업 74211 건축물 일반 청소업 74212 사업시설 및 산업용품 청소업 7422 소독, 구충 및 방제 서비스업 74220 소독, 구충 및 방제 서비스업
	743 조경관리 및 유지 서비스업	7430 조경관리 및 유지 서비스업 74300 조경관리 및 유지 서비스업
75 사업지원 서비스업	751 인력공급 및 고용알선업	7511 고용알선업 75110 고용알선업 7512 인력 공급업 75120 인력 공급업
	752 여행사 및 기타 여행보조 서비스	7521 여행사업 75211 일반 및 국외 여행사업 75212 국내 여행사업 7529 기타 여행보조 및 예약 서비스업 75290 기타 여행보조 및 예약 서비스업

중분류	세분류	세세분류
75 사업지원 서비스업	753 경비, 경호 및 탐정업	7531 경비, 경호 서비스업 75310 경비, 경호 서비스업 7532 보안시스템 서비스업 75320 보안시스템 서비스업 7533 탐정 및 조사 서비스업 75330 탐정 및 조사 서비스업
	759 기타 사업지원 서비스업	7591 사무지원 서비스업 75911 문서 작업업 75912 복사업 75919 기타 사무지원 서비스업 7599 그 외 기타 사무지원 서비스업 75991 콜센터 및 텔레마케팅 서비스업 75992 전시 및 행사 대행업 75993 신용조사 및 추심대행업 75994 포장 및 충전업 75999 기타 분류 안 된 사업지원 서비스업

제2절 사업지원서비스 산업 현황

1. 지식기반 서비스

사업지원서비스 산업(business service industry)은 1980년대 대기업들이 경쟁력 강화를 위해 아웃소싱을 확대하면서 발달하기 시작하였다.[4] 사업지원서비스라는 용어는 초창기에 '기업 활동을 지원하는 서비스업'이라는 포괄적 개념으로 사용되었으나, 최근에 와서는 '생산 활동의 품질과 효율을 촉진하는 서비스 활동' 등으로 구체화하고 있다.

OECD는 사업지원서비스 산업을 제조업 등 타산업의 생산성 향상에 필요한 부가가치(augmented value)를 창출하는 역할을 한다고 보고 있다. 사업지원서비

4) 김주훈, 2014, 사업서비스의 글로벌화 전략과 규제, KDI.

스 산업은 최종소비보다는 생산과정의 중간재로 이용되면서 기존 제품이나 서비스의 가치를 높이는 데 이바지한다. 사업지원서비스 산업의 핵심 분야는 신제품 개발, 경영전략·기획, 디자인, 생산, 판매, 연구·개발 등에 관계된 마케팅, 고객관리, 인적개발 등이다.

사업서비스란 용어는 2008년 이전에는 사용되었으나, 2008년 2월 이후부터는 사용되지 않는 단어이다. 사업지원서비스 대부분은 지식기반 서비스들이다.

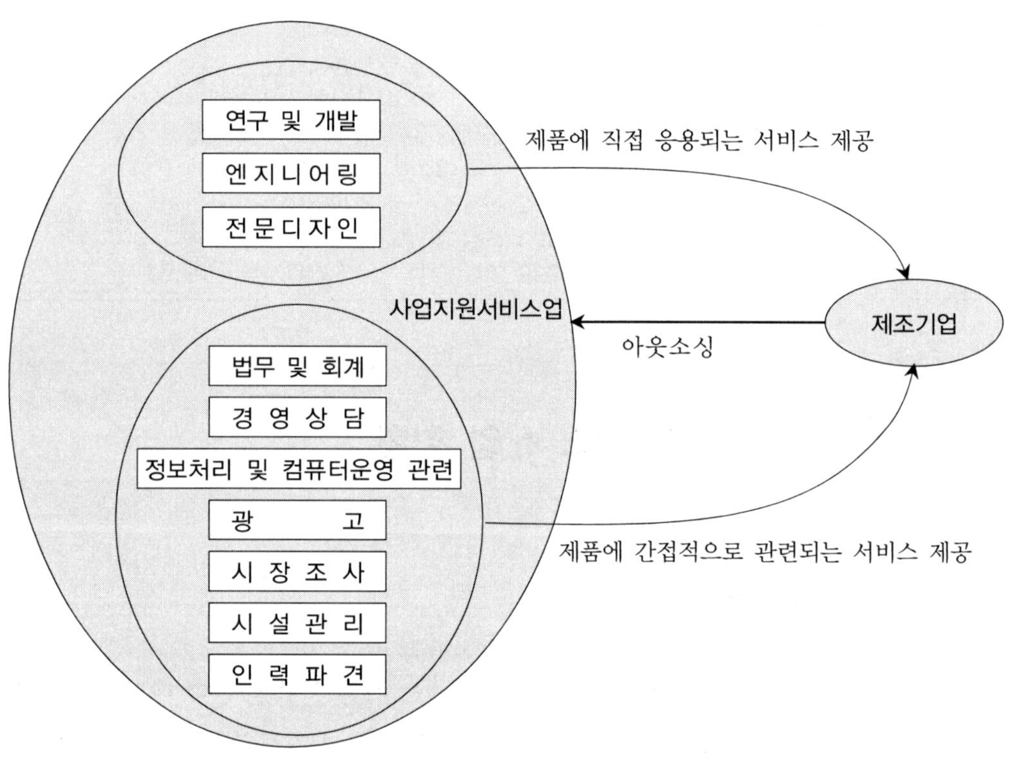

〈그림 11-1〉 사업지원서비스와 제조기업과의 관계5)

지식기반 서비스란 용어가 가장 처음 쓰인 곳은 EU의 1995년 Knowledge-Intensive Business Services: Users, Carriers and Sources of Innovation 보고서이다. 여기서 처음으로 지식기반서비스(Knowledge-Intensive Business Services :

5) 정종인·박장호·김영민, 2007, 사업서비스업의 현황 및 발전방향, 한국은행.

KIBS)란 용어가 쓰였는데 이 용어를 쓴 학자들은 일반적인 노동 집약적인 서비스(예: 청소용역)나 단순 정보제공 서비스(예: 부동산중개업)에 대비하여 지식이 그 기반이 되는 서비스를 칭하고자 이 용어를 사용했다.

그들이 정의한 지식기반 서비스의 특징은 전문적(professional) 지식에 의존하며, 주요 정보나 지식을 창출하여 제공하거나(리포트, 교육, 컨설팅 등), 최종 생산자에 대한 중간단계의 서비스를 제공하기 위하여 지식을 사용하며, 주로 비즈니스 서비스에 이용되는 서비스로 기술하였다. 이 보고서의 정의를 바탕으로 한 지식기반 서비스의 정의는 "지식기반 서비스란 기존 산업 사회의 노동, 자본, 토지라는 중요 생산요소에 대비하여 인간의 창의성에 바탕을 둔 지식을 그 주요 생산요소로 삼는 서비스로써 기존 산업의 생산성 향상과 상품/서비스의 고부가가치화를 이루는 것을 그 목적으로 한다."

지식기반 서비스에 관한 개념적 정의에는 어려운 점이 있다. 제품 생산, 상품의 디자인, 유통, 마케팅 부문에서도 지식의 중요성이 점점 커지고 있어서 상대적으로 다른 산업에 비해 지식의 비중이 큰 산업을 일컫는다. 이 때문에 모호한 기준을 제시할 수밖에 없는 한계를 가지고 있다. 모든 산업이 점점 지식에 바탕을 둔 산업으로 변화함에 따라 산업상의 지식기반 서비스의 분류는 언제든지 바뀔 수 있다.

2. 사업지원서비스의 무역수지

한국이 사업지원서비스 무역 규모는 서비스 전체보다 빠르게 증가하고 있으나 수입증가가 수출증가를 상회하여 무역적자가 확대되는 경향을 보인다.6) 즉, 사업지원서비스의 수출은 2006년 125억 달러에서 2013년 현재 231억 달러로 7년간 연평균 9.2%, 수입은 196억 달러에서 394억 달러로 연평균 10.5%가 증가하였다. 이에 따라 무역규모는 321억 달러에서 625억 달러로 거의 2배로 확대되었으나, 무역적자가 72억 달러에서 163억 달러로 확대되었다. 이러한 사업지원서비스

6) 심상렬·하완탁·이진면·홍운선·윤명헌, 2014, 사업서비스업의 현황과 발전방안 분석, KDI.

의 무역적자는 2008년부터 서비스 전체 적자 규모를 초과하면서 서비스 무역수지 적자의 주요인으로 작용하고 있다.

사업지원서비스 내의 세부 항목별로는 컴퓨터서비스를 제외하고는 모든 서비스에서 무역적자를 기록하고 있고, 무역적자 대부분은 기술·무역·기타 사업지원서비스, 지식재산권, 전문·경영컨설팅 서비스에서 초래되고 있다.

표 11-6 사업지원서비스의 수출입과 무역수지 추이

(단위 : 억 달러, %)

	2006	2010	2013	연평균 증가율 (2007~13)
수출				
사업서비스업 (서비스 전체 대비%) (총수출 대비%)	125 (21.8) (3.2)	153 (18.3) (2.8)	231 (22.8) (3.2)	9.2
서비스 전체	572	833	1,015	8.5
상품 및 서비스	3,863	5,470	7,186	9.3
수입				
사업서비스업 (서비스 전체 대비%) (총수출 대비%)	196 (27.9) (6.5)	336 (34.5) (8.1)	394 (36.0) (7.3)	10.5
서비스 전체	704	975	1,094	6.5
상품	3,039	4,159	5,366	8.5
상품 및 서비스	3,744	5,134	6,460	8.1
무역수지				
사업서비스업	-72	-183	-163	
서비스 전체	-132	-142	-79	
상품 및 서비스	120	337	726	

출처: 한국은행, 『국제수지』.

(단위 : 억 달러)

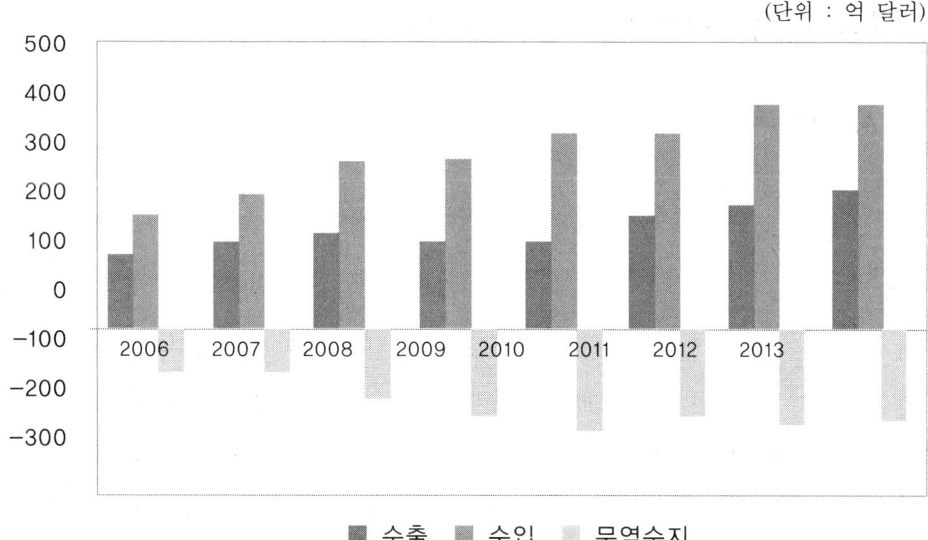

출처: 한국은행, 『국제수지』.

〈그림 11-2〉 사업지원서비스의 수출입과 무역수지 추이

전 세계에서 사업지원서비스를 가장 많이 수출하는 국가는 미국이고 그 뒤를 이어 영국과 프랑스가 나란히 2위와 3위를 차지하고 있다. 한국은 16위로 세계 점유율 1.7%에 그치고 있다.

표 11-7 2018년도 사업지원서비스 산업의 서비스 수출액

(단위: 백만 달러)

사업서비스			
순위	국가	수출액	점유율
1	미국	159,700	12.6%
2	영국	107,808	8.5%
3	프랑스	92,411	7.3%
4	독일	90,371	7.1%
5	네덜란드	71,797	5.7%
16	한국	21,385	1.7%

3. 한국 사업지원서비스 산업의 특성

3.1 사업지원서비스 산업의 강점

한국 사업서비스업의 강점은 모든 서비스에 적용되는 IT 강국을 들 수 있다. 또한, 경쟁력 갖춘 많은 젊은 인력과 합리적으로 성숙한 국민을 들 수 있다. 우리의 IT 서비스 기술은 세계적이고 그 우수성과 독창성을 인정받고 있다. 특히 한국의 전자정부 시스템은 IT 서비스 기업들의 해외 진출에 구심점이 되고 있다.[7)]

한 나라의 경쟁력은 그 나라의 경제 총량뿐만 아니라 경제 효율과 구조, 성장잠재력과 혁신능력까지 모두 포함한다. 경제 총량만을 따진다면 2009년을 기준으로 한국의 순위는 세계 15위에 불과하다. 하지만 한국의 강점은 경제의 효율성과 구조, 그리고 발전 잠재력과 혁신의 인적 자원이다. 한국은 열악한 조건에서 우수한 교육자원을 토대로 경제발전을 이룰 수 있었다.

3.2 사업지원서비스 산업의 약점

우리나라의 사업서비스 산업이 가지고 있는 현실적인 문제점은 많다. 받은 서비스에 대해서 정당하게 대가를 내야 한다는 대가 의식이 희박하다. 기업 경영을 통해 습득한 지식과 노하우를 축적하기 위한 노력 부족, 국내 기업의 미약한 자체 상표 인지도, 창의적이고 우수한 전문 인력 부족, 수요자와 제공자 간의 소위 갑을 문화 등으로 요약할 수 있다.

지식기반 서비스 산업은 일반적으로 비정형 지식을 기반으로 하는 비즈니스이기 때문에 인적 자원에 대한 의존도가 매우 높다. 그러나 우리나라는 지식기반의 사업서비스를 안정적으로 지원하기 위한 전문성과 역량을 갖춘 우수한 인력이 부족하다.

지식기반 서비스 산업을 위한 연구개발이 매우 부족하다. 대부분의 서비스기업은 규모가 영세하기 때문에 독자적으로 연구개발에 투자하기에는 한계가 있으며, 국가 차원의 연구개발도 현재까지는 제조업에 집중되어 있었기 때문에 지식기반

---

7) 이상복, 2012, 사업서비스 분야 선진화를 위한 정책과제, 국회입법조사처.

서비스의 혁신을 위한 연구개발이 부족한 것이 현실이다. IT는 지식기반 서비스 산업의 생산성을 제고할 수 있는 핵심적 수단이라고 여겨지고 있지만, 현실적으로는 네트워크 구축이나 전자상거래 이용 등 지식기반 서비스 산업에서의 IT활용 실적이 저조한 실정이다.

4. 사업지원서비스 산업 경쟁력 강화 방안

서비스 산업의 중요성이 주목받고 제조업에서조차도 서비스의 역할이 증대되면서 산업구조에서 3차산업의 비중은 매우 증가하고 있다. 경제가 발전할수록, 선진국에 진입할수록 서비스부문의 비중이 높아지는 이른바 산업구조의 고도화가 일반화되고 있다. 서비스 산업 선진화는 정부의 핵심 과제 중 하나이다. 최근 우리 경제가 고용과 성장률이 둔화하면서 서비스 산업은 성장 동력과 고용창출을 결정 짓는 주요 요인으로 등장하고 있다. 서비스 산업은 고용 창출력이 클 뿐만 아니라, 지식기반 서비스의 경쟁력 제고로 제조업 등 경제 전반의 성장잠재력 확충이 가능하다.

지식기반 서비스가 중요한 이유는 선진국과 우리나라의 GDP 대비 지식기반 서비스 산업의 비중이나 순위를 보면 아직 선진국에 비해 낮아서 향후 성장성은 매우 높다고 하겠다. 또한, 지식서비스는 다른 산업의 경쟁력 강화에 도움을 준다. 지식기반 서비스 산업은 다른 산업의 경쟁력 강화에 매우 큰 도움을 주기 때문에 국민경제에서 매우 중요하다. 제조업의 내부를 들여다보면 서비스적인 요소가 매우 많고, 이러한 서비스부문의 생산성 향상이 어려운 것이 사실이다. 제조업 내 서비스 부문이 독립하거나 제조업을 지원하는 전문 서비스업이 나타나는 등 제조업에서 서비스업의 분리 현상은 계속되고 있다.

하지만 현재 한국 서비스 산업의 양적 성장에도 불구하고 국제경쟁력은 취약하다. 대외 시장개방에 대비하여 국내 서비스 산업의 국제경쟁력을 획기적으로 강화해야 한다.

4.1 해외진출

한국의 서비스 산업의 해외투자를 업종별로 살펴보면, 도매 및 소매가 가장 크고 다음으로 금융 및 보험 그리고 부동산 및 임대업의 규모가 크다. 특히 사업지원서비스업과 도매 및 소매업 그리고 부동산 및 임대업을 하는 기업이 해외투자에 적극적이다. 도매 및 소매업은 국내에서 경쟁력을 확보한 기업들이 중국, 베트남 및 러시아 지역으로 해외진출 활동을 펼치고 있다. 또한, 사업지원서비스의 급격한 증가는 해외 M&A를 위한 우리나라 기업의 해외지주회사 진출이 증가하였기 때문이다. 따라서 지식기반 서비스 산업을 비롯하여 한국의 서비스 산업은 국제경쟁력을 확보한 분야에서 해외진출이 시작되었다.

4.2 서비스 상품 개발

한국의 지식기반 서비스 산업의 발전을 위해서는 수출 가능한 지식기반 서비스 상품을 개발해야 한다. 그동안 한국은 제조업에서 경공업 중심의 산업에서 중화학공업 그리고 첨단산업 중심으로 산업구조를 발전시켜왔다. 산업구조의 조정은 새로운 수출상품의 개발을 통해서 이루어졌다. 한국이 지식기반 서비스 산업에서 수출 가능한 상품을 개발하는 데 우선 제조업과의 연계를 통한 수출상품의 개발이 필요하다. 제조업과 서비스업은 서로 분리되어 존재하는 것이 아니라 상호 유기적인 관계를 맺고 있다. 즉 서비스 산업은 제조업의 생산과정을 효율화시킴으로써 제조업의 발전을 이룩할 수 있다. 또한, 제조업은 서비스 산업의 새로운 수요를 창출함으로써 서비스 산업의 발전을 촉진할 수 있다. 특히 한국의 제조업은 국제경쟁력을 확보하여서 제조업에서 요구되는 새로운 서비스 수요는 수출 가능한 서비스상품으로 개발될 수 있다.

4.3 기업간 연합

기업의 영세성과 과당경쟁을 극복하기 위해서 기업간 네트워킹이 필요하다[8].

---

8) 이현훈, 2007, 서비스시장 개방이 경제성장 및 생산성에 미치는 영향 분석, 금융경제연구 제283호, 한국은행.

지식기반 서비스 산업은 고객과의 커뮤니케이션이 필수적이어서 부동산에 많은 고정비용이 들어가게 되므로, 이를 지원하기 위하여 정부와 지차체가 규제 해소 등 적극적인 지원책을 마련하여야 한다. 지식기반 서비스 산업은 특성상 전문직의 비중이 높다. 이러한 분야의 전문가는 인건비가 높아서 상근직으로 활용하는 것이 중소기업 입장에서는 부담스럽고 파트타임 또는 프로젝트 베이스로 활용하는 것이 쉽지 않다. 정부는 지식기반 서비스 산업에서 나타나는 인력문제를 해결하는데 적극적인 방안을 제시하여야 한다. 제조업과 지식기반 서비스업체 간의 협업 분위기 조성이 필요하며, 협업 구성 및 사업 진행시 컨설팅 지원을 함으로써 신속한 제품의 생산과 사업화 성공을 유도할 수 있다.

제12장 정보통신서비스 산업

제1절 정보통신기술의 개념과 역할

1. 정보통신기술의 개념

상품에 부가되는 서비스는 기술의 전략적 이용, 특히 컴퓨터와 통신기술의 통합에 따라 다양하게 제공될 수 있다. 기업은 정보기술을 통하여 신속한 전달, 좋은 서비스 환경, 양질의 정보, 고객의 셀프 서비스화, 그리고 향상된 생산성 등을 추구한다. 기술을 통하여 상품의 부가가치를 창출하여 고객과 서비스 제공자 간의 관계가 더욱 긴밀해진다.[1)]

물질, 방법, 정보 이 세 가지를 흔히 기술의 삼위일체로 부른다. 세탁하기 쉬운 인조 심유, 잘 깨지지 않는 유리 등은 물질기술이라고 할 수 있고 은행의 ATM, 슈퍼마켓 계산대의 스캐너 등은 방법기술, 그리고 온라인 데이터베이스는 정보기술이라고 할 수 있다.

정보기술(Information Technology)은 200바이트(bite)의 신용카드 마그네틱

---

1) 성일석, 2011, 국제서비스통상론, 도서출판 두남.

선부터 몇 기가바이트(GIGA bite)의 대형 고속컴퓨터에 있는 데이터를 저장하고 컴퓨터 언어로 변환하는 기술을 말한다. 정보기술이 주로 하드웨어와 동일시되는 경향이 있지만 사실상 데이터를 유용한 정보로 바꾸는 것은 소프트웨어이다.

정보기술은 네트워크 설계 구조, 장비, 사람 간에 서로 의사소통할 수 있게 하는 유무선 연결장치 이용과 관련된다. 기업들은 주로 기술을 단순히 기존의 서비스절차를 빠르게 하려고 이용하고 있다. 하지만 작업절차를 혁신적으로 재설계하고 서비스 제공수준을 향상하기 위해서 기술을 이용해야 하는 것이 더 필요하다.

2. 정보통신서비스 산업의 역할[2)]

2.1 데이터 무역의 증가

정보통신 서비스 산업의 발달로 각국의 디지털 경제로의 전환이 빠르게 진행되고 있다. 이로 인해 개인은 기존의 재화와는 다른 가상재화를 가상시장에서 구매하는 현상이 증가하고 있다. 이에 따라 IT 하드웨어(hardware), IT 소프트웨어(software) 등의 무역 거래가 증가할 것으로 전망된다. 특히 McKinsey Global Institute(2016)에 따르면 비디오게임, 다양한 콘텐츠, Software data 등과 같은 데이터 무역이 상품 무역의 교역량보다 더 확대될 것이라고 예상된다.

2.2 IT 기술 활용을 통한 서비스교역

기존 무역에서는 비교역재로 인식된 연구, 회계, 정보처리, 컨설팅과 같은 IT 기술 활용을 통한 서비스(IT enabled service)는 이제 서비스의 국경 간 제공이 가능해짐에 따라 더욱 확대될 것으로 전망된다. 종전에 고객이 제품 견본을 요청하면 생산·판매자는 실물 샘플과 종이 내역서를 보냈다. 하지만 이제는 이메일로 설계도 보내고 고객이 직접 3D 프린트하는 디지털 화물로 무역구조가 바뀌고 있다. 종전엔 제품을 만들기 위해 금형을 주문했지만, 이제는 3D프린팅을 위한 설계도를 주문할 수 있다. 스마트폰 앱(App) 구입, 온라인 게임 아이템 구입, 영

2) 이한영 외, 2017, 새로운 산업무역에 대응하기 위한 통상전략, 정보통신정책학회.

화·드라마 다운로드 등이 디지털 교역의 한 형태다.

2.3 마이크로글로벌(Micro-Multinational) 기업의 등장

국경 간 B2C 거래가 퍼짐에 따라 작지만 큰 기업들이 등장하고 있다. 창업부터 세계 시장을 표적으로 하는 마이크로글로벌 기업의 등장은 다국적 기업의 최소운영 규모를 보여준다. 이는 거래비용이 축소됨으로 인해 가능한 형태이며, 세계 시장에 나아가기 위해 이제는 디지털로 연계되는 것이 필수조건임을 알 수 있다.

2.4 생산기지형 개도국의 등장

중간재 교역이 감소하고 글로벌 가치사슬(global value chain, GVC)이 단순화되면서 생산기지형 개도국이 등장했다. 이는 3D 프린팅을 통해 맞춤형 생산이 가능해졌고, 국가 간 디지털 정보의 교환이 증가하면서 더욱더 확산할 것이다.

2.5 기업·국가 간 경쟁 심화

디지털 플랫폼을 활용한 생산 및 보급 모델이 확산하면서 산업 간의 장벽 또한 무너지고 있다. 그 결과 전 세계적으로 경쟁이 심화하여 가격이 하락하고 제품의 수명주기도 단축될 것으로 전망된다.

제2절 정보통신서비스 산업의 무역 현황

1. 정보통신서비스 수출 현황

서비스무역에서 5대 서비스 부문(관광, 물류, 정보통신·컴퓨터, 금융, 지식재산권 사용)은 세계 서비스수출의 68%를 차지하고 있다. 5대 서비스 부문 중 정보통신컴퓨터, 지식재산권 사용, 관광 부문의 최근 10년간 성장속도는 세계 총 서비스 수출의 연평균성장률(3.8%)을 상회하고 있다. 5대 서비스부문 연평균성장률('08~'18)은 정보통신컴퓨터 6.8%, 지식재산권 사용 4.9%, 관광 3.9%, 금융 3.1%, 물류 1.2%이다. 특히, 정보통신·컴퓨터 부문은 '08~'18년 사이 전체 부문 중 가장 높은 연평균 성장률(6.8%)을 기록하였으며, '18년에만 15%라는 급성장세를 보였다.[3)]

표 12-1 국가별 정보·통신·컴퓨터 서비스 수출 현황

(단위 : 억 달러, %)

구분	2008년			2013년			2018년			연평균성장률 ('08~'18)
	국가	금액	(비중)	국가	금액	(비중)	국가	금액	(비중)	
	세계	3,145	(100.0)	세계	4,352	(100.0)	세계	6,061	(100.0)	6.8%
1위	인도	371	(11.8)	인도	538	(12.4)	아일랜드	1,011	(16.7)	10.9%
2위	아일랜드	359	(11.4)	아일랜드	482	(11.1)	인도	582	(9.6)	4.6%
3위	미국	231	(7.3)	미국	344	(7.9)	중국	471	(7.8)	19.7%
4위	영국	194	(6.2)	독일	272	(6.3)	미국	408	(6.7)	6.6%
5위	독일	193	(6.1)	영국	238	(5.5)	독일	408	(6.7)	7.8%
6위	프랑스	160	(5.1)	중국	171	(3.9)	영국	281	(4.6)	3.8%
7위	스웨덴	97	(3.1)	프랑스	170	(3.9)	네덜란드	272	(4.5)	1.6%[1)]
8위	이탈리아	85	(2.7)	스웨덴	149	(3.4)	프랑스	150	(2.5)	2.6%
9위	핀란드	84	(2.7)	스페인	113	(2.6)	스웨덴	150	(2.5)	4.5%
10위	중국	78	(2.5)	스위스	110	(2.5)	이스라엘	144	(2.4)	7.3%
	한국 (38위)	9	(0.3)	한국 (34위)	22	(0.5)	한국 (25위)	48	(0.8)	17.7%

주: 1) 네덜란드는 '14~'18년 연평균성장률.
출처: WTO Data(검색일: 2019.08.13.)

아일랜드는 정보·통신·컴퓨터 서비스 분야 수출 세계 1위 국가로, 2018년 1,011억 달러를 수출하여 세계 총수출액의 16.7%를 차지하였고 지난 10년간 연평균 10.9%의 고속성장을 보이며 세계 연평균 성장률(6.8%)을 크게 상회하였다.

3) 장현숙·이준명·김보경, 2020, 서비스 산업별 수출강국 사례 분석 및 시사점, 무역협회.

한국은 2008년 38위에서 2018년 25위로 수출액이 증가하였고, 세계 연평균 성장률을 크게 상회하였다. 하지만 전 세계에서 차지하는 비중은 아직 미미하다.

2. OECD 회원국의 정보통신서비스 교역 규모

정보통신서비스는 개별산업으로서뿐만 아니라 다른 산업의 경제활동을 위한 정보 전달 수단으로서도 중요한 역할을 하고 있다. 정보통신서비스 산업의 발전은 막대한 투자로 기반시설 구축을 통해 이룰 수 있고, 이를 활용한 제반 산업의 발달은 경제 생태계의 전반적인 수준을 끌어올릴 수 있다. 이에 따라 OECD 회원국들의 통신서비스 산업의 규모는 지속해서 확대되어왔다. OECD Communications Outlook 2011에 따르면 OECD 회원국 전체의 GDP 대비 통신서비스 매출 비중은 1990년대에 지속적인 성장을 기록한 뒤 2000년대 들어 2% 후반대로 정체되기는 했으나, 통신서비스 매출은 전 세계적인 금융위기가 발생한 직후인 2009년을 제외하고는 지속해서 성장해오고 있다.[4] 구체적으로 2009년 OECD 회원국 전체의 통신서비스 매출액은 약 1조 2천억 달러로 2008년에 비해 다소 감소하기는 하였으나, 1997년 매출액인 약 6천억 달러와 비교했을 때 2배가량 증가하였다.

통상적 측면에 있어서 정보통신서비스는 시장 자유화를 통해 더욱 자유화된 무역환경을 구축함으로써 다른 상품 및 서비스 분야에서의 국경 간 교역과 투자를 촉진하고 따라서 경제적 혜택을 가져올 수 있다. 지난 2000년 이후 세계경제 성장과 함께 정보통신서비스 교역규모는 빠르게 증가하였는데, 〈그림 12-2〉에서 보듯 2008년 OECD 회원국 전체 정보통신서비스 교역량은 1180억 달러로, 2000년의 520억 달러와 비교하면 2배 이상 증가하였다. 동시에 OECD 전체 회원국 GDP 대비 정보통신서비스 교역량 또한 지속해서 증가해 왔음을 알 수 있다.

---

4) 남상열·고혜진·김성웅·박승종, 2012, OECD 통신서비스 무역장벽지수(STRI) 분석과 무역투자자유화에의 시사점, 정보통신정책연구원.

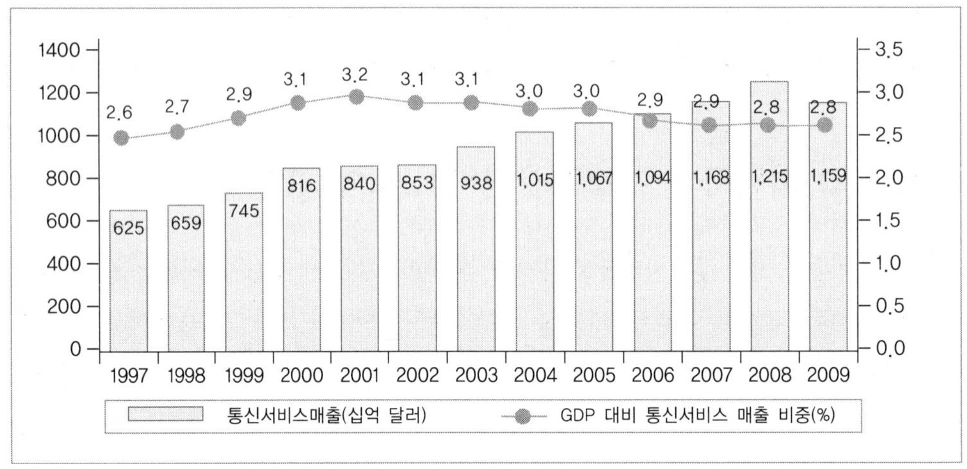

출처: OECD, 2011d, OECD Communication Outlook 2011.

〈그림 12-1〉 OECD의 통신서비스 매출 및 GDP 대비 매출 비중

이처럼 OECD 회원국 내에서 정보통신서비스 교역의 중요성은 지속해서 커지고 있으며, 새로운 융합 서비스의 등장은 회원국 간 정보통신서비스 교역을 더욱 활성화할 전망이다.

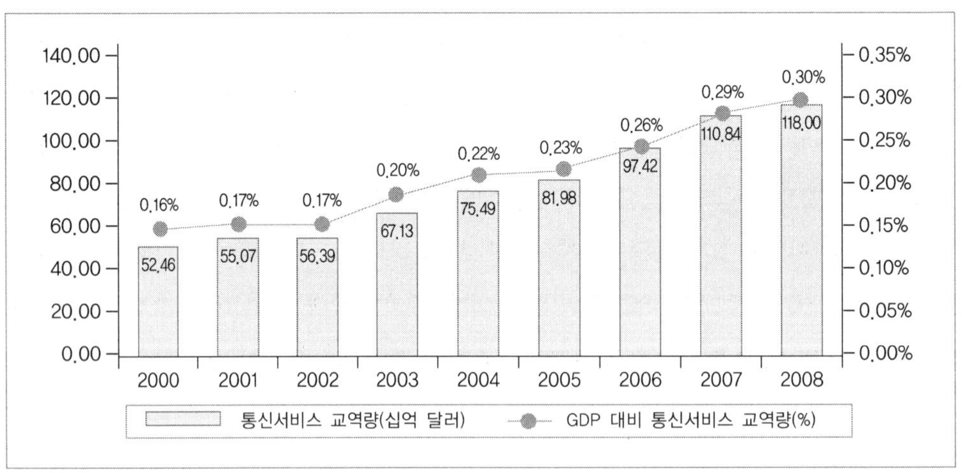

출처: OECD, 2011d, OECD Communication Outlook 2011.

〈그림 12-2〉 OECD의 통신서비스 교역규모 및 GDP 대비 통신서비스 교역량

3. 한국의 디지털 경제 수준

민경실 외(2016)에 따르면 한국 디지털 경제 수준은 OECD 상위권이지만 플랫폼을 활용한 e-마켓플레이스(e-market place), SNS(social network service), 스마트 미디어에서는 크게 뒤떨어지는 수준이다.[5)] 2016년 맥킨지 디지털 연계지표에서도 알 수 있듯이 상품 8위, 서비스의 연계성은 12위로 글로벌 디지털 경제 순위에서 비교적 상위권을 차지했다. 그러나 인력의 경우 50위, 데이터는 44위를 기록하며 다른 국가들에 비해 뒤떨어지는 수준을 나타냈다. 이는 언어장벽 및 폐쇄적인 문화, 대외개방성 부족이 데이터 교류와 인력교류를 제약하고 있는 것으로 보인다. 2015년 OECD 디지털 경제 순위를 비교했을 때, 전반적으로 한국의 ICT 부가가치율, 고용률, 15세 학생 디지털 해독능력을 비롯한 지표들이 상위권을 나타내고 있다. 2015년 한국 디지털 진화지수는 싱가포르, 홍콩, 스위스, 미국과 함께 높은 수준이다.

▌표 12-2▐ 디지털 경제 순위 비교

지표	한국의 순위	비고
맥킨지 디지털 연계지표	16위 (상품 8, 서비스 12, 자본 28, 인력 50, 데이터 44)	1 싱가포르, 2 네덜란드, 3 미국, 4 독일, 7 중국, 10 사우디아라비아, 17 이탈리아, 24 일본
OECD Disital Economy(2015)		
ICT 부가가치율	1위 (10.7%)	2 일본, 3 아일랜드, 8 미국
ICT 고용률	2위 (4.32%)	1 아일랜드, 3 헝가리, 8 미국
ICT 수출 세계 시장 점유율	4위 (6.7%)	1 중국, 2 미국, 7 독일, 8 일본
ICT 서비스 수출 세계 점유율	25위 (9.5%)	1 아일랜드, 2 인도, 3 독일
기업의 클라우드 컴퓨팅	24위	1 핀란드, 2 아이슬란드, 13 일본
ICT 분야 노동생산성	3위 (149,758달러, PPP)	1 미국, 2 벨기에, 10 독일
스마트폰 사용 구매율	4위 (47%)	1 이스라엘, 2 멕시코, 10 미국
기업의 브로드밴드 보급률	3위 (99%)	1 핀란드, 2 네덜란드, 20 독일
15세 학생 디지털해독능력(2012)	2위	1 싱가포르, 3 일본, 6 중국(상해)

5) 민경실·정희철·전지훈, 2016, 디지털 경제와 한국무역, 2016년 19호, 한국무역협회.

지표		한국의 순위	비고
e-Market Place	(백만 명)	쿠팡 7.5	알리바바 407, 아마존 193, 이베이 162
SNS	(백만 명)	라인 215, 카카오 48	페이스북 1,591, 텐센트 1,550, 트위터 320
스마트 미디어	(백만 명)	아프리카TV 2.3	유튜브 1,000, 넷플릭스 77
핀테크	(백만 명)	삼성페이 7, 네이버페이 3	알리페이 400, 페이팔 179
공유경제	(백만 명)	쏘카 1	우버 1,000, 에어비앤비 60

출처: 민경실 외, 2016.
주: 맥킨지 연계지표(Connectedness Index)는 한 국가의 상품, 서비스, 데이터 등의 유출입을 평가

디지털 서비스 유형별로는 쿠팡의 경우 세계적 e-마켓의 기업들보다 그 이용자 수와 매출이 뒤처지는 수준이다. 이외에도 SNS 메신저, 스마트 미디어, 핀테크(fintech), 공유경제(sharing economy) 등의 지표가 세계적 선두기업의 수준에 많이 못 미치는 것을 알 수 있다. 이를 통해 한국 디지털 경제 수준은 높으나 ICT를 활용한 기업들이 세계 시장에서 활약하지 못하고 있다는 것을 알 수 있다.

표 12-3 디지털 서비스 유형별 비교[6]

(단위 : 백만 명, 억 달러)

	세계			한국		
e-마켓 플레이스	알리바바	이용자 수	407	쿠팡	이용자 수	7.5
		매출액	4,542		매출액	3.1
	아마존	이용자 수	193			
		매출액	1,070			
	이베이	이용자 수	162			
		매출액	820			
SNS 메신저	페이스북	이용자 수	1,591	라인	이용자 수	215
		매출액	179		매출액	10.8
	텐센트 (QQ, 위챗)	이용자 수	1,550	카카오	회원 수	48
		매출액	158		매출액	8.7
	트위터	이용자 수	320	카카오 스토리	이용자 수	18
		매출액	22		매출액	–

6) 민경실·정희철·전지훈, 2016, 디지털 경제와 한국무역, 2016년 19호, 한국무역협회.

	세계			한국		
스마트 미디어	유튜브	연간 이용자 수	1,000	아프리카TV	이용자 수	2.3
		매출액	–		매출액	0.4
	넷플릭스	회원 수	77	다음 TV팟	이용자 수	0.9
		매출액	61		매출액	–
핀테크	알리페이	연간 이용자 수	400	삼성페이	누적 이용자 수	7
		매출액	5,190*		매출액	7.1
	페이팔	연간 이용자 수	179	네이버페이	누적 이용자 수	3
		매출액	2,820		매출액	1.7
공유경제	우버	누적 이용자 수	1,000	쏘카	이용자 수	1
		매출액	680		매출액	2.6
	에어비앤비	누적 이용자 수	60			
		매출액	255			

출처: 민경실 외(2016).

주: 1. 이용자 수는 월간 이용자 수 기준(MAU, Mcnthly Active Users)
누적 이용자 수는 서비스 제공일부터 현재까지 누적 이용자 수
2. 2015년 기준, 알리페이 2013년 기준

TUFTS 대학에서 발표한 디지털 진화지수에서 한국은 STAND OUT(두드러지는) 영역에 속하는 것을 알 수 있다. 이 영역에는 싱가포르, 홍콩, 미국, 스위스, 뉴질랜드 등의 국가가 포함된다. 한국의 디지털 변화 속도는 비교적 천천히 진화하는 수준이며 공급, 수요, 혁신, 제도 등의 요소를 취합한 점수에서 50점 이상을 기록한 것으로 나타난다.

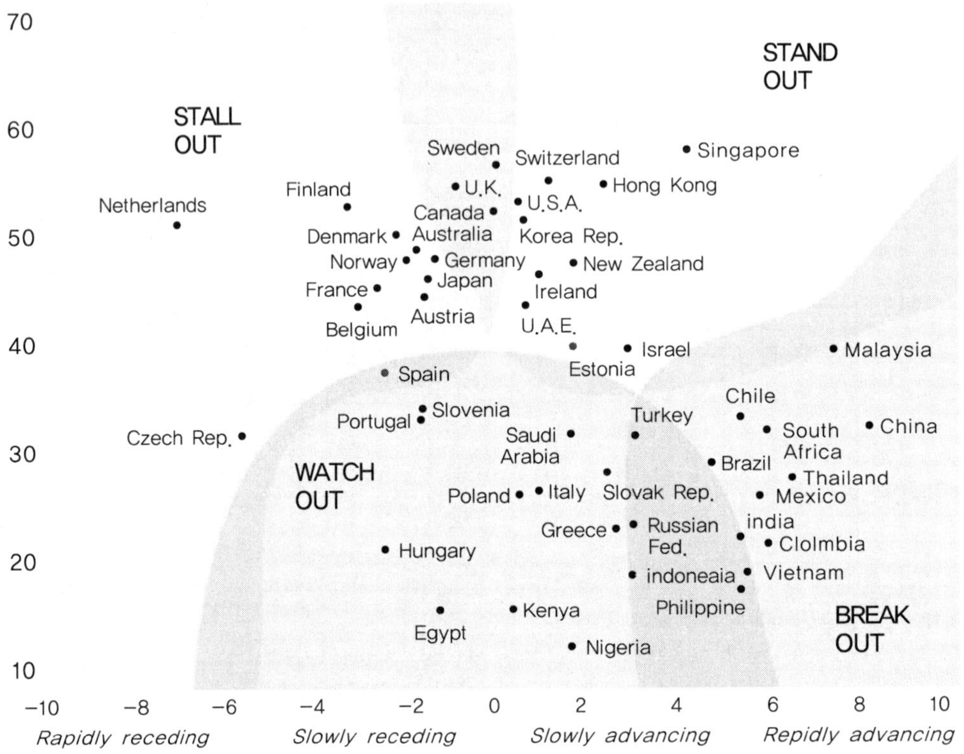

출처: Digital evolutioan index, THE FLETCHER SCHOOL AT TUFTS UNIVERSITY, http://hbr.org.

주: 1. TUFTS 대학에서 공급측(IT접근/교환 인프라), 수요측(소비 행태, 트렌드 등), 혁신성(기업가정신, 기술), 제도(정부 효율성) 등을 평가

2. 국가들은 각기 다른 속도로 디지털 진화를 구축, 50개국은 디지털 준비를 위한 네 부분의 주요 영역들을 발표. 나라별 네 가지 요소들을 취합한 디지털 진화지수(100점 만점)

〈그림 12-3〉 국가별 디지털 진화지수7)

7) 민경실·정희철·전지훈, 2016, 디지털 경제와 한국무역, 2016년 19호, 한국무역협회.

제3절 정보통신서비스 시장개방과 무역규제

1. 정보통신서비스 시장개방

1.1 WTO 정보통신협상 배경

정보통신서비스는 그 자체가 하나의 개별산업인 동시에 다른 여러 산업의 경제활동을 위한 매개적 수단으로서도 중요한 역할을 한다. 세계 경제 전반에서 차지하는 정보통신서비스의 비중이 증가하면서 이 같은 정보통신서비스의 이중적 특징이 더욱 강조되었고, 이는 다자간 정보통신서비스 협상을 추진하게 된 주요 근거가 되었다. 특히, 이미 제조업 분야에서 비교 우위를 상실한 선진국들은 지속적인 경제성장을 위하여 절대적인 경쟁우위를 가진 정보통신 분야를 경제성장의 핵심축으로 지목하고 정보통신 시장개방을 위한 협상을 주도하였다.[8]

표 12-4 WTO 협정 상 통신서비스 구분

구분	정의	종류
기본통신서비스	송신자로부터 수신자에게 정보가 변경 없이 전달되는 모든 통신서비스	음성전화서비스, 패킷교환 데이터 전송서비스, 회선교환 데이터 전송서비스, 텔렉스 서비스, 전시서비스, 팩시밀리 서비스 등
부가통신서비스	전송 과정에서 서비스 공급자가 정보 내용 변화 및 저장 등을 통해 가치를 추가하는 통신서비스	온라인 정보 처리 서비스, 온라인 정보 저장 및 검색, 이메일, 음성메일 등

WTO 협정은 정보통신서비스를 크게 기본통신서비스와 부가통신서비스로 구분하고, 전송 과정에서 음성 및 데이터 정보의 변화 여부가 이를 구분하는 기준이 된다. 통신서비스 부문 최초의 다자간무역협상은 UR에서부터 시작하였고, 주로

8) 정보통신정책연구원, 1997, WTO 기본통신협상종합보고서.

부가통신서비스에 국한된 시장 자유화가 추진되었다. 1994년 WTO 협정 서명과 함께 각료회의는 기본통신협상그룹을 설치하고 UR 후속 협상의 하나로 기본통신 협상을 추진하였다.

GATS의 시장 자유화는 외국 서비스 공급자의 시장진입을 막는 비관세장벽의 완화 및 철폐를 통해 이루어지며, 이는 통신서비스의 시장 자유화에도 같이 적용된다. 기본통신협상에서 협상 참여국들은 상대국에 대한 구체적인 개방 요구를 담은 양허요구서(Request)와 자국의 개방 계획을 담은 양허안(Offer)을 교환하는 요청-양허(Request-Offer) 방식을 통해 협상을 진행했다. 양허안의 내용은 서비스 공급자의 수, 외국인 지분참여 제한 등을 포함한 시장접근 관련 제한조치와 공정경쟁, 규제기관 독립성, 희소자원 분배와 이용 등 규제 원칙을 담고 있는 참조문서 등을 포함한다. 약 3년간 진행된 WTO 기본통신협상은 1997년 2월 타결되었으며, 69개 국가가 제출한 55개의 기본통신 분야 양허안이 GATS 제4 의정서에 첨부되어 1998년 2월 발효되었다. 이 중 일부 협상 참여국들은 양허안을 제출했으나 국내 비준 문제로 아직 발효시키지 않은 상태이다. 기본통신협상은 상호접속의 지연 및 차단과 주파수, 관로구축권 등 희소자원의 가용성 제한 등 신규사업자 진입을 제한했던 국내 규제 문제를 다뤘다는 점에서 중요한 의의가 있다.[9)]

1.2 DDA 정보통신서비스 협상

WTO는 무역의 점진적인 자유화를 기본목표로 하고 있으며, WTO 협정의 발효일로부터 5년 이내에 서비스 부문에 대한 후속협상을 개시하고, 그 이후에도 주기적인 양허협상을 통해 자유화를 진전시킨다고 규정하고 있다.[10)] 정보통신서비스 협상은 후속협상이 명시적으로 의무화된 기설의제(built-in agenda)의 하나로서 2000년부터 시작되었으며, 2001년 11월 카타르 도하에서 열린 제4차 각료회의 결정에 따라 새로운 다자간 무역협상인 도하개발어젠다(DDA)의 출범과 함께 본격화되었다.

---

9) 이한영, 2000, WTO 서비스협상의 영향분석 및 대응전략: 통신서비스 부문, 정보통신정책연구원.
10) GATS Art.XIX.1.

DDA 통서비스협상은 기존 UR협상 및 기본정보통신협상의 결과보다 더 높은 수준의 시장자유화를 목표로 시장접근과 내국민대우에 있어 남아 있는 제한조치의 완화 및 철폐와 참조문서 상의 국내 규제 원칙 구체화 등을 우선 협상 의제로 추진하였다. 한편, 회원국의 양허안 제출 실적은 저조하고 UN의 잠정 분류 기준을 토대로 작성한 기존의 서비스 분류지침(W/120)이 통신 및 방송 융합 서비스의 등장으로 시장의 현실을 반영하지 못함에 따라 DDA 통신서비스 협상에 있어 통신서비스의 분류 논쟁이 한창 진행 중이다.

2. 정보통신서비스무역규제

정보통신서비스무역규제는 서비스무역 중에서도 국가 기간산업, 정보통신이라는 내재적 특성으로 인해 세부 분야별로 다양한 특징이 존재한다. 따라서 국내 규제의 방식 및 근거도 분야별로 다를 수밖에 없고, 이는 국가 및 시장 상황에 따라 다르다.

1990년대에는 국가들에 규제개혁의 핵심은 국영 사업자의 민영화였다. 당시에 정부가 사업자이자 규제기관이었기 때문에 정보통신서비스는 그 자체가 공공독점 영역이었고 규제에도 제한이 있었다. 이후 민간사업자의 독점화가 진행되면서 이러한 독점에 대한 정부의 감시 및 새로운 시장진입자 허가 등으로 규제가 이뤄졌다. 완전경쟁 시장으로 이끌기 위한 신규 진입자의 보장 즉 경쟁 시장 촉진을 위해 라이선스 구조, 보편적 서비스, 반경쟁 관행과 관련된 규제 원칙 및 규제가 더욱 필요해졌다. 경쟁 시장체제에서 규제는 사후 규제 및 자기 규제의 형태로 발전되었다.

완전히 경쟁적인 환경에서는 규제의 필요성이 줄어들 것으로 생각될 수 있으나, 보편적 서비스 보장, 주파수 관리 및 할당 등의 규제는 더욱 필요하게 되었다. ITU[11]는 이러한 규제의 필요성을 네 가지로 정리하고 있다. 즉 시장실패를 방시하고, 효과적인 경쟁을 촉진하며, 소비자 이익을 보호하고, 기술 및 서비스

---

11) The International Telecommunication Union, UN 산하 국제통신연맹.

에의 접근을 향상시키기 위해 규제가 필요하다.[12)]

이러한 역사적 배경과 국내 규제의 실질적 근거를 고려하여 세부 분야별로 그 규제의 필요성을 살펴볼 필요가 있다. WTO 참조문서 상의 정보통신서비스 규제 분류에 따르면 공정경쟁 보장, 상호접속, 보편적 서비스, 허가기준, 독립규제기관, 희소자원의 할당 및 이용 등 국내 규제에 대한 일반적인 원칙을 수록하고 있다. 실제 참조문서는 APEC 등 국제기구에서 구체화를 위한 노력이 진행되었고,[13)] FTA 등 양자협상에서도 협정문에 포함되어 논의되고 있다.

2.1 공정경쟁보장

정보통신분야의 반경쟁적 행위는 신규 업체의 시장진입을 방해하거나, 기존의 시장경쟁을 제한하는 것을 말한다. 이러한 반경쟁적 관행으로는 반경쟁적 상호보조, 경쟁자로부터 취득한 정보의 부적절한 사용, 기술 및 상업적 정보의 미공개, 가격 쥐어짜기(price squeezing), 약탈적 가격설정(predatory pricing) 등이 있다.

경쟁시장의 보장은 한정된 자원을 가장 가치 있고 가장 생산적으로 사용하도록 한다는 점에서 필요하다. 경쟁규제는 자유경쟁만으로는 사회적으로 바람직하지 못한 결과가 예상되는 경우 유용하다. 규제는 효율적인 경쟁이 불가능한 분야에 적용해야 하며 장기적으로는 진입장벽을 낮추는 등 효율적인 경쟁 시장을 조성할 수 있는 방향으로 진행해야 한다.[14)]

2.2 상호접속

상호접속은 다른 통신사업자의 통신망과 연결을 할 수 있게 함으로써, 통신서비스의 가치를 전체적으로 높이는 동시에 사업자들의 상호 이익을 높이고 소비자에게 서비스를 확장 및 개선한다는 효용을 찾을 수 있다. 통신사업자가 직접적인 경쟁 관계에 있지 않은 경우는 자율 상호접속이 이루어지는 경우가 대부분이나,

12) ITU, 2011, Telecommunications Regulation Handbook (tenth edition). pp.9-10.
13) 안재홍·이은경, 2005, 통신 규제제도 일반원칙에 대한 APEC 논의동향 분석, 정보통신정책 17(9).
14) ITU, 2011, Telecommunications Regulation Handbook(tenth edition). pp.27-28.

통신사업자 간 경쟁 관계에 있으면 상호접속 거부, 경쟁자에게 지나치게 불리한 가격 제시, 경쟁자에게 질 낮은 상호접속 서비스를 제공하는 고의적인 방해 행위 등의 결과가 있을 수 있으므로 규제가 필요하다.[15]

일반적으로 설비를 보유한 주요사업자는 상호접속 협상 시 타 사업자에 대해 지배력을 행사할 수 있는 위치에 있다. 그러므로 관련 당사자들만 협상을 진행할 경우 공익에 부합하는 상호접속은 달성되지 않을 수 있다. 따라서 공정하고 효율적인 경쟁 및 소비자 이익 제고를 위해 상호접속을 법적으로 보장하는 것이 중요한 것이다.[16]

2.3 보편적 서비스

통신부문의 점진적 자유화로 인해 통신비용의 구조 및 설정이 더 합리화되고 있으며, 사업자 간의 상호보조 관행은 점차 줄어들고 있다. 이러한 개방적이고 경쟁적인 환경에서 원가 및 이윤은 통신업체의 가장 큰 관심사로 대두되고 있다. 기업들은 손실을 유발하는 분야에서의 통신서비스 제공을 피하거나 추가 설치비용을 보존하기 위하여 소외지역 혹은 특정 대상에게 추가 비용을 부과할 수도 있다.

이에 지역 간, 계층 간 격차 해소를 위해 정부가 적극적으로 개입하여 기업들이 보편적 서비스를 제공하도록 규제할 필요가 있다. 보편적 서비스 관련 정책들은 서비스 이용이 어려운 대상들에게 통신서비스 이용 기회를 확대하기 위하여 수립된다. 보편적 서비스의 일차적 목적은 국민의 보편적 접근 확보이나, 선진국의 경우 기술 발전으로 인해 보편적 서비스의 중요성이 드러나고 포함되는 서비스 범위 역시 늘어나는 추세다.

2.4 허가 및 라이선스 규제

통신 허가는 특정 사업자에게 통신서비스 제공 및 장비 운영에 관한 권한을 부

15) ITU, 2011, Telecommunications Regulation Handbook(tenth edition), pp.121-122.

16) 안재홍·이은경, 2005, 통신 규제제도 일반원칙에 대한 APEC 논의동향 분석, 정보통신정책 17(9), p.8.

여한다. 또한, 허가에 따르는 조건을 규정하고 허가 보유자의 권리 및 의무를 명시한다는 측면에서 통신 시장에 필요한 규제이다. 허가 즉 라이선스의 목적은 민영화, 네트워크 및 서비스 확장, 경쟁체제 구축, 한정적인 자원분배, 소비자 보호 등이다. 허가의 종류는 개별규제, 일반규제 등 지역 및 국가마다 다른 추세를 보인다. 최근의 허가 규제 동향은 비규제 및 탈규제로의 이동이 많으나, 개발도상국들은 여전히 개별 승인을 고수하고 있는 국가가 많다. 최근에는 개발도상국과 선진국의 허가기준의 편차를 축소하려는 노력이 진행되고 있다.

2.5 희소자원의 할당 및 이용

경제적 관점에서 주파수는 다양한 소비자에게 다양한 목적으로 쓰이는 가치 있는 자원이다. 통신 시장의 경쟁이 치열해짐에 따라 서비스의 제공에 필수적인 설비들은 수요가 증가하는 것과 비교하여 공급이 변하지 않으므로 제한되어 있다. 이러한 자원들은 '희소' 자원으로 간주하며, 주파수, 번호, 관로구축권 등이 포함된다. 따라서 규제자들이 이러한 희소자원의 할당 및 사용 절차가 객관적이고 투명하고 비차별적인 방식으로 진행될 수 있도록 하는 것이 필수적이다. 전통적으로 주파수 관리는 강한 규제를 적용받은 분야였으나 최근 그와 같은 규제가 새로운 기술과 서비스의 도입을 방해하므로 더욱 융통성 있는 시장 지향적 규제가 필요하다는 의견이 지배적이다.[17)]

상기한 세부 분야별 통신 규제는 통신시장의 효율성, 소비자 이익 등의 궁극적 목적을 위해 필수적인 것으로 국가들이 합의한 것이다. 국가마다 대내적인 제도적 특성으로 규제의 양태가 달라질 수는 있으나 통신사업자가 일국에서 서비스 공급을 할 때 또는 타국으로의 서비스 공급을 하고자 할 때 보호 및 규제되어야 할 사항으로서 공통으로 제시된 내용이다.

17) ITU, 2011, Telecommunications Regulation Handbook(tenth edition), p.95.

제13장 물류서비스 산업

제1절 한국의 물류 산업

1. 물류 산업의 정의와 특징

1.1 물류 산업의 정의

물류에 대한 다양한 정의가 존재하나 일반적으로 "재화 및 서비스가 최초의 생산자로부터 최종소비자에 이르기까지의 물리적인 흐름과 관련된 활동"으로 정의할 수 있다. 이를 물류 활동의 영역에 따라서는 조달 물류, 생산물류, 사내물류, 판매 물류, 반품물류, 폐기물류 등으로 구분한다. 또한, 기능별로는 수·배송 물류, 하역 물류, 보관물류 및 창고 물류, 포장 물류, 정보 물류로 구분할 수 있으며, 이들 기능별 물류 활동은 정보 물류를 중심으로 연계적인 활동을 수행하고 있다. 따라서 물류 산업은 물류 활동의 기능별 혹은 영역별 구분에서 나타나는 화물의 운송·보관·하역·포장 및 이와 관련된 제반 활동을 영위하는 산업이라 정의할 수 있다.1)

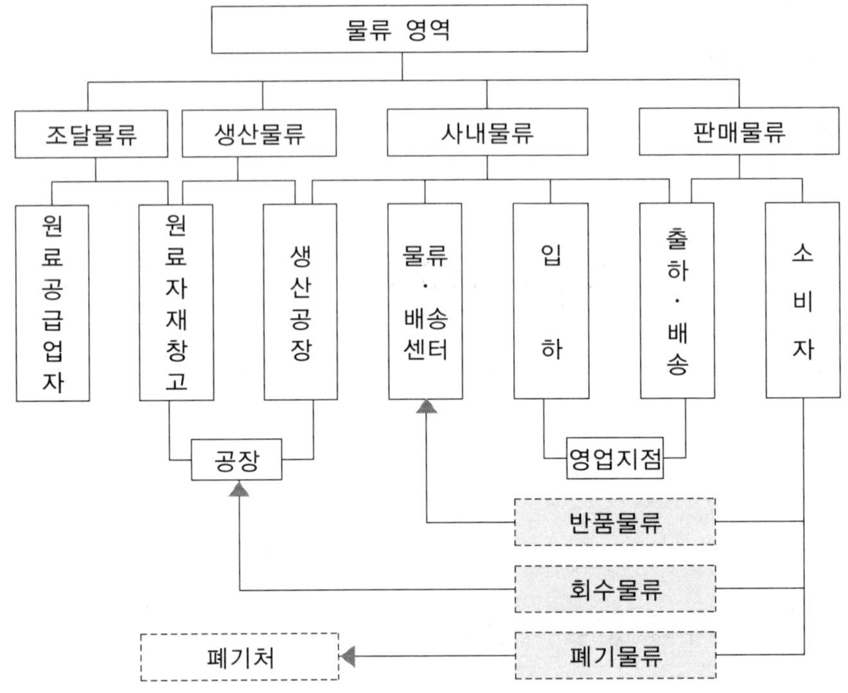

출처: http://www.logistics21.com

〈그림 13-1〉 물류활동의 영역

과거 물류 산업은 유통업, 제조업 등의 파생산업 혹은 지원산업으로 인식되었지만, 기업을 둘러싼 환경의 변화로 물류 산업에 대한 인식도 바뀌게 되었다. 즉, 화물의 환적, 조립, 가공 등 부가가치 물류가 증가하는 가운데 경쟁력 있는 물류 기업 및 물류서비스의 역할이 매우 중요해지고 있다. 그리하여 최근에는 물류 산업이 물류 인프라에 대한 투자와 다양한 물류서비스 제공으로 새로운 부가가치 창출 산업으로 인식되고 있다.[2] 글로벌 물류 환경도 국가 간 무역장벽이 완화되고 외주화가 확대되는 가운데 글로벌 공급사슬관리(Supply Chain Management: SCM)의 중요성이 커지고 있다.

물류정책기본법상 물류 산업은 〈표 13-1〉과 같이 크게 화물운송업, 물류시설운영업, 물류서비스업으로 구분된다. 화물운송업은 자동차·철도차량·선박·항공

1) 물류정책기본법(제2조 2항) 및 조세특례제한법 시행령(제5조 8항).
2) 김천곤·김숙경·하헌구, 2010, 물류 산업 효율성 분석 및 경쟁력 강화 방안, 산업연구원.

기 또는 파이프라인 등의 운송수단을 통하여 화물을 운송하는 업태를 의미하고, 물류시설 운영업은 물류 터미널이나 창고 등의 물류시설을 운영하는 업태를 의미한다. 또한, 물류서비스업은 화물 운송의 주선, 물류 장비의 임대, 물류 정보의 처리 또는 물류 컨설팅 등의 업무를 하는 업태를 의미한다.

화물운송업은 육상화물운송업, 해상화물운송업, 항공화물운송업, 파이프라인운송업으로 구분된다. 물류시설 운영업은 창고업과 화물터미널운영업으로 구분되고, 물류서비스업은 화물 취급업, 화물 주선업, 임대업, 통관업, 물류 정보처리업, 물류 자문업, 해운 부대 사업, 항만 운송 관련업, 항만운송사업으로 구분된다.

1.2 물류 산업의 특징

물류 산업은 운송에서 보관, 물리적 흐름에서 정보의 흐름, 물류 자산을 보유한 자산형 기업에서 소프트웨어, 서비스 중심의 비 자산형 기업까지 서로 특성이 다른 다양한 기업들을 포함한다.[3] 하나의 기업이 모든 프로세스를 처리하는 방식이 아니라 전체 프로세스를 다수의 기업이 상호 협력하여 관리하는 복잡한 시장 구조로 이루어져 있다. 제조 산업과 달리 화주 기업의 요청에 따른 물류 서비스를 제공하는 특성이 강하기 때문에 외부 시장 환경에 대한 의존도가 높다. 과거 물류 서비스는 단순 운송 및 보관에 초점을 맞추어 운영됐으나, 최근에는 온라인 및 맞춤형 서비스의 확대, 스마트 서비스의 등장으로 기업 경쟁력을 확보하기 위해서는 이 분야의 투자가 시급하다.

아마존, 월마트, 알리바바, 징동 등 글로벌 유통기업들은 물류 분야 기술과 인프라 확충에 많은 투자를 하고 있으며, 물류 경쟁력 확보가 유통기업 경쟁력에 가장 중요한 요소로 인식되고 있다. 스마트 물류에 기반한 물류 서비스 경쟁력 제고에 관한 관심이 높아지며 전통 비즈니스 모델을 파괴하고 혁신하는 물류 신생기업들이 대거 등장하고 있다. 우버와 같은 디지털 플랫폼 기업이 등장하여 비즈니스 모델에 근본적 변화가 예상된다. 한국은 상대적으로 낮은 수익성 및 비용 경쟁으로 인하여 첨단 기술을 적용한 자동화 속도가 더딘 상황이다.

---

3) 김고현 외, 2017, 서비스 산업 해외 진출을 위한 제도 개선방안, 한국무역협회 국제무역연구원.

표 13-1 한국의 물류 산업 분류

	세분류	세세분류
화물 운송업	육상화물운송업	화물자동차 운송사업, 화물자동차 운송가맹사업, 철도사업
	해상화물운송업	외항정기화물운송사업, 외항부정기화물운송사업, 내항화물운송사업
	항공화물운송업	정기항공운송사업, 부정기항공운송사업, 상업서류송달업
	파이프라인 운송업	파이프라인운송업
물류시설 운영업	창고업 (공동집배송센터 운영업 포함)	일반창고업, 냉장 및 냉동 창고업, 농·수산물 창고업, 위험물품보관업, 그 밖의 창고업
	물류터미널 운영업	복합물류터미널, 일반물류터미널, 해상터미널, 공항화물터미널, 화물차전용터미널, 컨테이너화물조작장(CFS), 컨테이너장치장(CY), 물류단지, 집재송단지 등 물류시설의 운영업
물류 서비스업	화물취급업 (하역업 포함)	화물의 하역, 포장, 가공, 조립, 상표부착, 프로그램 설치, 품질검사 등 부가적인 물류업
	화물주선업	국제물류주선업, 화물자동차운송주선사업
	물류장비임대업	운송장비임대업, 산업용 기계·장비임대업, 운반용기임대업, 화물자동차임대업, 화물선박임대업, 화물항공기임대업, 운반·적치·하역장비 임대업, 컨테이너·파렛트 등 포장용기 임대업, 선박대여업
	물류정보처리업	물류정보 데이터베이스 구축, 물류지원 소프트웨어 개발·운영, 물류 관련 전자문서 처리업
	물류컨설팅업	물류 관련 업무프로세스 개선 관련 컨설팅, 자동창고, 물류자동화 설비 등 도입 관련 컨설팅, 물류 관련 정보시스템 도입 관련 컨설팅
	해운부대사업	해운대리점업, 해운중개업, 선박관리업
	항만운송관련업	항만용역업, 물품공급업, 선박급유업, 컨테이너수리업, 예선업
	항만운송사업	항만하역사업, 검수사업, 감정사업, 검량사업

출처: 물류정책기본법 시행령(일부개정 2010.1.7. 대통령령 제21985호) [별표 1].

2. 한국 물류 산업의 현황

2.1 전체 현황

한국의 물류시장 규모(국가물류비)는 물동량 증가 및 부가가치 물류 활동의 활성화, 기업들의 경쟁력 강화를 위한 물류 외주 증가, 정부의 물류 인프라 확충 노력 등으로 꾸준히 증가하고 있다.

물류 산업의 시장규모는 육상운송의 비중이 높고, 수상, 항공, 창고 관련 서비스 순서이다. 하지만 수상 운송의 규모는 감소하고 있지만, 창고업은 지속해서 증가하고 있다.

표 13-2 물류 산업 시장규모(매출액 기준) 현황

(단위 : 백만 원, %)

구분	2011년	2012년	2013년	2014년	2015년	연평균 증감률
총계	136,161,780	141,568,255	140,267,564	140,171,115	140,915,527	0.9
육상 및 파이프라인 운송업	56,034,425	56,520,542	58,620,690	59,299,655	59,562,966	1.5
수송 운송업	41,557,073	44,986,394	40,786,631	38,451,182	37,917,264	-2.3
항공 운송업	20,351,101	21,361,144	20,966,290	21,491,555	20,997,457	0.8
창고 및 운송 관련 서비스업	18,219,180	18,700,176	19,893,954	20,928,723	22,437,840	5.3

출처: 통계청, 운수업조사.

기업 규모별 매출액을 살펴보면, 전체 기업의 99.94%가 연매출액 177백만 원 수준의 중소기업으로 구성되어 있지만, 전체 기업의 0.03%를 차지하는 대기업이 고용의 18.86%, 매출의 47.35%를 차지하고 있다. 세부 서비스 영역별 특성의 차이로 유형별 산업 구조에 큰 차이가 존재하며, 규모의 경제가 중요한 택배업과 달리 화물자동차운송업, 화물 취급 및 주선업은 소규모 영세 기업이 치열하게 경쟁하는 산업 구조이다.

표 13-3 기업 규모별 업체 및 매출액 현황 (2014년)

	업체 수 (개)	종사자 수 (명)	매출액 (십억 원)	연평균매출액 (백만 원)
중소기업 (300인 이하)	345,865	839,532	61,204	177
중견기업 (300~499인)	106	40,433	10,486	98,929
대기업 (500인 이하)	108	204,567	64,471	596,957
총계	**346,079**	**1,084,532**	**136,161**	**393**

출처: 대한상공회의소.

2.2 물류 산업 부문별 현황

1) 해운물류

한국의 외항해운기업은 2008년 현재 총 161개 사가 있으며, 총 선박 수는 786척, 총 선박량은 2,138만 톤(GT)이다. 이 가운데 자사선 보유 규모가 50만 톤(GT) 이상인 대형 선사는 9개 업체에 불과하나, 전체 선박량에서 이들이 차지하는 비중은 66%에 달한다. 반면, 규모가 10만 톤(GT) 미만인 소형 선사는 전체의 95%인 139개이지만, 전체 선박량에서 이들이 차지하는 비중은 25.3%에 머문다. 특히 1만 톤(GT) 미만의 영세한 선사가 61개로 전체의 38%를 차지하지만, 전체 선박량에서 이들이 차지하는 비중은 1.8%에 불과하다. 이에 비추어 볼 때 한국 외항해운업체는 소수의 대형선사와 다수의 소형 선사로 양분되는 구조 속에서 대형 선사가 시장을 지배하는 형태를 띠고 있다고 볼 수 있다.

표 13-4 한국의 외항선사 현황

	100만 톤 (GT) 이상	100만 톤 (GT) 이상	100만 톤 (GT) 이상	100만 톤 (GT) 이상	100만 톤 (GT) 이상	총계
선사 수(개)	6	3	14	78	61	161
(비중)	3.7%	1.9%	8.7%	48.4%	37.9%	100.0%
선박량 (천톤(GT)	14,052	1,912	2,608	2,425	381	21,378
(비중)	65.7%	8.9%	12.2%	11.3%	1.8%	100.0%

출처: 국토해양부, SP-IDC(해운항만물류정보시스템).
주: 2008년 12월 31일 기준.

▮표 13-5▮국가별 상선 보유 수 (2015년)

Rank (dwt)	Country/territory of ownership	Number of vessels			Dead-weight tonnage				
		National flag	Foreign flag	Total	National flag	Foreign flag	Total	Foreign flag as a % of total	Total as a % of world
1	Greece	796	3,221	4,017	70,425,265	209,004,526	279,429,790	74.80%	16.11%
2	Japen	769	3,217	3,986	19,497,605	211,177,574	230,675,179	91.55%	13.30%
3	China	2,970	1,996	4,966	73,810,769	83,746,441	157,557,210	53.15%	9.08%
4	Germany	283	3,249	3,532	12,543,258	109,492,374	122,035,632	89.72%	7.04%
5	Singapore	1,336	1,020	2,356	48,983,688	35,038,564	84,022,252	41.70%	4.84%
6	Republic of Korea	775	843	1,618	16,032,807	64,148,678	80,181,485	80.00%	4.62%
7	Hong Kong, China	727	531	1,258	56,122,972	19,198,299	75,321,271	25.49%	4.34%
8	United States	789	1,183	1,972	8,731,781	51,531,743	60,263,524	85.51%	3.47%
9	United Kingdom	477	750	1,227	12,477,513	35,904,386	48,381,899	74.21%	2.79%
10	Morway	848	1,009	1,857	17,066,669	29,303,873	46,370,542	63.20%	2.67%
11	Taiwan Porvince of China	117	752	869	4,681,240	40,833,077	45,514,317	89.71%	2.62%
12	Bermuda	5	317	322	289,818	41,932,611	42,222,429	99.31%	2.43%
13	Denmark	392	538	930	15,286,153	20,893,511	36,179,664	57.75%	2.09%
14	Turkey	576	954	1,530	8,321,506	19,366,264	27,687,770	65.95%	1.60%
15	Monavo		260	260		23,929,323	23,929,323	100.00%	1.38%
16	Italy	596	207	803	15,961,983	6,040,199	22,002,182	27.45%	1.27%
17	India	697	147	844	14,546,706	7,268,449	21,815,155	33.32%	1.26%
18	Brazil	228	163	391	3,150,493	17,308,798	20,459,291	84.60%	1.18%
19	Belgium	87	156	243	7,302,545	12,787,196	20,089,741	63.65%	1.16%
20	Russian Federation	1,291	448	1,739	5,920,435	12,403,644	18,324,079	67.69%	1.06%
21	Islamic Republic of Iran	157	70	227	3,986,804	14,093,340	18,080,144	77.95%	1.04%
22	Switzerland	47	291	338	1,403,668	16,492,768	17,896,436	92.16%	1.03%
23	Indonesia	1,504	153	1,657	12,908,577	4,120,935	17,029,512	24.20%	0.98%
24	Netherlands	775	445	1,220	6,589,901	10,415,708	17,005,609	61.25%	0.98%
25	Malaysia	466	142	608	8,430,359	7,707,626	16,137,985	47.70%	0.93%
26	United Arab Emirates	95	684	779	472,967	14,845,550	15,318,518	96.91%	0.88%
27	Saudi Arabia	86	155	241	2,004,631	11,358,349	13,362,980	85.00%	0.77%
28	France	180	277	457	3,517,344	7,636,312	11,153,656	68.46%	0.64%
29	Cyprus	141	179	320	3,811,947	6,858,661	10,670,608	64.28%	0.62%
30	Viet Nam	786	92	878	6,527,639	1,510,645	8,038,284	18.79%	0.46%
Total top 35 ship-owning countries		18,410	23,950	42,360	470,085,656	1,171,491,033	1,641,576,689	71.32%	94.69%
All others		2,962	2,486	5,448	35,004,138	51,845,622	86,849,760	59.70%	5.01%
Unknown country of ownership				717			5,234,918		0.30%
WORLD TOTAL				48,525			1,734,561,367		100%

출처: UNCTAD secretariat, based on data supplied by Clarksons Research. For a complete listing of nationally owned fleets, see http://stats.unctad.org/fleetownership.

전 세계 선박량 기준으로 한국 해운산업의 위상을 살펴보면 한국은 2015년 1,618척 2,917만 톤(GT)으로 현재 세계 6위 수준이다. 상위 10개 국가의 비중이 68%, 상위 20개 국가의 비중이 83%를 차지하는 등 세계 해운산업은 소수의 국가에 의해 지배되고 있고 집중화 현상이 지속하고 있다.

20015년 현재 선박량 기준으로 세계 1위 국가는 그리스로 4,017척의 선박을 보유하고 있고 전 세계 선박량의 16%를 차지하고 있다. 흥미로운 점은 외국 선박이 75%에 달한다는 점이다. 일본은 세계 2위의 선박량을 보유하고 있고 이는 전 세계 선박량의 13%에 달한다. 하지만 2008년의 14.9%에 비해서는 감소하였다. 그다음 3위는 중국으로 전체의 9%에 해당하는 1억 5천 7백만 톤(GT)을 보유하고 있으며, 4위는 독일로 전체의 7.3%인 1억 2천 2백만 톤(GT)을 보유하고 있다.

2) 항공물류

기업 활동의 세계화로 적기(just-in-time) 생산 및 수송이 점차 늘어나고 있어 세계적으로 물류의 항공 의존도가 증가하고 있다. 한국 전체 수출 화물 중 항공 화물은 2009년에 중량 기준으로는 0.4%나 금액 기준으로는 약 25%를 차지한다.

항공사별 국제화물 운송 점유율을 보면, 대한항공이 약 38%, 아시아나항공이 약 19%, 나머지 외국적 항공사가 약 43%를 차지하고 있다. 국내 항공사의 운송 점유율은 2008년 이후부터 점차 증가하고 있는데, 대한항공은 2008년 34.0%에서 2009년 37.2%, 2010년 상반기 37.7%로 증가하였으며, 아시아나항공도 2008년 17.8%에서 2009년 18.9%, 2010년 상반기 19.0%로 증가하였다.

3) 내륙물류

한국은 산업화 과정에서 도로 중심의 교통정책으로 교통수단 간 불균형이 심화했다. 특히 1990년대에 도로 확충에 국가교통정책의 초점이 맞춰지면서 전체 교통투자에서 도로가 차지하는 비중이 80%로 상승하였고 철도는 10% 수준으로 떨어졌다. 이러한 도로 위주의 투자 불균형 정책은 도로와 철도의 연장에서 확인할 수 있다. 2008년 말 기준으로 한국 도로연장은 총 10만 4,283㎞이며, 도로포장률은 78.5%이다. 도로연장은 1970년 4만 244㎞에서 약 2.6배 증가한 것이며, 포장률은 1970년 9.6%에서 8배 증가한 것이다. 이에 따라 현재 도로는 국내 화물 수송량의 90% 이상을 분담하는 국가교통망의 중추적 임무를 수행하고 있다.[4)]

반면, 철도는 고속철도를 제외하면 대부분 일제 강점기에 건설된 철도 노선을 그대로 사용하고 있다. 철도연장은 1970년 약 3,193km에서 2008년 3,381km로 1971년 대비 5.9% 증가하는 데 그쳤다. 이는 철도의 수송분담률 하락으로 이어졌는데, 철도화물의 수송분담률은 1991년 16.0%(6,122만 톤)에서 2008년 6.4%(4,681만 톤)로 크게 하락하였다.[5)] 다만 최근 들어 극심한 교통난과 그에 따른 물류비용 및 도로혼잡 비용의 증가 등으로 인해 친환경적이고 수송효율이 뛰어난 철도에 대한 관심이 점차 증가하고 있다.

2.3 물류 인프라

1) 도로와 철도

한국의 도로 및 철도 부문은 시설연장과 같은 정량적 지표에 근거하였을 때 국제적으로 중하위권 수준에 속한다. IMD의 「2010년 세계경쟁력연감」에 따르면, 한국의 국토면적당 도로연장은 1.04km(/㎢)로 56개국 중 24위이고, 국토면적당 철도연장은 0.034km(/㎢)로 57개국 중 25위 수준이다.

2) 항만

한국 항만의 컨테이너 물동량은 1990년 235만 TEU에서 2008년 약 1,793만 TEU를 처리하는 수준까지 증가하였다. 세계 컨테이너 물동량에서 한국이 차지하는 비중은 1990년 2.7%에서 2008년 3.3%로 증가하였다. 환적물동량은 1990년 7.5만 TEU에서 2009년 568.9만 TEU로 증가하여 연평균 25.6%의 높은 증가율을 보인다. 컨테이너 물동량에서 환적물동량이 차지하는 비중도 1990년 3.2%에

4) 국토해양부, 2010, 2009년도 국토의 계획 및 이용에 관한 연차보고서.
5) 국토해양부, 2003, 2002년 건설교통통계연보; 2010, 2009년 국토해양 통계연보.

서 2009년 35.0%로 증가하였다.

한국의 대표적인 컨테이너 항만인 부산항은 1980년에 불과 63만 TEU를 처리하여 세계 컨테이너항만 순위 15위에 해당하였으나, 그 후 처리 물동량이 증가하여 2003년부터 2009년까지 7년 연속 세계 5위를 기록하는 등 세계적인 항만으로 성장하였다.

표 13-6 전 세계 20대 컨테이너 터미널의 물동량

Port Name	2012	2013	2014	Percentage change 2013–2012	Percentage change 2014–2013
Shanghai	32,529,000	36,617,000	35,290,000	12.57	−3.62
Singapore	31,649,400	32,600,000	33,869,000	3.00	3.89
Shenzhen	22,940,130	23,279,000	24,040,000	1.48	3.27
Hong Kong	23,117,000	22,352,000	22,200,000	−3.31	−0.68
Ningbo	15,670,000	17,351,000	19,450,000	10.73	12.10
Busan	17,046,177	17,686,000	18,678,000	3.75	5.61
Guangzhou	14,743,600	15,309,000	16,610,000	3.83	8.50
Qingdao	14,503,000	15,520,000	16,580,000	7.01	6.83
Dubai	13,270,000	13,641,000	15,200,000	2.80	11.43
Tianjin	12,300,000	13,000,000	14,060,000	5.69	8.15
Rotterdam	11,865,916	11,621,000	12,298,000	−2.06	5.83
Port Klang	10,001,495	10,350,000	10,946,000	3.48	5.76
Kaohsiung	9,781,221	9,938,000	10,593,000	1.60	6.59
Dalian	8,064,000	10,015,000	10,130,000	24.19	1.15
Hamburg	8,863,896	9,258,000	9,729,000	4.45	5.09
Antwerp	8,635,169	8,578,000	8,978,000	−0.66	4.66
Xiamen	7,201,700	8,008,000	8,572,000	11.20	7.04
Tanjung Pelepas	7,700,000	7,628,000	8,500,000	−0.94	11.43
Los Angeles	8,077,714	7,869,000	8,340,000	−2.58	5.99
Jakarta	6,100,000	6,171,000	6,053,000	1.16	−1.91
Total top 20	284,059,418	296,791,000	310,116,000	4.48	4.49

Source : UNCTAD secretariat, based on Dynamar B. V., June 2015, and various other sources.
Note : Singapore does not include the port of Jurong.

세계 1위 항만은 상하이항으로 항만 분야에서 가장 경쟁력 있는 국가는 중국이다. 중국은 상하이항, 선전항, 홍콩항, 닝보-저우산항, 광저우항, 칭다오항이 각각 세계 1위, 3위, 4위, 5위, 7위, 8위를 기록하고 있어 세계 상위 10개 항만 중 7개가 올라 있다. 또한, 광저우항, 닝보-저우산항, 칭다오항은 2009년 세계 경제위기로 많은 항만이 -10%가 넘는 큰 폭의 마이너스 성장을 하는 상황에서도 플러스 성장을 하거나 비교적 낮은 마이너스 성장을 함으로써 강력한 경쟁력을 보인다.

3) 공항

한국의 대표적인 항공 물류기지인 인천국제공항은 한국 전체 항공화물수송의 80% 이상을 담당하고 있으며, 화물 운송실적 기준으로 세계 4위(2018년)이다. 한편, WEF의 항공 인프라의 질(quality)에 대한 국가별 평가 결과를 보면, 한국은 133개국 중 21위인데, OECD 30개 국가 중에서는 14위로 중위권 수준이다.

인천국제공항은 화물 운송실적 기준으로 세계 4위(2018년)인데, 이는 2007년에 비해 1계단 상승한 것이다. 세계 1위 공항은 홍콩의 첵랍콕 공항이고 미국의 멤피스 공항과 상하이푸동 공항이 그 뒤를 잇고 있다.

▮표 13-7▮ 세계 10대 공항의 화물처리 실적

Rank 2018	Rank 2017	Airport City / Country of Area / Code	Cargo (Metric tonnes)	
			Loaded and unloaded	% Change
1	1	Hong Kong, HK (HKG)	5,121,029	1.5
2	2	Memphis TN, US (MEM)	4,470,196	3.1
3	3	Shanghai, CN (PVG)	3,768,573	−1.5
4	4	Incheon, KR (ICN)	2,952,123	1.0
5	5	Anchorage AK, US (ANC)	2,806,743	3.5
6	6	Dulai, AE (DXB)	2,641,383	−0.5
7	7	Louisville KY, US (SDF)	2,623,019	0.8
8	9	Taipei, Chinese Taipei (TPE)	2,322,823	2.4
9	8	Tokyo, JP (NRT)	2,261,008	−3.2
10	13	Los Angeles CA, US (LAX)	2,209,850	2.4
11	16	Doha, QA (DOH)	2,198,308	8.8

Rank 2018	Rank 2017	Airport City / Country of Area / Code	Cargo (Metric tonnes)	
			Loaded and unloaded	% Change
12	12	Singapore, SG (SIN)	2,195,000	1.4
13	11	Frankfurt, DE (FRA)	2,176,387	−0.8
14	10	Paris, FR (CDG)	2,156,327	−1.8
15	14	Miami FL, US (MIA)	2,129,658	2.8
16	15	Beijing, CN (PEK)	2,074,005	2.2
17	18	Guangzhou, CN (CAN)	1,890,816	6.2
18	20	Chicago IL, US (ORD)	1,807,091	5.0
19	17	London, GB (LHR)	1,771,342	−1.3
20	19	Amsterdam, NL (AMS)	1,737,984	−2.7
		TOTAL	51,313,665	1.4

출처: Airports Council International

제2절 전 세계 물류 산업 현황

1. 전 세계 물류 산업

세계 물류 산업은 2008년~2009년 글로벌 불황으로 인하여 일시적 매출 및 수익성 감소의 어려움을 겪었다. 국제 물류 주선업, 3자 물류 등 비 자산형 물류 서비스는 빠른 회복세를 보이지만, 항공 및 해상운송 등 자산형 물류 서비스는 수요 감소 및 공급 과잉에 따라 수익성이 감소하고 있다. 온라인 및 맞춤형 서비스의 급성장으로 트럭운송 및 택배/소화물 운송 분야의 수익성이 큰 폭으로 개선되고 있으며, 향후 높은 성장세를 기록할 것으로 예측된다.

물류인프라 및 물류 기업의 경쟁력을 포함하여서 한 국가의 전반적인 물류 산업 경쟁력을 국가 간에 비교할 수 있는 지표가 세계은행에서 발표되고 있다. 세계은행은 전 세계 150여 개 국가를 대상으로 물류성과지수(Logistics Performance Index; LPI)를 발표한다. 물류성과지수는 총 6개 항목, 즉 ① 통관(customs),

② 물류 인프라(infrastructure), ③ 국제수송(international shipments), ④ 물류역량(logistics competence), ⑤ 물류추적(tracking & tracing), ⑥ 적시성(timeliness) 항목의 점수를 가중평균한 값으로 산출되는데, 각 항목은 0점에서 5점 사이의 점수로 평가된다. 그리고 각국의 물류성과지수에 따라 국가별 순위가 정해진다.

세계은행의 150여 개 조사 대상국 중 선진국으로 분류될 수 있는 OECD 국가들을 대상으로 하여 한국 물류 산업의 경쟁력을 살펴보면, 2007년과 2010년 모두 한국이 OECD 국가 중 20번째 순위에 올라 있어 상대적 경쟁력에서의 상승은 보이지 않는다. OECD 국가 중 2007년에 한국보다 상위 순위에 올라 있던 나라들은 모두 2010년에도 여전히 한국보다 앞서 있다.

표 13-8 2018년도 OECD 국가의 물류성과지수

LPI Rank	Country	LPI Score	LPI Rank	Country	LPI Score
1	Germany	4.2	18	Australia	3.75
2	Sweden	4.05	19	Italy	3.74
3	Belgium	4.04	20	Canada	3.73
4	Austria	4.03	21	Norway	3.7
5	Japan	4.03	22	Czech Republic	3.68
6	Netherlands	4.02	23	Portugal	3.64
7	Singapore	4	24	Luxembourg	3.63
8	Denmark	3.99	25	Korea, Rep.	3.61
9	United Kingdom	3.99	26	China	3.61
10	Finland	3.97	27	Taiwan	3.6
11	United Arab Emirates	3.96	28	Poland	3.54
12	Hong Kong, China	3.92	29	Ireland	3.51
13	Switzerland	3.9	30	Qatar	3.47
14	United States	3.89	31	Hungary	3.42
15	New Zealand	3.88	32	Thailand	3.41
16	France	3.84	33	South Africa	3.38
17	Spain	3.83	34	Chile	3.32

출처: World Bank, Logistics Performance Index.

한국은 2007년 25위(3.52점), 2010년 23위(3.64점), 2012년 21위(3.70점), 2014년 21위(3.67점)를 차지하며, 물류 선진국들과의 지수 격차도 다소 감소함으로써 물류 산업 경쟁력이 어느 정도 높아졌다고 볼 수 있다. 부문별 평가에서 물류 인프라의 순위가 다른 부문에 비해 상대적으로 높은 순위를 기록하였으며, 물류 부문의 IT 기술 활용과 연관이 높은 물류추적은 21위를 기록하였다. 2018년의 LPI(Logistics Performance Index)는 3.61점으로 세계 25위를 차지했다.

2. 한국 물류기업의 국제경쟁력

물류서비스 산업의 서비스 수출액은 미국이 923억 달러로 1위를 차지하고 있고, 제조업 강국인 독일이 그 뒤를 이어 2위를 차지하고 있다. 한국은 제조업 강국임에도 12위를 차지하고 있고 전 세계 시장점유율은 2.7%에 그치고 있다. 2016년 해운업 구조조정 등으로 인해 한국은 물류서비스 수출 순위는 2008년 5위, 2013년 7위로 지속해서 하락하여 2018년 현재 세계 12위를 차지하고 있다.

표 13-9 2018년 물류서비스 산업의 서비스 수출액과 점유율

(단위: 억 달러)

물류서비스			
순위	국가	수출액	점유율
1	미국	923	9.1%
2	독일	687	6.8%
3	싱가포르	515	5.1%
4	프랑스	475	4.7%
5	중국	423	4.2%
12	한국	275	2.7%

세계 물류 기업들이 인수합병을 통해 2000년대 이후 기업 규모를 큰 폭으로 확대한 것과 달리 국내 기업은 내수 시장을 중심으로 성장했으나, 최근 CJ대한통운 등 물류 대기업이 아시아 시장을 중심으로 인수합병에 적극적으로 나서고 있다.

▮ 표 13-10 ▮ 2015년 글로벌 3PL 기업 순위

순위	기업명	국가	매출액 (백만 달러)		증감률 (%)	순위	기업명	국가	매출액 (백만 달러)		증감률 (%)
			2014	2015					2014	2015	
1	DHL LOGISTICS	독일	37,496	32,740	-12.7	26	판토스	한국	2,750	2,739	-0.4
2	KUEHNE + NAGEL	스위스	23,279	21,084	-9.4	27	NEOVIA LOGISTICS	미국	2,673	2,737	2.4
3	DB SCHENKER LOGISTICS	독일	18,987	16,444	-13.4	28	FEDEX	미국	1,502	2,694	79.4
4	C.H. ROBINSON WORLDWIED	미국	11,937	11,990	0.4	29	PYDER	미국	2,461	2,443	-0.7
5	DSV	덴마크	8,651	7,567	-12.5	30	SCHNEIDER LOGISTICS	미국	2,430	2,426	-0.2
6	CEVA LOGISTICS	네덜란드	7,863	6,959	-11.5	31	삼성 SDS	한국	2,289	2,334	2.0
7	EXPEDITORS INTERNATIONAL	미국	6,565	6,617	0.8	32	TQL	미국	2,180	2,280	4.6
8	DACHSER	독일	7,033	6,116	-13.0	33	NIPPON EXPRESS	일본	2,419	2,260	-6.6
9	PANALPONA	프랑스	7,333	6,087	-17.0	34	BCP INTERNATIONAL	미국	2,200	2,253	2.4
10	XPO LOGISTICS	미국	2,357	6,063	157.2	35	HITACHI TRANSPORT	일본	2,383	2,146	-9.9
11	UPS SUPPLY CHAIN SOLUTIONS	미국	5,758	5,900	2.5	36	SANKYU	일본	2,335	2,133	-8.7
12	J.B. HUNT	미국	5,799	5,815	0.3	37	WINCANTON	영국	1,824	1,758	-3.6
13	SINOTRANS	중국	5,728	5,566	-2.8	38	SWFT LOGISTICS	미국	1,637	1,726	5.4
14	SNCF GEODIS	프랑스	5,847	5,194	-11.2	39	TRANSPLACE	미국	1,400	1,600	14.3
15	GEFCO	프랑스	5,334	4,512	-15.4	40	REGE	독일	1,858	1,538	-17.2
16	YUSEN LOGISTICS	일본	4,130	4,013	-2.8	41	ECHO GOLBAL LOGISTICS	미국	1,173	1,512	28.9
17	AGILITY LOGISTICS	쿠웨이트	4,305	3,988	-7.4	42	KERRY LOGISTICS	홍콩	1,566	1,476	-5.7
18	BOLLOR	프랑스	4,259	3,828	-10.1	43	PENSKE LOGISTICS	미국	1,137	1,433	26.0
19	TOLL GROUP	호주	4,528	3,718	-17.9	44	BLG LOGISTICS	독일	1,593	1,364	-14.4
20	UTI WORLDWIDE	미국	4,182	3,604	-13.8	45	CJ 대한통운	한국	1,183	1,208	2.1
21	HUB GROUP	미국	3,571	3,526	-1.3	46	NETINDUSTRIES	미국	1,163	1,200	3.2
22	HELLMANN WORLDWIDE LOGISTICS	독일	3,981	3,495	-14.4	47	LOGWN	룩셈부르크	1,499	1,175	-21.6
23	LOGISTICS	독일	3,981	3,459	-13.1	48	WERNER	미국	1,177	1,172	-0.4
24	KINTETSU WORLD EXPRESS	일본	2,935	3,212	9.4	49	MAINFREIGHT	뉴질랜드	1,189	1,119	-5.9
25	DAMCO	덴마크	3,104	2,740	-13.4	50	YAMATO-BIZ LOGISTICS	일본	1,046	1,018	-2.7
							TOP 50 TOTAL		244,170	229,981	-5.8

출처: Journal of Commerce.

한국은 국가적 차원의 글로벌 물류 기업 육성 정책에도 불구하고 글로벌 선도기업 수준의 물류 기업 육성에 어려움을 겪고 있다. 국내 물류 기업들은 다수의 소규모 기업이 시장을 차지하는 형태로 발전해왔으며, 포워딩, 3PL, 국내 운송, 택배 등 물류 산업 전반에 걸쳐 여전히 다국적 기업 대비 규모가 영세한 상황이다. Journal of Commerce의 글로벌 3PL 기업 조사에서 상위 50위 내에 포함된 기업은 범한판토스(26위), 삼성SDS(31위), CJ대한통운(45위) 3개사이다. Armstrong & Associates의 글로벌 3PL 기업 조사에서도 상위 50위 내에 CJ대한통운이 국내 기업 중 유일하게 24위로 나타났다.

한국의 서비스 산업이 전반적으로 국제수지 적자 기조가 지속하고 있지만, 운수업만은 경쟁우위에 있어 흑자 기조를 유지하였다. 이는 제조업 강국으로서 상품 수출에 동반된 물류 서비스에서 흑자를 나타내고 있기 때문이다. 대한항공의 경우 반도체와 휴대전화 수출에 힘입어 세계 최대의 항공물류 업체로 성장하였다. 한국의 물류 산업은 자국의 수출입에 직접 연관된 물류 단계에서 벗어나 제3자 물류로까지 발전하고 있다. 그런데도 아직도 우리 사회에서는 물류를 제조업체가 내는 비용으로 인식하고 물류 산업 자체적으로 창출되는 부가가치 및 고용에는 주목하지 못하는 실정이다. 세계적으로 물류 산업이 발전한 독일과 네덜란드는 제조업 기반의 물류에서 출발하여 물류 산업 자체를 발전시키거나 지형적 이점을 활용한 경우로서 한국의 물류 산업에 매우 강력한 시사점을 주고 있다.[6)]

참고

물류 산업이 활성화되려면 주변 배후부지가 잘 발달하여야 한다. 한국은 공항과 항만 근처에 자유무역지역를 운영하고 있다.

---

6) 김주훈, 2011, 서비스 산업의 대외진출과 해외고용기회의 확대, 한국개발연구원, pp.3-7.

자유무역지역

한국의 자유무역지역(Free Trade Zone: FTZ)은 1970년대 외국인 직접 투자 유치를 통해 경제 개발에 필요한 자본과 기술을 도입하기 위한 산업정책으로 수출자유지역이라는 이름으로 시작되었다. 자유무역지역은 단순한 외국 자본의 유치뿐만 아니라 생산과 고용 창출, 선진 기술 이전과 경영 기법의 습득 및 외국 기업과의 경쟁을 통한 국내 산업의 기술개발 촉진 등의 경제적 효과를 거두었다. 그리고 세계 경제 개방화와 국제화에 대응하고자 기존의 제조업 중심의 자유무역지역에서 물류 및 교역까지 가능한 복합형 자유무역지역으로 발전하게 되었다.

항만·공항형 자유무역지역 운영 현황

구분	부산항	광양항	인천항	포항항	평택·당진항	인천국제공항
면적(천 ㎡)	9,565	8,880	2,405	710	1,479	3,015
입주 기업체 수 (외투 기업)	57(55)	25(19)	18	–	11(10)	21(6)
화물 유치량	663천 TEU	156천 TEU	305천 TEU	–	235천 TEU	2,456천 톤
투자 유치 (외국인 투자)	7,521억 원 (47,148천 $)	2,225억 원 (6,055천 $)	1,610억 원		1,373억 원 (2,160천 $)	234억 원 (36,612천 $)
관리기관	• 지방해양 항만청 • 부산항만공사	• 지방해양 항만청 • 광양항만공사	• 지방해양 항만청 • 인천항만공사	• 지방해양 항만청	• 지방해양 항만청 • 경기평택 항만공사	• 서울지방 항공청 • 인천국제 공항공사
관리권자	해양수산부장관					국토교통부장관

특히, 한국은 중국 시장 진출 및 국제 물류 전초 기지의 최적지라는 지정학적 특성을 이용해 선진국의 중국 시장 진출의 교두보 역할을 하며 외국 기업의 투자 유치를 활성화하기 위해 자유무역지역에 외국인 투자 유치를 위한 큰 노력을 기울이고 있다. 정부는 규제 완화를 통한 제도 개선 및 특성화된 투자 환경 조성을 통한 외국인 투자 촉진을 도모하고 있다.

국내 자유무역지역 현황

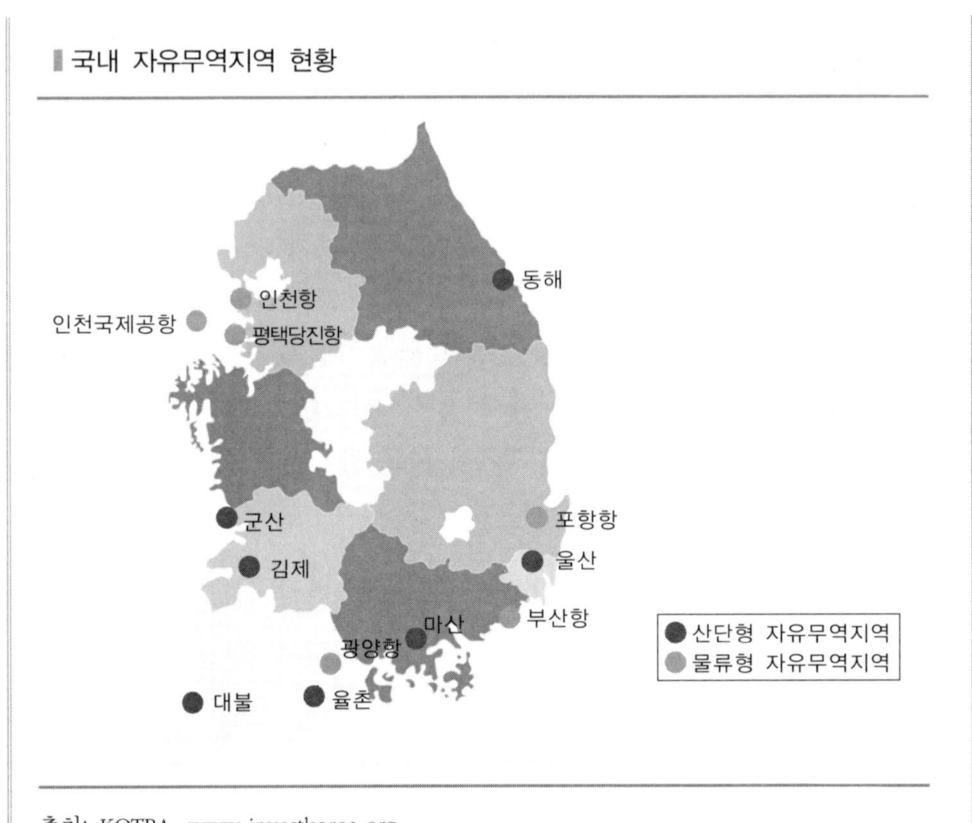

출처: KOTRA, www.investkorea.org

참고문헌

제1장 서비스산업의 이해

김성혁, 1991, 최신 서비스산업론, 형설출판사, pp.277-294.

성일석, 2011, 국제서비스통상론, 도서출판 두남.

오정현, 1993, 서비스 산업론, 지문사, p.40.

Albrech, K., and R. Zemke, 1985, Service America: Doing Business in the New Economy, Homewood, Ⅲ: Dow Jones, Irwin.

Booms, H. B., and M. J. Biter, 1982, Marketing Services by Managing the Environment, the commel H. R. A. Quarterly, p.37.

Davidoff, P. G. and D. S. Davidoff, 1983, Sales and Marketing for travel and Tourism, National Publishers(S. Dacota: Rapid City), pp.16-17.

Gronroos, C., 1978, A Service-Oriented Approach to Marketing of Service, *European Journal of Marketing*, Vol.1, No.8, p.598.

Rathwell, J. M., 1974, Marketing in the Service Sector, M. A: Cambridge, Winthrop Publishers, p.588.

제2장 상품의 서비스화

김용신, 2017. 5, "4차 산업혁명, 무엇을 대비해야 하나: 정부의 역할과 정책 대안," 프레시안 이슈페이퍼.

김주훈, 2016. 10, "제4차 산업혁명과 한국경제의 구조개혁," 한국개발연구원 정책 세미나, at 14.

김휘석·이항구·김진웅, 2008, 서비스화를 통한 국내 주력산업의 신성장전략, 산업연구원.

나종연·오병철·박혜영·신수현, 2009, 디지털재화의 특성을 반영한 전자상거래소비자보호법령개정에 관한 연구, 공정거래위원회 연구용역보고서, 서울대학교 산학협력단.

산업연구원, 2017, 4차 산업혁명이 한국 제조업에 미치는 영향과 시사점, 산업연구원 정책자료 2017-297, p.11.

산업연구원, 2017, 4차 산업혁명이 한국 제조업에 미치는 영향과 시사점, 산업연구원 정책자료 2017-297, pp.31-33.

산업자원부·산업연구원, 2007, 차세대 성장동력 확충을 위한 주요 사업별 투자로드맵.

이한영·이재민·이효영·차성민·이대호·이종철·송정석·권병규·이화진, 2017. 12, 새로운 산업·무역에 대응하기 위한 통상전략 수립, 정보통신정책학회.

제현정·이근환, 2016, "미국 신행정부의 통상정책 전망과 한국에 대한 시사점," 무역동향 제40호.

코트라, 2017. 3, "4차 산업혁명시대, 첨단제품 개발 트렌드와 시사점," Global Market Report 17-014, at 4.

Auguste, B. G., Harmon, E. P., V. Pandit, 2006, "The right service strategies for product companies." The McKinsey Quarterly 1, pp.41-51.

Barney, J. B., 1991, "Firm resources and competitive advantage", *Journal of Management*, 17(March): pp.99-120; Teece, D. J., Pisano, G., & Shuen, A., 1997, "Dynamic capabilities and strategic management", *Strategic Management Journal*, 18(7): pp.509-533.

Bowen, D. E., Siehl, C., & Schneider, B., 1989, "A framework for analyzing customer service orientations in manufacturing", *Academy of Management Review*, 1(1): pp.75-95.

Bowen, H. P., & Wiersema, M. F., 1999, "Matching method to paradigm in strategy research: Limitations of cross-sectional analysis and some methodological alternatives", *Strategic Management Journal*, 20: pp.625-636.

Chase, R. B., & Erikson, W. J., 1988, "The service factory", *Academy of Management Executive*, 2: pp.191-196.

Buzzell, R. D., & Gale, B. T., 1987, The PIMS Principles: Linking Strategy to Performance. New York: Free Press.

Chase, R. B., & Erikson, W. J., 1988, "The service factory", *Academy of Management Executive*, 2: pp.191-196.

Child, J., 1972, "Organizational structure, environment and performance: The role of strategic choice", *Sociology*, 6: pp.1–22.

Eisenhardt, K. M, & Martin, J. A., 2000, "Dynamic capabilities: What are they?" *Strategic Management Journal*, 21(Special Issue): pp.1105–1121.

Fang, E., Palmatier, R. W., & Steenkamp, J. E. M., 2008, "Effect of service transition strategies on firm value", *Journal of Marketing*, 72(September): pp.1–14.

Howells, J., 2001, "The nature of innovation in services", In Innovation and Productivity in Services: pp.55–79.

Institute for Manufacturing (IfM), 2006, Defining High Value Manufacturing, UK: University of Cambridge.

Jelinek, M., & Goldhar, J. D., 1983, "The interface between strategy and manufacturing technology", *Columbia Journal of World Business*, 18(1): pp.26–36.

Lusch, R. F., Vargo, S. L., & O'Brien, M., 2007, "Competing through service: Insights from service dominant logic", *Journal of Retailing*, 83(1): pp.5–18.

Parasuraman, A., Zeithaml, V. A., & Berry, L. L., 1985, "A conceptual model of service quality and its implications for future research", *Journal of Marketing*, 49(4): pp.41–50.

Porter, M., 1985, Competitive Advantage, New York: Free Press.

Quinn, J. B., 2005, "The intelligent enterprise a new paradigm", *Academy of Management Executive*, 19(4): pp.109–121.

Sawhney, M., Balasubramanian, S., & Krisnan, V. V., 2004, "Creating Growth with Services", *MIT Sloan Management Review*, (Winter): pp.34–43.

Schneider, B., & Rentsch, J., 1988, "Managing climate and cultures: A future perspective", In J. Hage (Ed.), Futures of Organizations. Lexington, MA: Lexiton Books.

Skaggs, B. C., & Droege, S. B., 2004, "The performance effects of service diversification by manufacturing firms", *Journal of Managerial*

Issues, 16(3): pp.396-407.

Teece, D. J., Pisano, G., & Shuen, A., 1997, "Dynamic capabilities and strategic management", *Strategic Management Journal*, 18(7): pp.509-533.

White, R. E., 1986, "Generic business strategies, organizational context and performance: An empirical investigation", *Strategic Management Journal*, 7: pp.217-231.

Wise, R., & Baumgartner, P., 1999, "Go downstream: The new profit imperative in manufacturing", Harvard Business Review, (September-October): pp.133-141.

제3장 서비스무역의 이해

박광서, 2005, "스탠바이신용장의 활용증대 가능성에 관한 연구", 한국무역학회, 「무역학회지」, 제30권 제2호, pp.209-212.

성일석, 2011, 국제서비스통상론, 도서출판 두남.

이상학, 1991. 4, 「우리나라 서비스교역의 구조와 추이」, 대외정책연구원, p.17.

이지석, 2006, "GATS와 Mode 4의 협상시나리오 분석", 한국무역학회, 「무역학회지」, 제31권 제2호, pp.207-211.

Bhagwati, J. N., 1987, Trade in Services and the Multilateral Trade Negotiations, World Bank Symposium, July, pp.15-16.

GATT, Press Release, 1990. 3, 장의태, 1990, 다자간 서비스협상과 우리나라 건설업의 국제화, 대외정책연구원, p.21.

Gray P. Sampson and Richard H. Snape, June, 1985 Identifying the Issues in Trade in Services, The World Economy, pp.172-173.

Gray, H. P., Sept./Oct. 1983, A Negotiating Strategy for Trade in Service, *Journal of World Trade Law*, Vol.17, p.378.

IMF, 1977, Balance of Payments Manual, 4th ed.(Washington D.C), Ch.15.

OECD, March 1987, Elements of a conceptual Framework for Trade in Services, OECD Report.

Park, S. and K. S. Chan, 1989, A Cross-country Input-Output Analysis of Inter-sectoral Relationships between Manufacturing and Services and their Employment Implications, *World Development*, Vol.17, No.2, pp.199-200.

Riddle, D. I., 1986, Service-Led Growth: The Role of the Service Sector in World Development, Praeger(N. Y), pp.114-116.

Robert M. Stern and Bernard M. Hoekman, March 1987, Issues and Data Needs for GATT Negotiations on Services, *The World Economy*, Vol.10, No.1, p.42.

World Bank and UNCTAD, 1994. 7, Liberalization of World Trade in Service.

World Bank, World Development Report, 1992. UNCTAD, 2018, Trade in services and employment.

제4장 서비스무역 이론

김인철, 2007, 대니 로드릭(Dani Rodrik)의 산업정책론과 한국 산업정책에 대한 시 사점, 산업연구원.

박문수·이경희, 2010, 국가 간 서비스무역패턴 분석 -자국시장 및 요소부존 효과를 중심으로, 산업연구원, pp.1-77.

성일석, 2011, 국제서비스통상론, 도서출판 두남.

전윤종, 2018, G2 무역전쟁이 산업정책의 르네상스 부르나?, 산업연구원.

조용원·김성진, 2014, 제조업 발전과정에서 산업정책의 영향과 경험, 산업연구원.

Rodrik, D., August, 2007, "Normalizing Industrial Policy", John F. Kennedy School of Government, Harvard University.

Rodrik, D., September 2004, "Industrial Policies for the Twenty-First Century", John F. Kennedy School of Government, Harvard University.

Sapir, A. and Lutz, E., 1981, "Trade in Services: Economic determinants and development-related issues," World Bank Staff Working Paper No. 410.

제5장 GATT의 서비스무역 협상

성일석, 2011, 국제서비스통상론, 도서출판 두남, pp.259-283.

제6장 WTO의 서비스무역협정

이재영, 2012, FTA에 있어 서비스무역의 활성화방안에 관한 연구, 통상정보연구 제14권 제3호, pp.407-428.

이춘삼, 1999, 국제통상법, 법문사, pp.248-259.

장효상, 1996, 국제경제법, 법영사, pp.315-323.

Jackson, John H., and Davery, William J., 1986, 『Legal of International Economics Relations』, West Publishing Co., p.911.

제7장 GATS

남상열·고혜진·김성웅·박승종, 2012, OECD 통신서비스 무역장벽지수(STRI) 분석과 무역투자자유화에의 시사점, 정보통신정책연구원.

성일석, 2011, 국제서비스통상론, 도서출판 두남.

이재영, 2012, FTA에 있어 서비스무역의 활성화 방안에 관한 연구, 통상정보연구 제14권 제3호, pp.407-428.

정보통신정책학회, 2017. 12, 새로운 산업·무역에 대응하기 위한 통상전략 수립.

제8장 FTA와 서비스무역

고준성, 2008, "FTA의 서비스무역규정 조문별 유형분석 : 한국의 협상 가이드라인의 모색", KIET 산업연구원, pp.169-170.

고준성, 2008, "FTA의 서비스무역규정 조문별 유형분석 : 한국의 협상 가이드라인의 모색", KIET 산업연구원, pp.79-80.

김종덕·엄종현, 한국의 기체결 FTA 서비스 및 투자 협정문 분석 : 한-미 FTA와 한-EU FTA를 중심으로, 대외경제정책연구원 연구자료, p.13.

김종덕·엄종현, 한국의 기체결 FTA 서비스 및 투자 협정문 분석 : 한-미 FTA와 한-EU FTA를 중심으로, 대외경제정책연구원 연구자료, pp.38-39.
명진호, 2011, 주요국 FTA 추진 동향과 시사, 한국무역협회 국제무역연구원.
박노형·성재호·장승화·박덕영·왕상한, 2013, 신국제경제법, 박영사, pp.571-575
박번순·김화년·권혁재·박찬수, 2011. 4, 한중 FTA의 의의와 주요 쟁점, 삼성경제연구소 연구보고서, pp.148-149.
법무부, 2000, GATS 해설서, p.147.
법무부, 2000, GATS 해설서, pp.172-173.
외교통상부, 2010, 한·EU FTA 자료.
외교통상부, 2010, 한·미 FTA 자료.
이재영, 2012, FTA에 있어 서비스무역의 활성화 방안에 관한 연구, 통상정보연구 제14권 제3호, pp.407-428.
정보통신정책학회, 2017. 12, 새로운 산업·무역에 대응하기 위한 통상전략 수립, TPP 국경간 서비스무역 협정(제10장).
최혜선, 2017, 지역무역협정에서의 서비스무역의 규율 -우리나라 기체결 지역무역협정을 중심으로-, 전남대학교 법학연구소 법학연구, 제37권 제2호, pp.267-286.
한·EU FTA협정문 제7.1조.
한·미 FTA정문 제12장 제6조, 7조, 9조.
한·미 FTA협정문 부속서 12-가, 부록 12-가-1.
한-미 FTA 제12장 서비스 협정문 제12.2.
한-미 FTA 제1장 제1.4조.
한-아세안 FTA 일지 참조
(http://fta.go.kr/main/situation/kfta/lov5/asean/1/2/)
한철수, 1994, 서비스 산업 개방과 WTO, 다산출판사, p.72.

제9장 서비스 시장개방과 무역장벽

남상열·고혜진·김성웅·박승종, 2012, OECD 통신서비스 무역장벽지수(STRI) 분석과 무역투자자유화에의 시사점, 정보통신정책연구원.
안충영, 2002, 서비스 시장 개방 바로 알기, 대외경제정책연구원.
Brown, Drusilla K. and Robert M. Stern, 2001, "Economic effects of barriers

in services". *Review of International Economies.* Vol.9. No.2, pp.262-286.

Francois, J., B., Hoekman, 1999, "Market Access in the Service sectors," Washington, D. C., The World Bank, mimeo.

Graham J., 2000, "How big are the tax benefits of debt?", *Journal of Finance,* 55, p.1901-1941.

Hoekman, B., Carlos A. Primo Braga, 1997, "Protection and Trade in Services: A Survey", *Open Economies Review,* Vol. 8, pp.285-308.

Konan, D. E. and K. E. Maskus, 2000, "Joint Trade Liberalization and Tax Reform in a Small Open Economy: The Case of Egypt," *Journal of Development Economics,* Vol.61. No.2, pp.365-392.

Nader, R., & Wallach, L., 1996, GATT, NAFTA, and the subversion of the democratic process. In: J. Mander & E. Goldsmith (Eds.), The case against the global economy, San Francisco: Sierra Club Press, pp.92-107.

Olson, M., 1965, The Logic of Collective Action. Cambridge, MA: Harvard University Press.

Sauve, P., C. Wilkie, 2000, "Investment liberalisation in GATS", IN Pierre Sauce and Robert Stern Eds., GATS 2000: New directions in services trade liberalisation, Washington, D.C., Center for Business and government, Harvard University, pp.331-363.

UNCTAD, 1996, Trade and development report.

제10장 서비스 산업정책

관계부처합동, 2010, 서비스 산업의 성장기반 확충을 위한 서비스업 해외진출 활성화방안.

관계부처합동, 2012, 서비스 산업 차별 완화방안.

관계부처합동, 2017, 서비스 해외진출 추진전략.

문종철·조현승·고대영·김천곤, 2017, 서비스 산업 해외진출 현황과 활성화 방안 - 해외진출 유망업종의 해외투자를 중심으로, 산업연구원.

이부형·조호정, 2016, OECD 비교를 통해 본 한국의 서비스 수출 실태와 경쟁력, 현대경제연구원.
OECD, 2013, "International trade in services", in OECD Factbook : Economic, Environmental and Social Statistics, OECD Publishing. http://dx.doi.org/10.1787/factbook-2013-32-en.

제11장 사업지원서비스 산업

김주훈, 2014, 사업서비스의 글로벌화 전략과 규제, KDI.
심상렬·하완탁·이진면·홍운선·윤명헌, 2014, 사업서비스업의 현황과 발전방안 분석, KDI.
이상복, 2012, 사업서비스 분야 선진화를 위한 정책과제, 국회입법조사처.
이현훈, 2007. 서비스시장 개방이 경제성장 및 생산성에 미치는 영향 분석. 금융경제연구 제283호, 한국은행
정종인·박장호·김영민, 2007, 사업서비스업의 현황 및 발전방향, 한국은행.

제12장 정보통신서비스 산업

남상열·고혜진·김성웅·박승종, 2012, OECD 통신서비스 무역장벽지수(STRI) 분석과 무역투자자유화에의 시사점, 정보통신정책연구원.
민경실·정희철·전지훈, 2016, 디지털 경제와 한국무역, 2016년 19호, 한국무역협회.
성일석, 2011, 국제서비스통상론, 도서출판 두남.
안재홍·이은경, 2005, 통신 규제제도 일반원칙에 대한 APEC 논의동향 분석, 정보통신정책 17(9).
이한영, 2000, WTO 서비스협상의 영향분석 및 대응전략: 통신서비스 부문, 정보통신정책연구원.
이한영·이재민·이효영·차성빈·이대호·이종철·송정석·권병규·이화진, 2017, 새로운 산업무역에 대응하기 위한 통상전략, 정보통신정책학회.
장현숙·이준명·김보경, 2020, 서비스 산업별 수출강국 사례 분석 및 시사점, 무역협회
정보통신정책연구원, 1997, WTO 기본통신협상종합보고서.
ITU, 2011, Telecommunications Regulation Handbook (tenth edition),

pp.9-10.
ITU, 2011, Telecommunications Regulation Handbook(tenth edition). pp.27-28.
ITU, 2011, Telecommunications Regulation Handbook(tenth edition). pp.121-122.
ITU. 2011, Telecommunications Regulation Handbook(tenth edition). p.95.

제13장 물류서비스 산업

김천곤·김숙경·하헌구, 2010, 물류 산업 효율성 분석 및 경쟁력 강화 방안, 산업연구원.
김고현·장현숙·김정균·박소영·김보경·이유진·김정주, 2017, 서비스 산업 해외 진출을 위한 제도 개선방안, 한국무역협회 국제무역연구원.
국토해양부, 2010, 2009년도 국토의 계획 및 이용에 관한 연차보고서.
국토해양부, 2003, 2002년 건설교통통계연보.
국토해양부, 2010, 2009년 국토해양 통계연보.
김주훈, 2011, 서비스산업의 대외진출과 해외고용기회의 확대, 한국개발연구원, pp.3-7.

찾아보기

저자 소개

여 희 정

University of Toulouse 1, 경영학 박사
University of Toulouse 1, 경제학 석사
충남대학교, 인문학사
현재, 계명대학교 국제통상학과 교수로 재직 중

[학회활동]
한국무역학회 부회장, 한국e-비즈니스학회 부회장, 한국통상정보학회 부회장,
한국해운물류학회 The Asian Journal of Shipping and Logistics 편집위원 등

[저서]
무역거래론, 도서출판 청람, 2016.
무역결제론, 도서출판 청람, 2016.
국제통상학의 이해, 도서출판 청람, 2019.
무역실무론, 도서출판 청람, 2020.

[논문]
- 해운기업의 재무건전성 지표에 영향을 미치는 요인 분석
- 아시아항만의 효율성 분석에 관한 연구 : DEA 방법을 중심으로
- 우리나라 해운산업 안정화를 위한 해운정책보험의 개발
- 유럽행 컨테이너 화물의 철도 운송경로에 관한 연구
- 한국손해보험사의 해외 재보험거래의 효율성 분석 - 프랑스 보험사와의 비교 연구
- Competitiveness of Asian container terminals
- Geography of Mergers and Acquisitions in theContainer Shipping Industry
- Equity level and Expatriates of Foreign Subsidiaries : A Case of Korean FDI
- Are shippers satisfied with the diversified provision of logistics service by shipping companies? A study between the UK and South Korea
- The location determinants of FDI in developing countries : A case of Myanmar 외 다수

FTA시대의 서비스 산업과 무역

초 판 1쇄 인쇄 —— 2021년 1월 10일
초 판 1쇄 발행 —— 2021년 1월 15일
지은이 —— 여 희 정
펴낸이 —— 전 두 표
펴낸곳 —— 도서출판 **두남**
서울시 강동구 성내로6길 34-16 두남빌딩
신 고 : 제25100-1988-9호
TEL : 02) 478-2065~7, 2311
FAX : 02) 478-2068
E-mail : dunam1@unitel.co.kr
http://www.dunam.co.kr

정가 20,000원

ISBN 978-89-6414-897-6 93320